Kurt Koppensteiner

Der unglaubliche Weg

Kurt Koppensteiner

Der unglaubliche Weg

aus der Intensivstation

Dachbuch
Verlag

Dachbuch Verlag

1. Auflage: Jänner 2019

Veröffentlicht von Dachbuch Verlag GmbH, Wien

ISBN 978-3-903263-09-3

Autor: Kurt Koppensteiner

Lektorat und Korrektorat: BoD - Books on Demand, Norderstedt

Satz: Daniel Uzelac

Umschlagfoto: Kurt Koppensteiner

Umschlaggestaltung: Johannes Silveri, Daniel Uzelac

Autorenfoto: Kurt Koppensteiner

Druck und Bindearbeiten: Rotografika, Subotica

Printed in Serbia

Besuchen Sie uns im Internet

www.dachbuch.at

Inhalt

Vorwort

Univ. Prof. Dr. Ernst Wollner

Als ich mich vor 50 Jahren erstmals dafür zu interessieren begann, das versagende Herz durch eine mechanische Pumpe zu ersetzen, lag die erste Herztransplantation durch Christiaan Barnard gerade ein Jahr zurück. Die Koronarangiografie und die Bypasschirurgie waren in den Kinderschuhen. 15 Jahre später waren die Eingriffe an den Heizkranzgefäßen, die Bypasschirurgie, eine der meist durchgeführten großen Operationen in der Gesamtchirurgie, und durch die Erfindung des Cyclosporin kam es zu einem rapiden Anstieg der Herztransplantationen mit immer besseren Langzeitergebnissen. Es gab deutlich mehr Kandidaten für eine Herztransplantation als Spenderorgane vorhanden waren, weswegen die Forschung für künstliche Herzen einen neuen Aufschwung erfuhr. Man lernte, dass es offensichtlich nicht notwendig war, beide Hälften des versagenden Herzens durch mechanische Pumpen zu unterstützen, sondern dass es genügte, nur mit einer Pumpe die linke Herzhälfte weitgehend mechanisch zu ersetzen. Diese Pumpen - es handelte sich damals um sehr voluminöse, dem natürlichen Herzen weitgehend nachempfundene mechanische Pumpen -wurden vorerst als Brücke zur Transplantation benutzt. Für viele Kandidaten für eine Herztransplantation fand sich nicht rasch genug ein gespendetes Herz, es bestand daher die Gefahr, dass sie auf der Warteliste versterben. So wurde das sogenannte »mechanische Bridging«, d.h. die Überbrückung der Wartezeit zur Transplantation mit einer mechanischen Pumpe eine etablierte Therapieform. Der wirkliche Durchbruch gelang Ende der 80er Jahre des vorigen Jahrhunderts, als man zeigen konnte, dass kleine Rotationspumpen die gleiche Effektivität hatten. Der erste erfolgreiche Einsatz einer solchen Rotationspumpe weltweit wurde überdies in Wien durchgeführt. In der Zwischenzeit haben sich beide Therapieformen, die Herztransplantation und die Rotationspumpen, so weiterentwickelt, dass sie zu Routineeingriffen geworden sind. Die mechanischen Pumpen haben teilweise die Herztransplantation verdrängt und können lebenslang anstelle der Transplantation eingesetzt werden.

Der Autor ist ein glänzendes Beispiel dafür, was man heute mit diesen Therapieformen erreichen kann. Ich bewundere vor allem seine unglaublichen persönlichen Leistungen. Ich wünsche ihm, aber auch allen anderen Menschen mit gleichem Schicksal, ein glückliches und langes Leben.

Univ.Prof. Dr. Ernst Wolner
Ehm. Leiter der Abteilung der Herz-Thorax-Chirurgie am AKH Wien

Vorwort

OA. Dr. Günter Kornfeld

Es war alles andere als »Liebe auf den ersten Blick«, als ich Herrn Koppensteiner vor mehr als 20 Jahren kennenlernte. Der Lebensstil hatte bei Ihm gehörige Spuren hinterlassen, das Herz nach Infarkt und Bypass-Operation geschwächt. Aber die Aufklärungsgespräche quittierte er anfangs nur mit ironischem Lächeln, bei fast jeder therapeutischen Maßnahme versuchte er eine Ausnahmeregelung herauszuhandeln. Er, der »Macher«, der »Organisator«, der »Checker« tat sich sichtlich schwer die neue Lebensrolle als Herzpatient zu akzeptieren.

Es sollten schließlich Jahre der wiederkehrenden Begegnungen folgen.

Aber mit der Zeit lernte ich den Menschen Kurt Koppensteiner hinter seiner Fassade kennen. Beobachtete wie er Sturheit und Trotz in Konsequenz umwandelte, Ironie und Sarkasmus in Optimismus weiterentwickelte. Und als die schwere Zeit mit all den Rückschlägen endlich überwunden war, erzählte er von seinem Vorhaben den Camino zu gehen. Alleine, eine Reise ohne Sicherheitsnetz. Und es war klar, dass die Entscheidung eigentlich schon gefallen war. Kurt musste es sich selber beweisen, musste auf seine Art und Weise dem Schicksal danken.

Als Kurt sein Ziel erreichte, war's zunächst mal Erleichterung, dann aber eine Mischung aus Freude und Respekt, dass er »seinen Camino« gegangen ist. Und ich war-und bin es noch immer- stolz diesen Menschen zu kennen.

Hätte Kurt sich fallen lassen, aufgegeben, dann hätte er den komplizierten Verlauf seiner Erkrankung nicht überlebt. Die hier wiedergegebenen Erinnerungen haben mich tief berührt. Sie zeigen, dass man am Schicksal auch wachsen kann. Sie werden anderen Menschen Mut machen den eigenen Weg zu gehen.

OA. Dr. Günter Kornfeld (Kardiologe)

1 Einleitung

Nach einer Herztransplantation ist das Leben nicht vorbei! Da können schon die abenteuerlichsten Ideen entstehen. Was veranlasst wohl einen Menschen, der so etwas durchgemacht hat, in ein fernes Land zu fliegen, dort circa 1000 Kilometer zu *gehen*, nur um an ein bestimmtes Ziel zu kommen, das man viel einfacher mit dem Flugzeug erreichen könnte? Hierzu ist ein Blick auf die Vorgeschichte nötig.

Nach 29 Monaten Spitalaufenthalt in drei Jahren, diversen Operationen, drei Jahren Leben mit einem Kunstherzen sowie einigen Tagen im Koma hatte niemand geglaubt, auch die Ärzte nicht, dass ich jemals wieder auf die Beine kommen würde. Zu schwer schienen die Schäden im Körper, zu schwach meine Konstitution. Alle Vorzeichen standen auf ein frühzeitiges Ableben. Keiner hätte einen Cent auf mein Gesunden gewettet. Meiner Frau wurde mitgeteilt, sie möge mit dem Schlimmsten rechnen. Doch wie das Schicksal eben so spielt (wobei ich mir nicht sicher bin, ob »spielen« hier das richtige Wort ist) … Jedenfalls kam alles ganz anders.

Der Leser sei vorab darauf hingewiesen, dass ich im Folgenden nur einen kurzen Abriss meiner Reise geben werde. Die oft wie Tagebucheintragungen wirkenden Aufzeichnungen sollen in erster Linie mir helfen, mich an die Reise und ihre Begebenheiten zu erinnern. Du, lieber Leser, bist herzlichst eingeladen, die oft kargen Notizen mit deiner Fantasie und vielleicht deinen eigenen Erfahrungen auszuschmücken.

März 1994, während der Arbeit um 20 Uhr Herzinfarkt. Hinterwandinfarkt. Die Ärzte im Mödlinger Spital kämpften fast eine Stunde, damit ich wieder die Augen aufschlug. Zwei Wochen Spital, dann vier Wochen Rehabilitation. Es ging mir überraschend gut.

Meine Frau, damals hochschwanger, war äußerst besorgt. Während des Reha-Aufenthaltes zog sie in eine Pension neben dem Kurheim. Wir verbrachten die vier Wochen nach meinen Behandlungen gemeinsam mit Wanderungen. Im August kam unser Sohn zur Welt. Eigenartigerweise, obwohl das Spital sowie der Frauenarzt uns ein Mädchen prophezeit hatten, waren meine ersten Worte im Mödlinger Spital: »Ich möchte nur noch die Geburt unseres Sohnes erleben!« Zur gleichen Zeit bezogen wir unser Haus in Wien. Ein altes, verfallenes Haus. Für mich kein Problem, da ich von der Branche war. Innenausbau und Einrichtung. Von Schonung nach dem Infarkt war keine Rede. Zwei Jahre später machten sich Zeichen von Panikattacken bemerkbar. Eine Untersuchung im Spital ergab tachykarde Rhythmusstörung. Meine Herzfrequenz war zu schnell. Die Kathederuntersuchung zeigte Stenosen, also Verengungen der Herzkranzgefäße. 1998 bekam ich vier Bypässe und 1999 einen Defibrillator implantiert, der die Geschwindigkeit des Herzens im Zaum halten sollte. Er beutelte mich sehr oft durch. Was wahrlich kein Vergnügen war. Knallende Blitze, sowie schock- und ruckartige Bewegungen, es war schrecklich. Was ich in den Händen hielt, flog durch die Gegend. Aber das Gerät war lebensrettend. Kammerflimmern ist meist tödlich.

Da ich ja von etwas leben musste, baute ich eine neue Firma auf. Bis Herbst 2008 ging, bis auf einige Blackouts, so weit alles gut. Der Defibrillator in mir holte mich jedes Mal mit ordentlichen Schlägen zurück ins Leben.

Plötzlich nahm ich an Gewicht zu. Nicht ein oder zwei Kilo. Sondern insgesamt fast 30 Kilo in relativ kurzer Zeit. Bei 140 Kilo blieb mir der Gang ins Spital nicht erspart. Ergebnis: Mein Körper war voll Wasser. Da die medikamentöse Therapie nicht ansprach, kam ich wieder ins Spital. Einen Monat lang ragte mir ein Katheder aus dem Bauch, durch den das Wasser abgepumpt wurde. Da die Herzleistung wegen der beschädigten Hinterwand zu schwach war, funktionierten auch die Nieren nicht mit voller Leistung. Daher sammelte sich Wasser im Körper an. Zum Glück nur im Bauchraum. Nach etwa vier Wochen war es dann so weit. Nachdem meine linke Herzhälfte durch den

Infarkt stark geschädigt war und die rechte durch das Wasser gelitten hatte, schließlich auch die Nieren nur noch eingeschränkt arbeiteten, wurde ich zur Transplantation angemeldet. Vorerst aber sollte ich mit einem Kunstherzen (über)leben. So geschah es dann auch. Nach einer 15-stündigen Operation kam rechts neben dem Nabel ein Kabel aus dem Bauch heraus und führte zu einer Tasche, in der ein Steuergerät und zwei Batterien waren. Vier weitere Batterien lagen neben mir auf dem Tisch, und dahinter stand das Ladegerät, an dem ich in der Nacht direkt angeschlossen war. Nach der Intensivstation kam ich auf die Normalstation und konnte mit meiner Tasche spazieren gehen. Man sieht: Es hätte schlimmer kommen können. Die Tasche wog mit den Batterien circa vier Kilo, und die Batterien versorgten circa acht Stunden mein Kunstherz mit Strom. Das Kunstherz war eine Turbine, angenäht an der abgeschnittenen Herzspitze, die mit circa 8000 Umdrehungen das Blut vom Herz durch einen Schlauch in die Aorta pumpte. Alleine wenn ich heute darüber schreibe und mir die Situation noch einmal in Erinnerung rufe, läuft mir eine Gänsehaut über den Rücken, und ich frage mich: »Mensch, was bist du?«

So weit ging dann alles ganz gut. Ich fand mich damit ab, 24 Stunden die Tasche um den Hals zu tragen. Ärgerlich war, dass ich aufs Baden und Duschen verzichten musste. Sonst war mir eigentlich alles erlaubt zu tun, ich musste nur anfangs wöchentlich, später monatlich zur Kontrolle kommen. Dabei lernte ich Menschen kennen, die in der gleichen Situation waren. Ihre Einstellungen waren sehr unterschiedlich. Einige hatten sich mit ihrem Schicksal abgefunden und versuchten, das Beste daraus zu machen, andere waren nur verärgert und schimpften auf alles und jeden. Dann gab es die Ängstlichen, die nicht einmal zu atmen wagten und ständig mit Mundschutz herumliefen, aus Angst vor Krankheitserregern keine hastigen Bewegungen machten – von auch nur den geringsten Anstrengungen ganz zu schweigen –, und schließlich diejenigen, die sich selbst aufgegeben hatten und eigentlich schon gestorben waren, sie wussten es nur noch nicht. Diese Schicksalsgemeinschaft traf sich also immer montags im Spital.

Da die resignative Haltung vor allem der letzten Gruppe für mich belastend war, warf ich hin und wieder Durchhalteparolen in die Debatten. Naiv, aber bemüht, die trübe Stimmung etwas aufzuheitern. Gelang nicht immer.

Nach einem Jahr mit meinem Kunstherzen bekam ich Schwierigkeiten mit der Atmung. Ich konnte nicht mehr richtig tief durchatmen. Das wöchentliche Röntgen zeigte Wasser, das sich in der Lunge angesammelt hatte. Das wollte man entfernen. Mit einer längeren Nadel wurde mir seitlich in dem Rücken gestochen und das Wasser aus der Pleurahöhle entfernt. Etwa zwei Liter. Ich spürte die Erleichterung beim Atmen sofort. Bei dieser Absaugung dürfte ein Blutgefäß verletzt worden sein. An und für sich kein Drama, jedoch nahm ich wie alle Kunstherzpatienten starke blutverdünnende Medikamente. Somit entstand in der Lunge eine Blutblase, die sich mit der Zeit verkapselte. »Verkämmert« nennen das die Ärzte. Bei einer der nächsten Röntgenaufnahmen war diese Blase als dunkler Fleck sichtbar – eine Computertomografie brachte Gewissheit, worum es sich handelte. Diese Schwarte, wie sie genannt wurde, wollte man im Zuge der Transplantation herausschneiden, um nicht unnötig eine OP mit dem Kunstherzen zu riskieren. Eine Dränage wurde gemacht. Das heißt, mittels CT-Überwachung wurde ein Rohr durch die Rippen geschoben, in die Blutblase, damit die Flüssigkeit ausrinnen konnte. So weit, so gut. Ich blieb lediglich drei Tage im Spital. Auffallend war nur: Der Schlauch, der aus mir herauskam, dürfte sich vom Behälter gelöst haben, daher war er nicht mehr steril. Ich zeigte das einem Arzt, der es kurz besichtigte, die Achseln zuckte und sonst keinen Kommentar dazu abgab. Es war Freitag, als ich erleichtert nach Hause gehen durfte. Ich war frohen Mutes. Samstag gegen Mittag hatte ich 39 Grad Fieber, abends bereits über 40. Mit Blaulicht sofort ins Spital. Dort kam ich schon fast bewusstlos an. Ich hörte zwar alles, konnte aber nicht reagieren, von sprechen ganz zu schweigen. Was in den nächsten Tagen geschah, weiß ich nicht. Die sind aus meinem Gedächtnis verschwunden. Die folgenden Schilderungen sind wiedergegebene Erzählungen.

Es war eine Lungenentzündung, ausgelöst durch einen Keim, der in die Lunge gelangt war und sich dort rasend schnell ausgebreitet hatte.

Er explodierte förmlich, so beschrieben es die Ärzte. Eine Notoperation war nötig, nach Abklingen des Fiebers. Ein großer, waagrechter Schnitt am Rücken und durch die Rippen in die Lunge, wo die Blutblase entfernt wurde. Das heißt Dekortikation, habe ich gelernt. Während dieser OP spielte der Rest meines Herzens verrückt und damit auch das Kunstherz. Schon schnitt man mich im Unterbauch auf, um notfalls eine zweite Pumpe einzusetzen. Lungen- und Herzchirurgen arbeiteten Hand in Hand an mir. Erst nach einigen Tagen kam ich auf der Intensivstation wieder zu mir. Es ging mir überhaupt nicht gut. Schmerzen, wie ich sie noch nicht gekannt hatte. Der Rücken war eine einzige Qual, und auf ihr lag ich auch noch. Man füllte mich mit schmerzstillenden Mittel intravenös und oral voll. Umsonst, der Schmerz im Rücken wurde zunehmend schlimmer. Durch die starken Schmerzmittel halluzinierte ich bereits. Albträume, schreckliche Angstzustände peinigten mich Tag und Nacht, es war grauenhaft. Niemandem fiel das große Hämatom am Rücken auf, erst ein Röntgenarzt machte mich darauf aufmerksam. Man meinte, das werde durch die Naht am Rücken verursacht. Eines Tages, wie durch ein Wunder, war der Schmerz plötzlich weg. Von einer Minute auf die andere. Nun ja, Hämatome saugen sich auf, aber doch nicht binnen Minuten? Ein Druck war noch da, aber kein Schmerz. Dafür kam das Blut aus dem Mund heraus, bei jedem Husten ein Schwall. Jetzt kam Bewegung in die Ärzteschaft. Die ganze Intensivstation war in Aufregung. Sofort in den OP. Jetzt begann es wirklich kritisch zu werden. Wieder aufmachen am Rücken, da sah man ja das Malheur. Durch die Blutverdünnung hatte sich ein großes Hämatom gebildet, das mir dann aus Platzmangel die Lunge durchgedrückt hat. Damit war ein Teil des Lungenlappens auf der rechten Seite verloren. Irgendwann schlug ich die Augen auf. Langsam begriff ich wieder, auf welchem Planeten ich mich befand. Wochen verbrachte ich auf der Intensivstation. Ungläubig kam immer wieder das Ärztekonsortium, um meinen Genesungsfortschritt zu begutachten. Anscheinend dachten sie, es könnte sich jeden Augenblick das Blatt wenden. Jetzt hatte man den Fehler nicht noch einmal gemacht und die Wunde zugenäht. Der neue Wundverschluss war aus einer Schaummasse, die in die Wunde hineingespritzt wurde, aushärtete und in die ein kleines Rohr gesteckt wurde, um die Wundflüssigkeit mittels einer Pumpe abzusaugen. Toll, einziger Nachteil, jeden zweiten oder dritten Tag Verbandswechsel. Das bedeutet: Jedes Mal in den OP, Vollnarkose, neuer Schaum und nach zwei bis drei Tagen das gleiche Spiel wieder. Nach zwei Wochen überlegten die Ärzte, was mit dem entstandenen Hohlraum zu tun war, da ja das Lungenstück fehlte. Omentumhochzug war die Lösung. Die leere Höhle konnte man nicht lassen, sie würde sich sonst mit Flüssigkeit füllen, also füllte man den Raum mit Bauchnetzgewebe. Langer Rede kurzer Sinn, man schnitt beim Bauchnabel ein Stück auf, nahm das Bauchnetz und zog es durch das Zwerchfell bis in den Rücken hinauf, wo es angenäht wurde. Ich zerbreche mir heute noch den Kopf, wie das funktionieren konnte.

Obwohl die Operation etliche Stunden dauerte, stabilisierte sich mein Zustand überraschend schnell, und ein physikalisches Training begann. Die ersten Schritte werde ich nie vergessen. Alleine die Vertikale war schon beeindruckend. So ähnlich musste sich ein Kleinkind fühlen, wenn es das erste Mal auf eigenen Beinen stand. Ein Wechsel zwischen Euphorie und Scham, etwas Neugierde und ein unbändiges Gefühl der Dankbarkeit. Am liebsten hätte ich alle hier umarmt. Bald durfte ich schon alleine einige Schritte machen, sogar auf die Toilette konnte ich gehen. Was hier so einfach und selbstverständlich beschrieben ist, war beinharte Arbeit und unbändiger Wille. Wer schon in so einer ähnlichen Situation war, weiß, was das für eine Anstrengung ist. Scham gab es schon längst nicht mehr, die legte man rasch ab auf der Intensivstation.

Es kam auch diesmal der Tag, an dem ich die Intensivstation verlassen durfte und auf die Normalstation verlegt wurde. Der Vergleich mit dem Freigang eines Häftlings drängt sich da zwangsweise auf. Im 20. Stock der Normalstation war man schon vorbereitet. Hier hatte ich eine zweite Familie gefunden. Es war ja nicht das erste Mal, dass ich von der Intensiv- auf die Normalstation kam. Ich gehörte, nach der langen Zeit, die ich hier verbracht hatte, fast schon zum Inventar. Ein allgemeines Begrüßen, Händeschütteln, Lächeln, so als würde ich nach Hause kommen. Ein tolles Gefühl, mein krankes Herz sprang vor Freude. So verbrachte ich hier noch einige Wochen, bis ich endlich nach Hause durfte. Wer jetzt aber meint, ich hätte ein anderes Leben begonnen, den muss ich enttäuschen. Ich wollte so leben wie vorher. Das Handicap mit der Pumpe um den Hals war Änderung genug in meinem Leben. Im Garten wartete ausreichend Arbeit auf mich. Ich bemerkte, je mehr ich mich bewegte und mich auf die Arbeiten konzentrierte, umso besser ging es mir. Eines Tages, ich war mit meiner Frau bei einer Firma, da schlug mein Defibrillator, der ja noch immer in meiner Brust war, mit voller Wucht zu. Und nicht nur einmal, siebenmal hintereinander. Natürlich wurde sofort die Rettung gerufen, der Arzt sah, wie es mich durchbeutelte, der Rettungswagen nahm mich sofort mit bis zum nächsten großen Parkplatz. Dort stand schon der Hubschrauber bereit, und im Nu war ich wieder im Spital. Man legte mir einen Magneten auf die Brust, um den Defibrillator davon abzuhalten, weitere Schocks zu verabreichen. Aber dem war der Magnet völlig egal. Insgesamt 23 Schocks bekam ich. Was musste mein krankes Herz aushalten! Endlich kann ein Techniker, der das Gerät abschalten konnte. In der Zwischenzeit war auch der Blutbefund ausgewertet. Anämie. Ich hatte so wenig Blut, dass das Herz sich aufgebäumt hat, weil es zu wenig Sauerstoff bekam und damit den Defi in Aktion brachte. Mein Hämoglobinwert war auf 5,5 statt auf 13 bis 15. Insgesamt fünf Bluttransfusionen wurden mir verabreicht. Damit hatte ich insgesamt schon 16 konsumiert. Damals wurde mir klar, wie wichtig Blutspenden ist.

Natürlich erfolgte eine stationäre Aufnahme; die Schwestern lachten schon, als sie mich sahen. Untersuchungen begannen, man wollte ja wissen, wo ist das Blut geblieben. Zuerst eine Magen- und Darmspiegelung, die brachten aber keine befriedigenden Ergebnisse. Also wurden sie wiederholt, mit demselben Resultat. Klarheit brachte eine Kapsel-Endoskopie. Darunter ist eine etwas größere Pille zu verstehen, die eine Kamera, LED-Lampen, eine Batterie und einen Sender beinhaltet. Auf Brust und Bauch werden rechts und links des unteren Brustbeins bis zum Unterbauch Elektroden aufgeklebt. Die Pille wird geschluckt, und alle zwei Stunden werden Fotos gemacht.

Man glaubt es ja kaum, was die medizinische Technik schon alles ermöglicht. Pech war nur, die Kapsel war auf halbem Weg liegen geblieben und hatte zehn Stunden den Magen gefilmt. Also nach zwei Tagen dieselbe Prozedur noch mal. Diesmal hat man gastroskopisch nachgeholfen und die Kapsel gleich zum Magenausgang gestoßen. Wieder wurden alle zwei Stunden Aufnahmen gemacht. Auch nachts. Diesmal war die Untersuchung aber erfolgreich. Durch die starke Blutverdünnung und die Turbine vom Kunstherz gab es Veränderungen im Blut; im Dünndarm hatte sich an zwei Stellen eine Art Blutschwamm gebildet, wodurch das Blut wegsickerte. So zumindest habe ich die Erklärung verstanden. Beide Stellen waren endoskopisch nicht zu erreichen. Also laufend Bluttransfusionen, Absetzen des Medikamentes zur Blutverdünnung, dafür tägliche Injektionen. Drei Wochen dauerte es, bis die beiden Stellen geheilt waren und sich mein Hämoglobinwert stabilisierte. Die vielen Behandlungen und Operationen hatten natürlich heftige Spuren an meinem Körper zurückgelassen. Nicht nur die vielen Narben ließen meinen Torso wie eine Landkarte aussehen. Ich fühlte mich, als wäre ich um 30 Jahre gealtert. Wo war meine Agilität geblieben, mein Selbstbewusstsein, mein aufrechter Gang? Durch das viele Liegen war ich sehr schwach und unsicher auf den Beinen und konnte mich nur mittels Rollators bewegen. Ich versuchte mir einzureden, es wird wieder, es kommt wieder anders. Dabei schlurfte ich gebückt durch die Gänge, den Kopf gesenkt, sorgenvoller Blick und die Gedanken, was wird noch alles passieren. Ein schwerer Eingriff stand mir ja noch bevor. Die Herztransplantation. Ich durfte wieder nach Hause.

Unser Sohn hatte derweil arge Probleme im Gymnasium. Ich machte mir Vorwürfe, was war ich nur für ein Vater. Er musste sich doch vernachlässigt fühlen, der Vater war nie da, die Mutter in der Arbeitstretmühle eingespannt und mit zusätzlichen Aufgaben belastet, weil sie alles alleine machen musste. Nur mit seinen Freunden konnte er über die Belastung durch diese unsichere Zeit sprechen. Aber das war eben nur eine Notlösung. Immer die bange Frage, die wie ein Damoklesschwert über ihn hing, kommt der Vater wieder, wird er wieder gesund. Er hatte schon 1999 Mal und öfter miterlebt, wie ich plötzlich weggekippt war und der Defi mich zurückholte. Jedes Mal ein

Schock für ihn, der, als das anfing, fünf oder sechs Jahre alt war und Jahre immer wieder passierte. Das saß ihm sicher noch im Nacken. Ich telefonierte vom Spital aus mit seinen Lehrern, was aber nichts brachte. Die Leistungen waren zu schwach. Insgeheim gab ich mir die Schuld. Ein Vater, der nicht da ist, wenn er gebraucht wird, ist ein schlechter Vater. Unser Sohn kam auf die Welt, kurz nach meinem ersten Infarkt. Meine Frau wollte unbedingt ein zweites Kind. Ich hätte unter anderen Umständen keine Einwände gehabt. Aber nach dem, was geschehen war, wollte ich nicht die Verantwortung tragen, dass sie vielleicht allein mit zwei Kindern zurückbliebe. Die Sorgen mit der Schule waren ein Hammerwerk in meinem Kopf. Gespräche mit unserem Sohnemann verliefen ruhig und sachlich, jedoch war die Sache gelaufen. Also noch mal die letzte Klasse wiederholen? Oder Gymnasium schmeißen und Lehre beginnen? Eine Lösung wird sich finden, dachte ich mir. Ich versuchte in der Zeit, als ich zu Hause war, den beiden so weit wie möglich zur Seite zu stehen. Arbeiten im Garten und am Haus vertrieben die Zeit und böse Gedanken. Ich hatte beim Einzug eine Zentralheizung installiert, die mit Holz beheizt wurde. Wir bekamen von Nachbarn immer Nachschub, wenn Bäume geschnitten wurden. Ich durfte das Holz dann in handliche 30-Zentimeter-Stücke sägen und hacken und hinter dem Schupfen zu stapeln, wo es Jahre trocknen konnte. So hatte sich, während ich im Spital meine Zeit verbrachte, ein beträchtlicher Berg an Holz hinter der Gartentüre angesammelt. Der wartete nur auf einen kräftigen Arm, der ihn beseitigte. Eine innere Stimme sagte mir eines Tages im März 2012: »Räum das Holz weg, jetzt kommt der Sommer, hier wird es nur nass und schaut auch nicht gut aus!« Also gab ich mir einen Ruck und der Faulheit einen Tritt und begann das Holz zu zerkleinern und hinter der Hauswand aufzuschlichten. Von 8 Uhr früh bis 18 Uhr arbeitete ich nur mit kurzen Pausen. Einzig die Batterietasche meines Kunstherzens nervte, da sie mir dauernd im Weg war. Meine Frau kam von der Arbeit nach Hause, freute sich, dass der Holzhaufen weg war, schimpfte mit mir, weil ich immer alles allein machen musste. Ich ging mich waschen und freute mich schon auf Kaffee und dass ich etwas Essbares zwischen die Zähne bekam. Dazu sollte es aber nicht mehr kommen. Bevor ich noch zur Kaffeemaschine kam, läutete das Telefon. Ich nahm ab, und eine nette Stimme ertönte: »Bei manchen Patienten, die mir am Herzen liegen, lasse ich es mir nicht nehmen, die freudige Botschaft selbst zu übermitteln. Wir haben ein Herz für Sie, machen Sie sich startklar, die Rettung ist schon unterwegs!« Punkt, aus. Der Chef persönlich hatte mir die Nachricht übermittelt. Jahre hatte ich auf den Augenblick gewartet. Ich meinte immer, wenn der Anruf kommt, brauche ich kein Herz mehr, denn da trifft mich wahrscheinlich der Schlag. Alles Unsinn. Also der Schlag hat mich jedenfalls nicht getroffen. Ich war nur unfähig, auch nur einen klaren Gedanken zu fassen. Was ziehe ich an, was nehme ich mit, werde ich das überstehen, wie lange bleibe ich jetzt wieder im Krankenhaus. Soll ich mich freuen, soll ich Angst haben, komm ich wieder hierher, was wird aus meiner Frau, aus unserm Sohn, aus dem Haus und Garten. Was …

Wie in einem Karussell ging's in meinem Kopf zu. Ich war nicht fähig, einen einzigen klaren Gedanken fertig zu denken.

Die Worte von der ersten Besprechung vor drei Jahren fielen mir ein: *Nichts* mitnehmen. Warum nicht, meint man, falls man es nicht übersteht …? Nein, weg mit diesen Gedanken. Es geht gut. Ein inneres Gefühl sagte mir, ruhig Blut. Du hast's geschafft. Es wird alles gut. Ich war, verwunderlich genug, auch in keinem Moment nervös oder ängstlich aufgeregt. Ich hatte nur mein Konzept verloren. Eigentlich war der Kopf leer, wenn man von dem Chaos an Gedanken absah. Telefonate waren fällig. Abmelden, Glückwünsche entgegennehmen (mehr oder weniger aufrichtige) usw. Auch meine Frau telefonierte mit der halben Welt. Die Nachbarschaft stand schon Spalier vor unserem Garten, und ich wusste immer noch nicht, was ich anziehen sollte, was mitnehmen, da sahen wir aus der Ferne schon das Blaulicht. Somit war ich aller meiner Sorgen enthoben, verabschiedete mich von meiner Frau, wegen seiner Abwesenheit leider nicht von unserem Sohn, und mit Blaulicht fuhren wir ins Spital, wo schon eine ganz liebe Frau Doktor auf mich wartete und mich mit den Worten begrüßte: »Na also, da ist er ja! Gleich das OP-Hemd anziehen, im OP wartet man schon!« Ich kam überhaupt nicht zum Nachdenken, was und wie und wo. Das war sicher auch so geplant. »Wollen Sie noch zur Beruhigung ein Pulver?«

»Nein danke, ich bin die Ruhe in Person!« Das war ich wirklich. So als würde ich jetzt ins Kaffeehaus gehen. Ohne Aufregung, ohne Angst, eher neugierig, was ich jetzt noch alles mitbekommen würde, bis ich einschliefe. Schmerzen hatte ich ja nicht, die Tasche mit den Batterien und das Kabel aus dem Bauch würden nachher verschwunden ein. Das war schon ein Segen. Circa vier Kilo wog diese Umhängetasche mit den zwei Batterien, abends meinte man, es wären 40. Einen schiefen Gang hatte ich mir schon angewöhnt. Alle acht Stunden Batteriewechsel, jeden Tag ein neuer Wundverband an der Stelle, wo das Kabel aus dem Bauch herauskam. Zwei Jahre nicht duschen, nur Katzenwäsche, das war eine Strafe; kein Schwimmen, kein Bootfahren und noch einige Verbote mehr. Das wird jetzt alles vorbei sein. Träger brachten mich in den OP, wo schon Schwestern und Ärzte alles vorbereitet hatten. Eine scherzhafte Frage kam: »Wie geht's?« Trotz Mundschutz und Haube konnte ich das Grinsen bemerken. Auch ich hatte einige Scherze im Galgenhumor parat. »Natürlich typisch, Masken und Gummihandschuhe, damit nicht zurückverfolgt werden kann, wer der Schuldige ist.« So wurde gelacht im OP, und die Stimmung war allseits perfekt. Ich bekam eine Maske über Nase und Mund, da war es auch schon Nacht.

Sehr viele Stunden später (15 nach Auskunft der Ärzte) – für mich waren es nur einige Sekunden – blickte ich in die Augen eines Pflegers. Ich dachte mir: »Wann fangen die endlich an?« Um mich viele Geräte mit lauter bunten Lämpchen, das Personal teilweise vermummt, blau angezogen … Moment, blau? Wieso blau? Die waren doch gerade noch alle grün angezogen. Auch die Geräte schauten etwas anders aus, und die große Lampe fehlte. Vorsichtig blickte ich an mir herunter. Ein riesiger Verband auf meiner Brust. Also bin ich schon …? Oder doch noch nicht? Ich fragte vorsichtig, ob ich schon … Ein mildes Lächeln strahlte mich an. »Vorgestern schon!«, hörte ich mein Gegenüber sagen. »Bitte was? Wieso vorgestern, ich bin doch erst gekommen und …!« In meinem Kopf war wieder Chaos. »Gestern war Ihre Frau schon da mit einer Freundin, Sie haben doch mit den beiden gesprochen.« Nun war das Chaos perfekt. Mir blieb der Mund offen. Nach einem Vollrausch soll es schon vorgekommen sein, dass man Lücken im Gedächtnis hat, aber ich trinke fast nichts, also … nein, so sehr ich auch mein Oberstübchen bemühte, da war nur ein schwarzes Loch. Die gibt's anscheinend nicht nur im Weltall. Da war nichts, absolut nichts. Keine Erinnerung an Frau mit Freundin, an Gespräche usw., nur gähnende Leere. Vermutlich drei-, viermal habe ich gefragt, welcher Tag heute ist und ob es Vormittag ist oder Abend. Da in der Intensivstation kein Fenster war, gab es auch kein Tageslicht. Ich verstand die Welt nicht mehr.

Es wäre jetzt müßig, die drei Wochen auf dieser Station zu schildern. Einen ganz großen Dank an das Personal, das sich wirklich mit aller zur Verfügung stehenden Macht um die Patienten kümmerte. Die Intensivstation ist eben eine eigene Welt. Tausend Lämpchen blinkten in allen Farben, unentwegt läutete oder piepste es, Pfleger und Schwestern huschten herum, Betten und Möbelstücke wurden immer wieder verschoben. Keine Ruhe. Auf den normalen Stationen schaute die Sache ganz anders aus. Hier aber gab es kein Aufstehen, kein Auf-die-Toilette-Gehen. Liegen, liegen und leiden. Mit der Zeit weiß man nicht mehr, was einem nicht weh tut. Bei mir dauerte der Aufenthalt in der Intensiv so lange, weil mit meinen Blutgasen etwas nicht in Ordnung war. Bis die richtige Medikation gefunden wurde, dauerte es einige Zeit. Danach halfen zwei hübsche physikalische Kräfte, mir das Bewegen und Gehen wieder beizubringen. Es war mir nicht möglich, vom Zimmer bis zum Aufzug in einem Stück zu gehen. Zwei Pausen waren nötig. Das war also mein neues Leben? 30 Meter gehen bedeutete eine Weltreise. War das die Zukunft, ich eine lebende Leiche? Danke, also, mit mir sicher nicht. Wenn schon neues Herz, dann auch neues Leben. Viele Stunden hatten sich die Ärzte verbissen bemüht, mir das Leben zu erhalten, und dann kann ich nicht mal richtig gehen? Nein, nicht mit mir. Ich ließ es mir nicht nehmen, den Weg auf die Normalstation aufrecht gehend zu absolvieren. Mit Begleitung, versteht sich. Der Träger schob das leere Bett vor sich her. Das Personal staunte nicht schlecht, einige applaudierten sogar. Der diensthabende Arzt schüttelte grinsend den Kopf. »Typisch Koppensteiner!«, war sein ganzer Kommentar.

Die Tage vergingen. Eine leichte Besserung war zu bemerken, aber der Zustand war lang noch nicht mein Ziel. Ich heulte manchmal in meinem Zimmer wie ein Schlosshund und wusste eigentlich nicht so recht, warum. Ermahnte mich dann immer selbst: »Was willst du blöder Hammel eigentlich. Du lebst. Du hast eine zweite Chance bekommen, nütze sie. Wie viele Menschen bekommen so eine Möglichkeit, und wie viele mehr bekommen sie nicht? Du bist auf dem Weg der Besserung. Jahrelang hast du deinen Körper nicht beachtet, jetzt fordert er sein Recht. Also sei geduldig und dankbar!« Eine Sensibilität hatte mich erfasst, die ich an mir nicht kannte. Es gab Situationen, bei denen mir die Tränen über die Wangen liefen, ohne ersichtlichen Grund, und ein Angstgefühl in mir aufstieg. Das war befremdend und erschreckte mich. Was war aus mir geworden? Ein Weichei. Wo war die Selbstsicherheit hingekommen? Was würden meine Mitarbeiter sagen, könnten sie mich jetzt sehen? Schrecklich.

Nach dem Spital kam ich 29 Tage in ein Rehabilitations-Zentrum, wo man versuchte, aus mir wieder einen vollwertigen Menschen zu machen. Es ist eben wie meistens. Die Patienten wollen sofort, quasi auf Knopfdruck, den alten Rhythmus gleich nach dem Spitalsbett wiederhaben. Auch ich war hier keine Ausnahme. Wenn ich in die Runde blickte, den anderen erging es ja auch nicht viel besser. Natürlich gab es auch fittere Patienten. Die hatten aber andere Eingriffe hinter sich, waren nur eine Woche im Spital gewesen und schon drei Wochen hier. Neidvoll versuchte ich mich an deren Standard anzulehnen – was mein geschundener Körper alles ausgehalten hatte, war dagegen schon wieder in den Hintergrund gerückt. Zum Glück gab es hier Ärzte, die Verständnis für solche Querulanten hatten, wie ich einer war. Die erste Zeit war dennoch mühevoll. So lange schon von der Familie getrennt – von deren Spitalbesuchen abgesehen –, fragte ich mich immer wieder: »Will man mich eigentlich noch, was soll ich dort noch? Kann mich nicht richtig bewegen, von Arbeit erst gar nicht zu sprechen. Eine verfallene Ruine, die man versucht, langsam zu renovieren.«

CAMINO?? Plötzlich war dieses Wort in meinem Kopf. Einfach

Camino. Keine Ahnung, was es bedeutete, wieso ich es plötzlich dachte, wo ich es gehört oder gelesen hatte. Es war mir irgendwie vertraut, warum, wusste ich nicht – und kurz darauf vergaß ich das Wort auch wieder.

Ich beschäftigte mich auffallend intensiv mit mir und meinem Verhalten. Was hatte sich geändert an oder in mir? Na, in mir einiges, aber an mir? Heute, Jahre später, weiß ich, jede Minute erlebe ich weitaus bewusster als früher. Damals war mir das noch nicht so klar. Und plötzlich wieder: CAMINO! Das Wort kam mir immer wieder in den Sinn. Irgendwie kam es mir bekannt vor, aber woher? Nachdem es mir noch ein paarmal so erging, nahm ich mich dieses Rätsels an. Aufklärung brachte das Internet. Camino ist aus dem Spanischen und heißt Weg. Auch der berühmte Pilgerweg nach Santiago de Compostela hat diesen Namen.

Aha, wieder etwas gelernt, und was habe ich damit zu tun? Religion war mir schon in der Volksschule eher suspekt. Das klang alles wie aus einem Märchenbuch, auf gezielte Fragen kamen Antworten, mit denen ich nichts anfangen konnte. Du musst glauben! Das war dann immer die letzte Instanz. Überhaupt nicht zufriedenstellend. Nichts dabei, was mich überzeugte. Ich habe im Laufe meines Lebens viele Bücher über andere Religionen gelesen, mit vielen Menschen aller Nationalitäten gesprochen. Meine Meinung: Religion ist wie eine Steinfrucht. Man nehme einen Kern, gebe Fruchtfleisch darüber und hat – Marillen, Zwetschgen, Pfirsiche, Kirschen usw. Der Kern ist immer der gleiche, nur das Äußere unterschiedlich. Sowohl im Aussehen wie auch im Geschmack. Bei den Religionen ist es ähnlich. Immer von Menschen gemacht oder geschrieben, aus deren jeweiliger Sicht. Jedoch nie von einem Gott oder Ähnlichem. Also ließ ich den ganzen Firlefanz weg, all die salbungsvollen Worte und habe seither meine eigne Religion, die auf die zehn Gebote zusammengeschrumpft ist, was aber, meiner Meinung nach, völlig für ein anständiges Leben reicht. Den Kern gibt es, muss es ja geben, woher käme sonst alles. Dieser Kern beeinflusst unser Leben wahrscheinlich mehr, als wir ahnen. Wir nennen es manchmal Schicksal, Zufall oder verwenden irgendeinen anderen Namen.

Sollte also das Wort Camino eine Bedeutung für mich haben? Immer wieder befasste ich mich mit diesen Gedanken, bis ich zu der Überzeugung kam, ja, es hat eine Bedeutung für mich nach all den Strapazen und der großen Hilfe nicht nur von den Ärzten und dem Pflegepersonal. Da hat auch das »Schicksal« mitgespielt, wenn ich es so nennen darf. Ich habe etwas kennengelernt, wovon zwar jeder *glaubt*, zu wissen, was es ist – wenn es aber an die Substanz geht, schaut die Sache ganz anders aus. Todesangst. Richtige Todesangst muss man einmal gespürt haben. Wer dem Gevatter Tod ins Auge geblickt hat und das nicht nur einmal, der versteht dann vieles, worüber er früher ganz anders gesprochen hat. Einiges verliert an Wertigkeit und Wichtigkeit. Vorrangiges wird zur Nebensache degradiert. Wertvolles besitzt plötzlich nur Ramschwert. Ein älterer Rettungsfahrer wollte einmal wissen, was mit mir geschehen war. Als ich es ihm erzählt hatte, meinte er lakonisch: »Wannst g'scheit bist, wirst 100, oba du wirst Vogerln zwitschern hean und blühende Blumen sehen!« Er wusste gar nicht, wie recht er damit hatte. Noch etwas habe ich gelernt, innige Dankbarkeit. Ich habe heute noch immer Kontakt zu den Menschen in den grünen Gewändern. Oft habe ich morgens die müden Augen gesehen, wenn sie erschöpft vom OP auf die Station kamen. Wieder acht, zehn, zwölf und mehr Stunden am OP-Tisch verbracht, vielleicht wieder ein Leben gerettet. Ehrliche Hochachtung empfinde ich dafür. Es muss ein schönes Gefühl sein, Leben zu retten. Zu sehen, was man wieder auf die Beine gestellt hat. Buchstäblich.

Wie bedankt man sich bei Menschen, die dazu beigetragen haben, dass man wieder ein Leben leben kann? Sagt man einfach »DANKE« oder »SUPER«? Oder überreicht man eine Flasche Wein? Ich kam zu der Ansicht, einem Arzt, der ein klassisches Berufsethos hat, werden keine materiellen Güter gerecht. Die größte Freude bereitet man meiner Meinung nach, wenn man als Patient zeigt, wie sehr man die getane Arbeit zu schätzen weiß, vielleicht das Leben etwas umstellt, um dieses Geschenk so lange wie möglich zu genießen. Darum gibt es auch bei uns jährlich eine »Geburtstagsfeier« für meine zweite Geburt mit den Menschen, die mir dazu verholfen haben. Einige Stunden andere

Gedanken denken, plaudern, lachen, essen und fröhlich sein. Weg vom Alltagstrott. Das ist mein Dankeschön. Das wurde auch sofort dankbar und freudig angenommen. Aber was mach ich mit dem Schicksal, das war ja auch daran beteiligt? Und sogar nicht wenig. Das kann ich nicht einladen. »CAMINO«. Da war es wieder, das Wort. Mittlerweile verfolgte es mich schon fast zwei Jahre. In meinem Kopf entstand ein Plan. »Mach den Camino.« Blödsinn. Ich bin eigentlich krank! Mein Gewissen schrie auf: »Was bist du, krank? Wieso? Du hast ein neues Herz, deine anderen Organe erholen sich zunehmend. Wo also bist du krank? Du willst die faule Tour weiterführen und dich hinter einer Krankheit, die es nicht gibt, verstecken. Dafür gab es kein neues Herz. Mach was, beweg deinen faulen Hintern, und sei kein Hypochonder. Die Rache wäre nicht lustig!«

Ich unterhielt mich öfters mit meiner inneren Stimme, wie immer sie auch genannt wird. Innere Stimme, Gewissen, vielleicht auch etwas Höheres? Ich weiß es nicht. Ist mir auch wurscht. Ich weiß nur, ich habe zwei davon. Mag vielleicht recht kindlich erscheinen, ich glaube aber, jeder Mensch hat zwei Stimmen in sich, die mit einem reden. Die eine sagt: »Mach es!«, die andere: »Lass es!« Entscheiden müssen wir selbst. Die Stimme, der man öfters folgt, wird dann oft immer lauter. Meistens ist die mit den leichteren Aufgaben die falsche. Für mich ist es eine Unterhaltung mit oben und unten, mit Hell und Dunkel, Gut und Böse. Das ist ganz allein meine Ansicht, aber ich bin bis heute recht gut damit zurechtgekommen. Unsere Lebensweise ist vielleicht nur zu laut, um immer die Stimmen zu hören, manchmal wollen wir sie auch gar nicht wahrnehmen.

Gedankengänge wurden in mir aktiviert. Der Weg »Camino« begann sich zu festigen. Eine Mischung aus abenteuerlicher Wallfahrt und persönlicher Dankprozession, diese Vorstellung nahm immer mehr Gestalt an in mir. Ich ließ mich in ein Fitnessstudio einschreiben, trainierte immer wieder, längere Strecken zu gehen. Anfangs ging alles sehr zäh, mit reichlicher Überwindung und recht schmerzhaft vonstatten. Zusätzlich hatte ich auch mit argen privaten Problemen zu kämpfen, die mein angeschlagenes Ego noch mehr marterten. Die

Heimkehr aus dem Krankenhaus war alles andre als erfreulich. Ich hatte den Eindruck, nicht unbedingt so willkommen zu sein, wie ich es mir gewünscht hätte. Aber ich war auch eine lange Zeit nicht da gewesen, da konnte sich schon einiges verändern.

Ich konnte es mir nicht gestatten, Vorteile oder, besser, Privilegien, die ich mir einräumte, nicht auch anderen zuzugestehen. Gleiches Recht für alle! Und so musste ich wohl oder übel Veränderungen bei den anderen zur Kenntnis nehmen. Die Luft zu Hause war dick geworden und wurde, zumindest erschien es mir so, zunehmend dicker. Ich musste bald wieder frei atmen können, raus aus diesem Teufelskreis!

Nach einiger Zeit stand es für mich fest, ich mache den Camino. Eine Zeit allein und abseits von allen Zuständen, das kann nur heilsam sein. Wieder lernen, auf zwei Beinen zu stehen, selbst zu entscheiden, Herausforderungen anzunehmen, auch wenn es gefährlich sein kann. Jeder will mich bemuttern, über mich bestimmen, entscheiden, was gut und was nicht gut ist. Einen Menschen, der sein ganzes Leben selbständig war, der gewohnt war, Verantwortung zu tragen für sich und seine Angestellten. Jetzt womöglich füttern und am Handerl führen? Nein, meine Lieben. Nicht mit mir. Ich werd's euch beweisen.

2 Die Vorbereitung

Der Plan war gefasst, und wer mich kennt, weiß: Einmal einen Plan gefasst, bringt mich so leicht nichts davon ab. Wochenlang saß ich abends am PC und legte die Etappen fest, die ich täglich gehen wollte.

Es gibt drei bekannte Wege nach Santiago de Compostela, zwischen denen ich zu wählen hatte. Der wohl bekannteste ist der »Camino Primitivo«. Er führt von Pamplona aus direkt und gerade über das Hochplateau. Etwa 730 Kilometer. Dann den von Frankreich über die Pyrenäen, den »Camino Francés«, und den »Camino del Norte«, den längsten und beschwerlichsten, weil er pausenlos hinauf und hinunter führt. Zu jedem Fluss oder Bach muss man hier hinunter, da es meistens an Brücken fehlt, außer man ist auf der Straße unterwegs. Beginnend am Golf von Biskaya, den Atlantik entlang bis Ribadeo, dann südlich über Lugo nach Santiago. Ich entschied mich für die Nordroute. Warum? Die anderen Routen hatten Abschnitte von 30 und 40 Kilometern, auf denen keine menschliche Behausung war, keine Stadt, kein Dorf. Zumindest war auf den Karten nichts zu finden. Da kamen mir schon Bedenken, was ist, wenn …? Überhaupt stellte sich manchmal ein flaues Gefühl ein, wenn ich an brenzlige Situationen dachte, die ja immer wieder eintreten konnten. Weit und breit allein auf weiter Flur. Wie es sich ein Unkundiger eben so vorstellt. Ich hatte jahrelang Angst in ihrer schrecklichsten Form kennengelernt. Ausläufer davon waren immer noch sofort in mir präsent. Wie konnte ich wissen, das am Camino Primitivo Unmengen an Pilgern und Reisenden unterwegs sind. (1,5 Millionen jährlich. Im Jakobus-Jahr 2010 waren es dreimal so viel.) Wie auch immer, an der Küste gab es doch alle fünf bis zehn Kilometer menschliche Behausungen, wo gegebenenfalls bestimmt Hilfe möglich war.

Also fiel meine Entscheidung auf die Nordroute. Auch die innere Stimme war damit einverstanden. Die Reise würde zwar wesentlich länger dauern, aber wenn etwas am Camino egal war, dann die Zeit. Ich suchte mir Herbergen aus dem Internet heraus, markierte sie auf meinen Tagesplänen. Sprach mit Leuten, die schon diesen Weg gegangen waren, und nicht nur jene, die Gerüchte gehört hatten. Mein lieber Freund Günter, seines Zeichens Kardiologe, sah mich etwas eigenartig an, als ich ihm von meinem Vorhaben erzählte. Ich deutete seinen Blick so, als wollte er mir unverzüglich eine Überweisung in die Psychiatrie ausstellen. Antwort bekam ich keine. Aber am nächsten Tag lag ein kleines Paket bei mir im Garten. Ein Buch über den Jakobsweg. Also überließ er mir die Entscheidung. Beim nächsten Treffen meinte er nur: »Deine Entscheidung allein verdient Achtung. Ich habe aber Bedenken. Wenn du mir versprichst, sollte es dir zu viel sein, du gesundheitliche Schwierigkeiten hast, die Notbremse zu ziehen und kein Problem damit zu haben, zu unterbrechen und Heim zu fliegen: Dann fahr. Nur ja keinen falschen Ehrgeiz entwickeln. Ich kenn dich und deine verrückten Ideen!« (Tststs …) Das konnte ich ihm aber versprechen. Sollte es wirklich so kommen, dass ich zurückmüsste, es wäre mir egal. Auf dumme Kommentare gab ich noch nie etwas. Also hatte ich schon einen Befürworter. Das stärkte mein Selbstvertrauen ungemein, gerade weil Günter erschreckend direkt und brutal ehrlich sein konnte. Es gab auch Ärzte, die mir vehement abrieten. Zu anstrengend, zu gefährlich alleine, drohende Infektionen und Unfälle, schwaches Immunsystem wegen der Medikamente und außerdem, was ist, wenn …! Natürlich hatten sie alle etwas *recht.* Ich wäre alleine, es drohten Infektionen und Unfälle, ich hatte ein schwaches Immunsystem wegen der Medikamente und außerdem, was ist, wenn …! Ich wäre aber nicht ich, wenn ich nicht zu jedem Problemchen auch eine passende Lösung hätte. Ein recht netter Professor von meinem Operationsteam bot mir an, die Adresse einer Transplantationsärztin in Laredo zu geben. Er hatte ihr schon telefonisch von mir und meinem Unterfangen erzählt. Sie sei jederzeit bereit, im Notfall mit den Ärzten telefonisch zu sprechen, was ein »HTX-ler« (so der Fachbegriff für Herztransplantierte!) darf und was nicht.

In dem Ort Sulz im Wienerwald gibt es die österreichische Sankt-Jakobs-Bruderschaft. Der Prior nahm sich viel Zeit für mich. Er wollte gar nicht wissen, warum und weshalb, das müsse schließlich jeder für sich entscheiden. Aber er gab mir wichtige Ratschläge und Informationen sowie den Pilgerpass. Der sollte am Ende voll mit Stempeln sein, von Herbergen oder Kirchen entlang der Strecke. Ein wichtiges MUSS, um die Compostela zu bekommen. Also die Urkunde und Bestätigung, diesen Weg bewältigt zu haben. Nicht unbedingt notwendig, aber eine schöne Erinnerung am Ende des Weges, mit der man zu Hause auch etwas angeben konnte. Die wichtigsten Instruktionen, die mir der Prior auf den Weg mitgab: »Unbedingt alleine gehen. So wenig wie möglich mitnehmen, nicht immer auf andere hören, jeder macht diesen Weg für sich alleine. Anders als die Touristengruppen, die das Gepäck morgens in den Bus verladen und dann gemütlich wandernd die nächste Herberge erreichen. Da sind die Pilger mit vollem Gepäck, manchmal auf wilden Pfaden, bei jedem Wetter und abseits vom Weltgeschehen unterwegs, weit schlechter dran! Wissen oft nicht, wo sie abends schlafen werden. Also, ob die Nordroute für Sie mit Ihrer Vorgeschichte ideal ist, möchte ich bezweifeln. Die Strecke ist um vieles länger und weitaus anstrengender, weil es nur bergauf und bergab geht!« Was ich anhand der Karten auch schon herausgefunden hatte, wurde mir also bestätigt. Mit diesem Wissen und meinem Pilgerpass zog ich in Gedanken versunken ab. Lauter Argumente, die man noch einmal überdenken sollte. Wochen vergingen mit geistiger und körperlicher Vorbereitung. Mittlerweile schaffte ich zehn Kilometer am Tag in der Stadt zu gehen. Papierberge häuften sich; Ausdrucke über den Camino mit den wichtigsten Worten auf Spanisch sowie Etappenkarten für jeden Tag. Damit würde ich immer wissen, wo ich war oder wo ich sein sollte. Immer wieder packten mich Zweifel, ob sich das auch so durchziehen lässt? Man wird ja sehen. Wie heißt es? Dem Mutigen gehört die Welt!

Mein Hausarzt raufte sich die Haare, weil ich Unmengen an Medikamenten bestellte. Man glaubt es nicht, wie viel Medizin das für zwei Monate war. Ich rechnete mit eineinhalb bis zwei Monaten, die ich unterwegs war. Allzu viel traute ich mir täglich nicht zu. Keine

Ahnung, ob da Straßen waren oder Wege und Pfade in der Wildnis. Alles war ungewiss. Dann war da noch die Kostenfrage. Ausrüstung, Flug, Unterkünfte, Essen usw. Ausrüstung und Flüge waren bald eruiert und erledigt. Unterkünfte und Essen konnte ich nur grob schätzen und einen nötigen Überschuss dazugeben (was ist, wenn …!) Also wurde ein Sparvertrag vorzeitig aufgelöst. Für mich war von Anfang an klar, das sollte nicht nur eine Pilgerreise werden, sondern auch eine Erweiterung meines Horizontes. Schließlich wollte ich etwas kennenlernen und mir Eindrücke von Land und Leuten holen. Ein Freund erzählte mir von einem Bekannten, der den Weg in 23 Tagen geschafft hatte. Das beeindruckte mich nicht im Geringsten. Ich fragte nur: »Hatte der auch ein neues Herz?« Betretenes Schweigen. Freilich sollte ich beeindruckt sein, aber ich hatte den Gedanken an Vergleiche mit anderen weit weggeschoben.

Die sportliche Leistung war hier überhaupt nicht wesentlich. Der Sinn der Unternehmung lag ganz woanders. Immer wieder fragte ich mich, was ursprünglich den Gedanken »CAMINO« ins Spiel gebracht haben konnte. Es entstand eine Frage in meinem Kopf: Trug ich ein fremdes Herz nach Santiago, oder war es vielleicht umgekehrt? War mir möglicherweise ein Wunsch eingepflanzt worden? Überhaupt die Frage: Gehörte das Herz eigentlich schon mir? Konnte es den Wunsch in mir manifestieren, nach Santiago zu gehen, um dann ganz mir zu gehören? Eine Gedankenspielerei, die mich verwirrte und auf meiner Reise noch öfters beschäftigen sollte. Es ist immer dasselbe: Menschen wollen beeindrucken, zeigen, wie gut sie sind, übersehen aber oft das Wesentliche. Ob das auch der Sinn dieses Weges ist, war mehr als fraglich. Dann könnte man auch vom Neusiedlersee zum Bodensee laufen. Da ersparte man sich die Flugkosten. Kilometer wären es genauso viel, und es stünde ja nur die sportliche Leistung im Vordergrund und kein anderer Zweck. Langsam hatte ich alles beisammen. Rucksack, zwei Paar Schuhe, Wäsche, dünne Jacke (Spanien ist ja warm um die Zeit), Regenschutz, Medikamente für zwei Monate, Nordic-Walking-Stöcke, zu denen man mir unbedingt angeraten hatte, Schlafsack (120 Gramm leicht), ein Notebook, falls ich abends mit meiner Frau oder meinen Freunden übers Internet sprechen wollte und zum Fotografieren. Sicherheitshalber noch einen zweiten kleinen Fotoapparat (falls der andere voll oder kaputt ist). Meine Etappenpläne und die Reiseunterlagen, ein kleines Diktiergerät, um unterwegs Eindrücke aufzunehmen, einen elektronischen Übersetzer, da Spanisch nicht unbedingt meine Stärke war. Eine Waage brachte es ans Licht: Gesamtgewicht des Reisegepäcks 25,7 Kilo. Geraten wurde zu zehn Prozent des Körpergewichtes. Das wären bei mir etwa elf Kilo. Was soll ich da zu Hause lassen? Alles war ungemein wichtig und notwendig. Allein die Medikamente hatten schon ein nettes Gewicht. Die würden zwar täglich leichter werden, auch die Etappenpläne würden nach und nach weniger. Vielleicht einige Socken, die Weste, und … ein Buch ist auch nicht notwendig. Endsumme: immer noch 25 Kilo.

Meine Frau glaubte bis zum Schluss nicht an meine Reise. Als ich dann die Tickets hatte, musste sie es glauben. Sie versteht bis heute nicht, dass ich immer das halte, was ich verspreche. Nun war es Gewissheit. 15. Mai 2014 Abflug nach Bilbao mit Zwischenstopp in Mallorca. Mein Schwager brachte mich zum Flughafen. Ich hatte schon sehr gemischte Gefühle im Bauch. Abschieds- oder Trennungsschmerz? Überraschender Weise überhaupt nicht. Meine Gedanken waren nur nach vorn gerichtet. Wie heißt es in einem Lied? *Mit 66 Jahren da fängt das Leben an …* Nun ich war heuer 66 geworden im Jänner. Die Erwartung, was kommen würde, war stärker als die Gedanken an mögliches Unheil. Entspannt und mit einer gewissen Zufriedenheit lehnte ich mich zurück, während der Flieger immer höher stieg. In mir fühlte ich, genau das Richtige zu tun und dass alles gut werden würde.

3 Wien – Mallorca – Bilbao

15. Mai 2014 Flughafen Wien-Schwechat. Der erste Reisetag begann nicht sehr positiv. Saukalt, Regen, Abflug verspätet sich, statt 11:20 Uhr 12:05 Uhr. Gut. Im Flieger erfuhren wir, dass wir einen Umweg fliegen mussten, über Laibach, Pula, Sardinien in Richtung Algerien und dann von Süden nach Mallorca zurück. Wir würden uns noch mehr verspäten. Weil in Frankreich die Fluglotsen streikten, würde ich vielleicht die Anschlussmaschine nach Bilbao nicht mehr erwischen. Da war sie wieder, die Angst. Vollkommen unnötig. Irgendwie würde ich schon nach Bilbao kommen, ob zu Fuß oder zu Wasser oder mit einer späteren Maschine. Aber Angst war zuletzt jahrelang meine Begleiterin gewesen, und das in allen Facetten. Ich wollte einfach dieses Gefühl nicht mehr spüren. Der Flug etwas holprig durch den Wind und ungemütlich wegen der Reihe hinter mir. Drei Betrunkene, ländliche Einheimische, die laut grölend und sehr unruhig den Flug störten. Irgendwann war es auch den Stewardessen zu viel. Sie holten sich die Störenfriede nach hinten, und … Ich weiß nicht, was sie ihnen angedroht hatten, aber während der zweiten Hälfte des Fluges war es besser. Möglich, dass sie ihnen gedroht hatten, sie auf den Hof zum Spielen zu schicken. Es war jetzt 13:33 Uhr. Noch etwas über eine Stunde. Es konnte einfach nichts glattgehen. Landung 15:20 Uhr, verspätet, aber vielleicht noch rechtzeitig. Flughafen **Mallorca**, ewig langer Weg bis zum Schalter der Air Berlin. Zum Gepäck noch weiter. Wie heißt es immer, schön muss man nicht sein. Ich erfuhr, das Gepäck musste ich nicht holen, das wird automatisch weitergeleitet. Meine leichte Panik legte sich wieder, als ich die Auskunft bekam, der Anschlussflieger stehe gleich hinter mir, Gate 46. Ich war der letzte Passagier, der einstieg. 15:30 Uhr. Ich saß in der Maschine nach Bilbao, hoffentlich. Wetter in Mallorca war

traumhaft, soweit ich das vom Flughafen mitbekam.

16:40 Uhr sehr verwackelte Landung in **Bilbao**. Strahlender Sonnenschein und 25 Grad Celsius begrüßten uns. Ich hatte Glück und habe gleich den richtigen Autobus gefunden. 1,40 Euro bezahlt. (Da sollten sich die Wiener Verkehrsbetriebe ein Beispiel nehmen.) Nach vier Stationen umsteigen in Linie 62. »Hmm?« Wo kann die sein? Genau wie in Konstanz sind die Straßen nur an den Enden beschriftet, die Haltestellen gar nicht. Welcher Bus hier hält, weiß nur der geschulte Einheimische. (Und auch der nicht immer.) Aber ich hatte es geschafft. Ich musste in die Altstadt. Einen Stadtplan hatte ich mir in einem Hotel bei der Rezeption besorgt. Es hatte eine Weile gedauert, die Unterkunft zu finden. Aber es war mir gelungen, wie, weiß ich selbst nicht mehr so genau. Zweimal falsch gegangen, einmal falsch geschickt worden. Die »Hospedaje« war nicht leicht zu finden, wenn man die Hausnummer nicht wusste. Kein Eingang wie gewohnt. Ein normales Wohnhaus, an der Haustüre ein kleines Schild: »Pension dreimal anläuten.« Endlich. Die Unterkunft war erreichbar durch das Stiegenhaus im zweiten Stock. Ein Mann begrüßte mich. »Kurt?« Ich antwortete im perfekten Spanisch: »Si«, nannte meinen Namen, worauf ein spanischer Wortschwall über mich hereinbrach. Ich kapierte nur, mein Zimmer hatte die Nr. 19, der Schlüssel passte auch für die Haustüre, und weg war der Senior. Kurze Pause im spartanisch eingerichteten Zimmer. Wobei spartanisch fast schon eine Übertreibung war. Ein Bett, ein Stuhl, eine Garderobewand, kein Kasten, eine kleine Anrichte und ein rundes Tischchen. Mit der Betonung auf »-chen«. Ich wollte nur die Geräte aufladen, einige Mails schreiben, mit meiner Frau über Skype Verbindung aufnehmen – und dann in die Stadt. Bilbao ist sehr schön. Imposante Fassaden und Bauten. Die Busfahrer sind netter als in Wien, die Leute größtenteils hilfsbereit und freundlich, die Preise günstig bis billig. In fremden Städten gehe ich anfangs immer schneckenförmig um die Unterkunft. Dann finde ich am leichtesten wieder heim. 20:50 Uhr. Ich saß vor einer Taverne, aß einen Toast (sehr gut), genoss einen Grande Espresso. Ich schrieb an meinen Bericht und in mein Kassabuch. Wollte am Schluss ja wissen, was dieser »Ausflug« gekostet hatte. Anschließend müde und ab in die Heia.

16. Mai. Guten Morgen. Es ist 5:30 Uhr. Ganz gut geschlafen. Nach der üblichen Morgenroutine ab in die Stadt. Bist du deppert? Keine zehn Grad und windig wie an der Nordsee. Wo hat sich die Sonne versteckt? In einem kleinen Lokal einen Kaffee und ein Croissant verspeist. Hier fielen mir viele leere Zuckertüten auf, die am Boden verstreut lagen. Dabei machte das Lokal sonst keinen schmutzigen oder ungepflegten Eindruck. Ob das absichtlich war? Damit man sah, wie frequentiert das Lokal war? Diese Erklärung schien mir plausibel. Anschließend studierte ich meinen Plan, wo war was. Mittlerweile war es 10:30 Uhr. Halb Bilbao hatte ich schon abgelaufen. Natürlich immer in verkehrter Richtung unterwegs gewesen. Nun saß ich hier im Guggenheim-Museum und genoss ein Getränk. Ein wirklich eigenartiges Museum. Monumentaler Bau. Hätte ja damals in Wien entstehen sollen, aber die Politik in Old Austria … die Eröffnung hatte viel Aufsehen erregt. Mag etwas eigenartig wirken, was man alles als Kunst deklarieren kann. Hauptsache, die Leute glauben es und zahlen dafür. Vor dem Museum »Puppy« ein riesiger Hundewelpe[1] aus Draht, gut und gerne fünf bis sechs Meter hoch, bepflanzt mit über 17.000 Blumen, wie man mir mitteilte. Eigentlich wollte man nach der Eröffnung des Museums dieses Monstergebilde wieder entfernen. Da hatte man aber nicht mit der Entschlossenheit der Bevölkerung gerechnet. Angeblich einstimmig wurde gegen den Abriss gestimmt. Mit Erfolg, wie man sieht. (Ob in Österreich auch irgendwas einstimmig beschlossen werden kann?) Zwei berühmte Brücken überquerte ich, von der dritten las und hörte ich nur. Die Zubizuri, eine futuristisch anmutende Fußgängerbrücke. Der Name bedeutet auf Baskisch »Weiße Brücke«. Direkt neben dem Museum die Salbeko Zubia, auch die rote Brücke genannt. Die dritte Brücke, die Bizkaiko Zubia, war mir zu weit weg. Eine »Hängebrücke«, wenn auch in einem anderen Sinn. An Seilen hängend, wird sie wie eine schwebende Fähre einige Meter über dem Wasser auf die andere Seite gezogen. Erstaunlich, was man hier so alles lernt. Autoverkehr gibt es

[1] Bild 1A

genug. Sehr zivilisiert, kein Autofahrer fährt schneller als 30 km/h bei Rot über die Kreuzung. Jede Menge Autobusse. Eine Art Scheckkarte fungiert als Ticket. Man hält sie nur zu einem Automaten hin, und der Piepton sagt, bezahlt. Manche halten nichts hin und fahren trotzdem. (So wie ich. Ich wollte nicht schwarzfahren, ehrlich, aber es gab keine Fahrscheine im Bus.)

Heute bin ich nur zu Fuß unterwegs. Sicher ist sicher. Es gibt anscheinend nur zwei Touristenbüros in Bilbao. (Vielleicht, weil es wenig Touristen gibt, was ich aber nicht glauben kann, oder ich habe nicht mehr gefunden.) Schöne Parkanlagen laden zum Rasten ein. Auf meiner Reise ist mir aufgefallen, sei eine Stadt oder Dorf noch so klein, sie ist mit großen, schönen Parks mit Turngeräten ausgestattet, die jeder kostenlos benützen kann. Ich muss mich erkundigen, wann die Geschäftszeiten in den Kirchen sind. Alle waren geschlossen. Bis zum späten Nachmittag Stadtbesichtigung, dann musste der Hunger gestillt werden. In Zimmernähe gab es ein schönes Lokal mit Sesseln und Tischen davor. Eine Eierspeise mit Schinken und Brot versöhnte mich mit der Welt. Leise Musik kam von irgendwoher. Ein Pärchen näherte sich, auffallend gekleidet, in echter spanischer Tracht. Er in Schwarz, mit dem typischen flachen Hut, sie eine Schönheit, ihre tolle Figur in ein feurig rotes Kleid gehüllt, seitlich geschlitzt bis wohin auch immer. Da begann das neue Herz schneller zu klopfen. Nach der langen Zeit, in der ich mein Verständnis davon, ein männliches Wesen zu sein, nur sehr mühsam aufrechterhalten konnte, richtete sich die verschollene Begehrlichkeit, bewusst zu leben, auf das Naheliegende. Schönheit als Begriff hatte wieder Qualität. Der Mann stellte einen CD-Player auf, und die beiden begannen einen tollen Paso Doble wirklich gekonnt zu tanzen. Meine Körperhaare rauften sich um einen Stehplatz. Es war ergreifend. Binnen kürzester Zeit stand eine Menschenmenge um das tanzende Paar. Nach dem Applaus und den Gaben in einer bereitstehenden Schachtel zu schließen, hatte es allen gefallen. So still und leise, wie die zwei gekommen waren, verschwanden sie auch wieder. Es war schon finster, als ich meine Unterkunft aufsuchte.

17. Mai. Eher unwillig erwachte ich am nächsten Morgen. Also,

dass es mir gut ging, wäre eine Lüge. Musste unbedingt was essen. Mir war flau im Magen. Bis ich von der Unterkunft endlich draußen war, begann die zehnte Stunde. Ich glaubte, ich hatte mich verkühlt. Scheiße, das brauchte ich, wie Zahnweh. Ich steuerte auf die nächste Cafeteria zu und frühstückte. Anschließend einen Bummel zur Metro. Da sah ich, die Kathedrale San Nicolás war offen. Ein paar Gebete für die, die zu Hause geblieben sind. Einige Bitten habe ich dort gelassen. Kraft und Stärke für meine Frau, unserem Sohn etwas mehr Power, auch Käthe, Anna und ihrem Mann in Deutschland sowie Ferdinand, Gesundheit und noch viele Jahre. Auch Marlene, Heidi, Alfred und Franz waren bedacht. Alle anderen kämen nächstes Mal an die Reihe. Der Kirchendiener (wenigstens glaube ich, dass es einer war) gab mir den zweiten Stempel in meinen Pilgerpass. Da war doch dem erwachsenen Mann, dem »Macher«, dem »Chef«, ein einfaches, ungebundenes Kindergebet entschlüpft. Lautlos, ohne Lippenbewegung. Schon möglich, dass ich in diesen Augenblicken der Empfänger aller guten Wünsche jener, die gerade an mich dachten, gewesen bin. Wieso hatte ich vorher so gar nicht auf diese besondere Form der Verbindung geachtet. In mich gekehrt, verließ ich die Kirche nicht, ohne eine Kerze entzündet zu haben. Ich wusste nicht, ob das was brachte, außer der Kirche und dem Kerzenerzeuger, aber mir schien, derjenige, dessen Herz in mir schlug, könne vielleicht etwas Licht und Wärme gebrauchen. (Auch bei mir im Garten steht ein gemauerter Grill, in dem immer wieder einmal eine Kerze brennt. Hätte mir das jemand vor einigen Jahren gesagt, ich hätte denjenigen wahrscheinlich ausgelacht. So ändert sich eben manches.) Obwohl ich es für Humbug hielt, irgendwie war mein Gewissen zufrieden. Vielleicht hilft der Vergleich: Die Seele ist Energie, Feuer und Licht auch.

Gleich neben der Kirche befand sich die Metrostation. Neugierig, wie ich bin, musste ich die unbedingt ausprobieren. Jetzt wurde es spannend. Kein Personal, alles automatisch, beschrieben auf Spanisch und Französisch, was sehr hilfreich für mich war, da ich keine der beiden Sprachen beherrschte. Kein Eingang durch eine Sperre aus drei Zentimeter dickem Sicherheitsglas ohne Fahrschein.

Die Fahrscheinautomaten waren mit allen möglichen Instruktionen versehen, aber alles nur schriftlich. Wenn wenigstens Zeichnungen dabei gewesen wären.

Einige Passanten wollten helfen. Zum Schluss entstand ein Streit zwischen den Helfenwollenden. Keiner war sich richtig sicher. Probieren geht über studieren, ich probierte einen der vielen Automaten, drückte einfach auf Santurzi und bezahlte 3,20 Euro. Damit fuhr ich 17 Stationen und fast 40 Kilometer. (Geht das in Austria auch für diesen Preis? Das sind drei Zonen.)

Santurzi ist eine Stadt für Bergziegen. Die U-Bahn-Station liegt höher als die Stadt?! Der Zug kommt aber trotzdem unterirdisch an. Kurz nach der Station steht 800 Meter bergab eine Basilika. Davor ein Menschenauflauf. Es war gerade Erstkommunion. Das war natürlich ganz toll: Kirche offen heißt Stempel. Der Pfarrer war ausgesprochen freundlich. Den Stempel gab er mit Freuden, als er hörte, was ich vorhatte. Vor der Kirche kleine weiße Prinzessinnen und Mütter in Trachtenkleider.[2] Es war eigentlich egal, von wem der Stempel war, es ging ja nur um den Nachweis, diesen Weg gegangen zu sein. Die Stempel der Kirchen waren eben viel schöner und dekorativer. Anschließend ging ich zum Hafen. Ein Industrie- und Fischerhafen. Der Camino verläuft hier vorbei. Von Bilbao bis hierher industrielles Hafengebiet. Keine lustige Gegend. Sie erstreckte sich noch über Santurzi hinaus. Für mich ein Grund, Montag bis Castro Urdiales zu fahren. Warum fahren? Reines Industrie- und Hafengebiet. Kilometerlang. Keine interessante Gegend zum Gehen. Noch eine Besorgung, ein halbes Kilo Nektarinen, ein halbes Kilo Kirschen, ein Liter Mineralwasser, macht 1,60 Euro. Das gefiel mir. Um 16 Uhr trat ich die Rückfahrt nach Bilbao an. Nachdem mir heute nicht so richtig wohl war, ging ich nur kurz essen und bliebt dann im Zimmer. Um 21:45 Uhr sprach ich mit Wien und schlief danach einigermaßen erschöpft bei leiser Musik ein.

18. Mai. Sonntag. Mit Musik recht gut geschlafen, bis mich um 6:30 Uhr Lärm im Hotel aufweckte. Nach meiner täglichen Morgenarbeit

[2] Bild 2

– Pulver nehmen, Zucker messen, und alles eintragen – noch etwas Buchhaltung und um 9:30 Uhr raus in die Menge. Leider hatte ich mein Blutdruckmessgerät in Wien vergessen. Musste mir eines kaufen. Manche Geschäfte hatten geöffnet, manche schon seit Freitagmittag zu. Heute dürfte ein Arbeitstag in den Kirchen sein, alle waren offen. Die Catedral de Santiago Apóstol war mein Ziel. Schöner Altar, kleine Unterhaltung mit meiner inneren Stimme. Hat doch das Schicksal so viel Gutes für mich bewirkt. Wäre es anders gelaufen, stünde ich heute nicht hier. Da strömte eine Horde Touristen herein, plärrend, wild fotografierend, ein Benehmen wie auf dem Rummelplatz, und zogen dann wieder ab. Am Platz vor der Kirche, bei einem Schinkenladen traf ich die Gruppe wieder. Mit ihrer Reiseleiterin. Alle bekamen eine Kostprobe vom Schinken. Lange kämpfte ich mit mir, sollte ich oder sollte ich nicht. Meine Frau würde mich vehement zurückhalten. Aber da fiel mir ein Satz ein, den mir ein weiser alter Mann (mein Opa) einmal gesagt hatte: Ich würde einst nicht gefragt werden, *was* ich getan habe, sondern was ich *nicht* getan hab. Ich nahm all meinen Mut zusammen. Stellte mich vor die Reiseführerin, und folgendes Gespräch entwickelte sich: »Entschuldigung, sind Sie die Reiseführerin?« Erstaunt, ungehalten und schnippisch kam es zurück: »Ja!!«

»Dann hätte ich eine Bitte: Sagen Sie Ihren Schäfchen, sie mögen sich in einer Kirche nicht wie auf einem Jahrmarkt benehmen und wenigstens mit einem Kreuzzeichen grüßen!«

Kurze Pause, Verblüffung. Dann kam die recht forsche und etwas beleidigte Antwort: »Ich bin Protestantin und muss kein Kreuzzeichen machen!!« »Aha, ich bin kein Deutscher, aber grüßen tu ich auch in Deutschland. Ich wusste nicht, dass es für Protestanten keinen Gott gibt.« Ich drehte mich um und ging kopfschüttelnd weg. Zugegeben, mein Abgang mit dem deutlichen Kopfschütteln mochte dem Auftritt einen padägogisierenden Anstrich gegeben haben. Aber ich fühlte mich im Recht, ein Promille Kultur einfordern zu dürfen. Kurz danach saß ich in einer Cafeteria, trank meinen Frühstückskaffee und schrieb noch immer verärgert meine Reisenotizen. Eigentlich kam ich mir wie ein Wichtigtuer vor. Aber das hat mich wirklich gestört. Religion und

Glauben hin oder her, Benehmen war das keines. Ein tiefer Seufzer entschlüpfte mir.

Ich fuhr jetzt mit dem Bus in den Süden von Bilbao. Bergstraßen, wohin ich schaute. Es gab hier auch eine Straßenbahn, schaute recht modern aus, allerdings einspurig. Es gab nur einen Zug, der hin- und zurückfuhr. Es begann heiß zu werden. Ich bezweifelte schon, ob ich mein Vorhaben würde in die Tat umsetzen können. Die Schmerzen im Rücken wurden schlimmer, wenn ich bergauf ging. Meine Narbe vom Eingriff in die Lunge meldete sich. Der Blutdruck dürfte angestiegen sein. Ich hatte mir noch kein Blutdruckmessgerät besorgen können. War jetzt auch egal.

Die Bezirke haben teilweise zungenbrecherische baskische Namen: Otxarkoaga, Txurdinaga, Atxuri, Santutxu, Etxebarri, um nur ein paar zu nennen. In Santuxtu bekommt man in manchen Geschäften, wenn man dort sonntags einkauft, zehn Prozent Rabatt. Schöne Geschäfte; viele Schuhgeschäfte und Apotheken. 16:30 Uhr wieder in meinem »Etablissement«. Es tat gut, die Schuhe auszuziehen und sich in die Waagrechte zu begeben. Irgendwie vermittelte diese Lebensart den Begriff von Freiheit? Die Geschäfte waren geöffnet, wann und solange sie wollten. Lebensmittel waren sehr günstig, vor allem auch der bekannte Schinken. Hier in Bilbao war er halb so teuer wie bei uns. Müll wurde täglich geholt, auch am Sonntag. Die Straßenreinigungsmaschinen fuhren ebenfalls auch sonntags, die U-Bahn-Stationen waren wirklich sauber. Es standen auch überall Mistkübel herum, keiner warf etwas auf die Straße. Zumindest sah ich keinen. Die Menschen waren kommunikativ wie die meisten Südländer, laut und gestenreich. Aber fast alle lachten dabei und hatten fröhliche Gesichter.

Das war wahrscheinlich eine Einbildung meinerseits, aber jene Kulturen, die die Sonne angebetet hatten, lagen gar nicht so falsch damit, etwas »Handfestes« in den Mittelpunkt der Verehrung zu stellen. Da ich gerade auf dem Camino unterwegs war, schreckte ich ertappt von diesen ketzerischen Gedanken zurück. Was sollten jene Urvölker auf der Basis ihres damaligen Wissens auch sonst verehren? Wir hatten immerhin mittlerweile den Gott des Geldes entdeckt, und da das Gefälle der verfügbaren Mittel von Nord nach Süd funktioniert, war man dort kurz angebunden und hier weitaus redseliger. Mehr Sonne macht anscheinend doch mehr möglich. Bevor mir noch weiterer Blödsinn einfiel, verließ ich den Ort, an dem mich offensichtlich der »Teufel« überrascht hatte.

Da gab es Lokale mit Angeboten wie halbes Huhn vom Grill und anderes. Jedoch sehr versteckt, klein und alle geschlossen. Ein Grillhuhn hätte mich schon gereizt, aber ein Blick durch die Auslage des betreffenden Geschäfts hielt mein Verlangen zurück. Dafür mochte ich die Obstgeschäfte. Nichts war in Plastik verpackt, bei den man nicht erkennt, wie die zweite Reihe aussieht. Alles appetitlich und frisch, verführerisch, zum Anbeißen.

Ich freute mich schon auf Castro Urdiales. Dort würde es dann richtig losgehen mit dem Camino. Wie es sich für einen Peregrino (Pilger) gehörte, wollte ich eine Jakobsmuschel kaufen. Nicht zu finden. Samstags und sonntags war auf jedem größeren Platz Flohmarkt. Hauptsächlich für Bücher. Es gab Straßenmusikanten, jeder Nationalität und Hautfarbe, meist mit batteriebetriebenem Verstärker. Hauptsache, man wurde gehört und bekam genug Geld.

Die letzte Nacht in Bilbao begann. Eigentlich hätte ich schlafen sollen, aber ich konnte nicht. Es war jetzt 1:57 Uhr. Eine spanische Gelse ärgerte mich. Draußen war heute was los. Ein Kommen und Gehen. Türen knallten, Gerede, Gestöhne, Quietschen von einem Bett, das in Bewegung gekommen war, inklusive des Inhaltes. Mir kamen blöde Gedanken an Sex und Sterben. Keine Grundlage für einen tiefen Schlaf. Ich wollte früh los. Bevor es warm wurde. 7:44 Uhr saß ich im »Plaza« bei einem Espresso und einem Sandwich. Der Padre von der Herberge sträubte sich anfangs dagegen, mir eine Rechnung zu geben. Ich musste ihm fest in die Augen schauen und auf meine nette Art dazu überreden. Mir war sauschlecht, und ich war nervös bis in die Haarspitzen. Heute war wieder kein guter Tag. Ich hätte doch die Beruhigungstropfen mitnehmen sollen. Der Kaffee war stark. Noch herrschte Sonnenschein. Der Himmel bewölkte sich aber zunehmend. Das war nicht gut. 9:30 Uhr. Ich saß in einem Bus nach Castro Urdiales und bezahlte für die 40 Kilometer 2,71 Euro! (Austria, schäm dich.) Und dafür hatten die Busse nicht nur eine tolle Innenausstattung, sondern auch kostenloses WLAN.

4 Castro Urdiales

In Castro Urdiales[3] stieg ich direkt am Hafen aus. Als Erstes faszinierte mich der Anblick einer großen Burg und daneben eine riesige Festungskirche auf einer Klippe, hoch über dem Ort. Der erste Eindruck war gut: Nette, saubere kleine Hafenstadt. Häuser mit wunderschönen und aufwendigen Fassadenbildern. Ich fand einige lauschige Ecken mit Lokalen. Dann begann für mich die übliche Suche. Wo war …? Doch wer suchet, der findet. Eine nette ältere Seniora sprach mich an: »Äh, …Camino?« Worauf ich vorsichtig mit dem Kopf nickte. »Español, Francés, Alemán, Italiano.« Ein wandelnder Sprachführer anscheinend. »German, Austria, Vienna«, gab ich zur Antwort. In einem Mix aus drei Sprachen erklärte sie mir, sie sei Französin (also nix Seniora, sondern Madame). Ihre Tochter wohne in Nürnberg, und sie gehe den Camino. Freundlich, wie sie war, zeigte sie mir die Herberge »La Marina«. Zum Glück lag die gleich hier am Hafen. Der Schreck folgte auf dem Fuße: Das Zimmer befand sich im vierten Stock. Aber damit noch nicht genug: Man erreichte es über einen Steig am Dach, der in ein dahinterliegendes Gebäude führte. »No!« Nicht mit mir und dem Rucksack, der mittlerweile gefühlt 100 Kilo wog. Nachdem ich meinen Unmut kundgetan hatte, wechselte ich in ein anderes Zimmer, gleich im Halbstock. Na bitte, geht ja. Wieder Panoramablick in den Hinterhof, zum Glück ließ sich das Fenster nicht öffnen. Unter dem Fenster die Mistkübel, und wenn man den »Vorhang« beiseite schob, blickte man direkt ins WC gegenüber, bei dem das Fenster zu fehlen schien. Lustig, das Waschbecken war nicht einmal angeschlossen und der Abfluss verkittet. Die Einrichtung wäre mit »spartanisch« noch zu wohlwollend

[3] Bild 3

bezeichnet. Ein Kasten, ein Bett, ein Stuhl und Schluss. Sauberkeit war anscheinend nicht die Stärke der Inhaberin. Aber es war ja nur für eine Nacht, und außerdem war ich ja kein Urlauber. Ein Restaurant war im Haus, aber ein Blick in die Küche hielt mich davon ab, hier zu essen. Ich war eigentlich nie so pingelig, doch wir Transplantierten müssen ja Medikamente nehmen, die unser Immunsystem schwächen. Infektionen kommen also weitaus stärker zu tragen als bei Gesunden. Da ist Vorsicht ein weiser Entschluss. Mein Magen besserte sich nicht. Ein Stadtbummel sollte mich auf andere Gedanken bringen.

Um den Magen zu beruhigen, hatte ich in einer Taverne Platz genommen, obwohl gleich um die Ecke ein türkisches Lokal war und abermals ein empfohlenes halbes Huhn verlockend gewesen wäre. Doch ich wurde wieder enttäuscht von den Türken, es war wieder geschlossen. In den spanischen Lokalen gab es nirgends Huhn. Den ersten Caminojanerinnen und Caminojanern begegnete ich hier. Heiße Diskussionen um was auch immer. Anscheinend war man sich über die Route nicht einig. Darum hatte mir der Prior von der Bruderschaft auch geraten, unbedingt alleine zu gehen.

Heute haute ich mal auf den Tisch. Ab hier begann es ja richtig mit dem Gehen. Also brauchte ich Kraft: Filet mit Kartoffel und Paprikasalat (Tafelspitz gebraten, igitt) und zwei Bier. Ich trank zwei Bier! Das sollte auf die schwarze Tafel geschrieben werden. Ein Jahrhundertereignis. Ich und Bier! Das Essen ließ sehr zu wünschen übrig. Filet, damit bezeichnen wir bei uns ein anderes Fleischstück. Die Kartoffel war teilweise schwärzlich, dafür aber kalt. Der Salat war gut, immerhin. Der Preis war nicht ohne für unsere Begriffe. So billig es in den Geschäften war, so teuer waren die Lokale. Für heute, morgen und übermorgen hätte ich allein heute schon genug ausgegeben. Jetzt war Sparen angesagt. Noch einen Spaziergang zur Kirche am Ufer. Ich stieg den Berg hinauf und genoss immer wieder einen Blick in die Klippen. Die Kirche entpuppte sich als wirklich uraltes Relikt. Nebenan stand eine Festung, genauer gesagt eine Ruine, die sicher sehr aufwendig restauriert wurde. Ich kam mit dem Schauen gar nicht hinterher. In der Festung war auch ein Leuchtturm untergebracht, auf den man mit einem Aufzug fahren konnte. Die Kirche im Inneren[4] war gewaltig. So eine Deckenkonstruktion hatte ich noch nie gesehen. Ich frag mich beim Anblick so alter Bauwerke immer, worauf sind wir stolz? So was bringen wir trotz Technik und Elektronik nicht fertig. Ein anwesender Mann, welches Amt er auch bekleidete, gab mir den vierten Stempel. Ein nettes älteres Ehepaar schloss sich gleich an. Wir kamen ins Gespräch. Abenteurer, aus der Schweiz. Allerdings bereits auf dem Heimweg nach Bilbao. Sie kamen von Portugal, mit dem Rad (E-Bike). Die beiden konnten viel erzählen. Machten so schon seit Jahren die Iberische Halbinsel unsicher. Beim Verabschieden wünschten wir uns gegenseitig »Bueno Camino«, einen schönen Weg. Ich beschloss die Herberge aufzusuchen. Müde vom Gehen, den Bieren und den nur drei Stunden Schlaf von voriger Nacht. Das Internet hier in dieser Bude war auch nichts wert. Seit Stunden wollte ich zwei Mails abschicken, da tut sich nichts. Ich wurde wieder munter, und es regnete. Aber wie, ein richtiger Wolkenbruch. In dem Lichthof hörte ich es prasseln, ein Sturm ging los, Blitz und Donner folgten. Nach 30 Minuten war alles vorbei. Da ich nicht schlafen konnte, ging ich doch noch einmal fort. Auf einen Kaffee, der dann ein Tee wurde, dem Wetter entsprechend. Das WLAN in dem Lokal war besser. Ich schrieb einige Nachrichten. Obwohl ich in einem geschlossenen Glashaus saß, war es kalt. Wirklich kalt. Gegen 20 Uhr beschloss ich, doch ins Bett zu gehen. Auf dem Nachhauseweg sah ich ein Auto mit der Aufschrift BOMBERO vor unserer Herberge. Mir fiel sofort ein Kasten in Bilbao ein. An einer Kirchenmauer gab es eine Metallklappe mit der gleichen Aufschrift. Damals dachte ich, unkundig, wie ich war, na bitte, wir haben die Babyklappe, hier gibt es eine für Bomben. Jetzt wusste ich, was das Wort bedeutete: Das war die Feuerwehr[5]. Nach einigen Schritten sah ich die Männer. Unsere Unterkunft – mein Gott, es brennt? Ich sah aber keinen Rauch, alles war abgesperrt. Der Wind und der starke Regen hatten die Fassade abbröckeln lassen, und die Trümmer hätten fast Passanten erschlagen. Na bitte, womöglich stürzt jetzt die Herberge ein. Vom Haus natürlich

[4] Bild 4
[5] Bild 5

niemand da und das Lokal gesperrt. Die Französin mit drei anderen Frauen stand auch auf der Straße. Heftigste Diskussionen, von denen ich, Dank dem Herrn, nichts verstand. Wir warteten bis die Bomberos die Absperrung wegnahmen und wir ins Haus durften. Jetzt aber ins Bett. Hoffentlich stürzte die Hütte in der Nacht nicht ein. Morgen ging es zeitig nach Islares und Laredo.

5 Islares – Laredo – Güemes – Santander

Dienstag, den 20. Mai 2014, mit neuem Schwung in den Tag. Morgenarbeit, medizinisch, dann hygienisch, Frühstück und Studium der heutigen Etappe. Petrus meinte es gut mit uns, das Wetter war kalt, aber schön. Islares sollte kein Problem sein, das Problem sind die Steigungen.

Teilweise auf der Ortsstraße, dann wieder durch Wald und Flur, anschließend eine Strecke neben einer Schnellstraße. Noch machte es Spaß. Mit großen Schritten kam ich **Islares** immer näher. Ich wollte versuchen, rascher dorthin zu kommen, dann könnte ich heute noch weiter nach Laredo. Es waren nur circa zehn Kilometer bis Islares und dann noch etwa 11 bis 15 Kilometer. Nur zehn Kilometer – wie leicht sich das doch sagte und schrieb. Zehn Kilometer sind zehntausend Meter. Vor kurzem noch waren 30 Meter eine fast unüberwindliche Strecke. Ist unser Körper nicht wunderbar? Fast tot und nach einiger Zeit dachte ich schon in Kilometern.

Das Gehen fiel mir nicht schwer. Bin auch früher viel gelaufen und war den ganzen Tag auf den Beinen. Bloß der Rucksack hängte sich an. Aber ich durfte nicht jammern. Es ging mir eigentlich unverschämt gut, wenn man meine Vorgeschichte kannte. Die Kilometer zogen sich. Nicht immer gab es Interessantes zu sehen. Dann kamen die Gehirnzellen in Bewegung. Man hatte mich ja vorgewarnt – oder auch vorab beglückwünscht –, dass stundenlanges Gehen meditationsähnliche Zustände hervorrufe. Alles Mögliche ging durch meinen Kopf. Erinnerungen, was hatte man schlecht gemacht, was war gut gewesen. Am Weg nach Islares ein Wink des Schicksals. In der Ferne eine Tankstelle … und dahinter ein Restaurant, okay … und … davor ein LKW, aha, aufregend, und … der LKW war aus

Oberösterreich. Genauer aus Perg. Das war eine Überraschung. Ich begutachtete den Lastzug, das Führerhaus war leer. Der Chauffeur kam gerade aus dem Lokal. Natürlich sprach ich ihn an. Was für eine Freude, wieder »normal« reden zu können. Den Namen der Spedition kannte ich noch aus meiner eigenen Fernfahrerzeit. Ein nettes Gespräch ergab sich bei einem Kaffee und Wasser. Der Mann war mit 50 Tonnen unterwegs nach Ávila, noch 230 Kilometer nach Gijón. Zehn Minuten Pause musste er noch machen, damit seine Fahrzeit nicht überschritten würde.

Selige Gedanken an die Zeit, als ich noch zu den Kapitänen der Landstraße gehörte. Aber das war schon Äonen her. Eine tolle Zeit, an die ich mich gerne zurückerinnere – bis auf den Abschluss.

Ich erzählte ihm, dass auch ich in meiner Jugend einige Zeit als Fernfahrer unterwegs gewesen war. Bis mich ein einschneidendes Erlebnis diesen Job beenden ließ. Wir waren mit drei LKWs unterwegs Richtung Sarajevo. Die Gegend war alles andere als schön. Trostlos zog sich die Straße in Serpentinen durch ein Gebirge. Außer Steinen und Sand gab es hier nichts. Hin und wieder fiel ein verkrüppelter Baum auf. Wenig Grün. Ich war der Letzte im Konvoi. Der erste Wagen mit Vinzenz war schon ziemlich weit voraus. Verfahren war eigentlich nicht möglich, es gab ja nur die eine Straße. Alles andere waren Güterwege, größtenteils nicht befestigte Straßen. Monoton schnurrte der Motor, kein Verkehr, plötzlich machte Paul vor mir eine Notbremsung. Sein Wagen stellte sich etwas quer. Zum Glück hatte ich genug Abstand gelassen, um normal anhalten zu können. Sicherheitshalber schaltete ich die Warnblinkanlage ein. Da musste was mit dem Auto sein, oder ein Tier war ihm hineingelaufen. Ich sah Paul aus dem Wagen springen und um die Motorhaube herumlaufen. Auch ich stieg aus und lief zu ihm nach vorne. Erschrocken blickte ich auf ein Mädchen, etwa acht Jahre, das blutend und weinend auf der Straße lag. Paul beugte sich gerade über ihr Bein und versuchte die Blutung zu stoppen. Ich war wie versteinert, bis in mir eine Stimme rief: »Hol doch den Verbandskasten.« Ich riss mich von dem Anblick los und holte Pauls Erste–Hilfe-Kasten. Zu zweit legten wir dem Mädchen Verbände an. Es waren mehrere Wunden. Das viele Blut und die Schreie machten mir zu schaffen. So etwas hatte ich noch nie erlebt. Keine Menschenseele war zu sehen. Von wo war das Kind nur hergekommen? Paul war fertig mit den Nerven. Zitternd und stotternd schrie er immer wieder: »Wo kam es her, wieso habe ich es nicht gesehen, um Gottes Willen, wo ist es nur hergekommen?« Er war fast am Umkippen. Was tun, war jetzt die Frage. Einen klaren Gedanken zu fassen war fast nicht möglich. Ich brauchte eine Zigarette. Paul war nicht fähig mit dem Wagen zu fahren. Das Kind musste zu einem Arzt. Soweit ich das beurteilen konnte, waren keine lebensbedrohlichen Verletzungen zu sehen. Wir waren ja auch bergauf langsam unterwegs gewesen. Wäre das mit höherer Geschwindigkeit passiert, nicht auszudenken. Wir befanden uns in Jugoslawien. Eine ausgesprochen gefährliche Angelegenheit. Wie würde man hier bei so einem Unfall reagieren. Wir waren im Ostblock. Wieso war das Kind in dieser Einöde allein? Weit und breit keine menschliche Behausung oder Anzeichen von Landwirtschaft, keine anderen Personen zu sehen. Es half alles nichts, Polizei und Rettung mussten verständigt werden. Vinzenz war sicher schon in der Stadt, Paul nicht fähig zu fahren und ich einigermaßen hilflos und unerfahren in solchen Situationen. Pauls Wagen stellte ich an den Straßenrand. Er hatte das Kind in den Arm genommen, streichelte es und redete ihm gut zu. Das Mädchen hatte sich zwar etwas beruhigt, sah aber Paul mit ängstlichen Augen an. Ich stieg in meinen Lastzug ein, um nach Sarajevo zu fahren, Hilfe zu holen und die Polizei zu verständigen. Vinzenz würde sich auch schon wundern, wo wir geblieben sind. Ich versuchte, Ruhe zu bewahren, was mir nicht sehr gut gelang. Einige Male verschaltete ich mich, hätte fast einen größeren Stein übersehen und konnte nur mit Mühe ausweichen. Ich war nervös bis in die letzten Winkel meines Körpers. Meine Hände zitterten beim Schalten, es krachte im Getriebe, was mir sonst nie passierte, und ich rauchte eine Zigarette nach der anderen. Kurz vor Sarajevo stand Vinzenz bei einer Tankstelle und wartete. Er sah mich fragend an. Ich berichtete kurz, was passiert war. Im ersten Augenblick blickte er mich nur fassungslos und etwas ungläubig an, bis er das Gesagte begriffen hatte. Dann begann er laut zu fluchen und zu schimpfen. Er fragte mich, ob ich bemerkt hätte, dass Paul nach Alkohol gerochen hat. Ich verneinte wahrheitsgemäß. Er überlegte, ob es nicht besser wäre, die Polizei aus dem Spiel zu lassen. Ich widersprach. Das Kind brauche ärztliche Behandlung. Da gab er mir natürlich recht, er wolle nur für Paul Ärgeres verhindern. Ich solle in die Stadt fahren und die Polizei holen, er werde inzwischen mit Wien telefonieren und der Firma Bescheid sagen, was geschehen war. Ich hatte Glück; als ich aufbrechen wollte, fuhr gerade eine Polizeistreife in die Tankstelle ein. Ich ging zu den Beamten und erklärte ihnen, so gut es ging, was passiert war. Die beiden hatten rasch verstanden und verständigten die Rettung. Ich sollte bei ihnen einsteigen und sie zu Unfallstelle lotsen. Ein Beamter sprach dauernd in sein Telefon, während sein Kollege mit Vollgas und Sirenengeheul Richtung Stadtrand fegte. Kurze Zeit später hatte sich uns ein Ambulanzwagen angeschlossen. In wenigen Minuten waren wir am Unfallort. Der LKW stand an Straßenrand, so wie ich ihn abgestellt hatte. Einziger Unterschied: Die Plane war auf der rechten Seite oben. Von Paul und dem Mädchen keine Spur. Ich sah, dass Kartons fehlten. Da hatte sich anscheinend wer bedient. Ich machte die Polizisten darauf aufmerksam, aber mit so etwas hatten sie selbst schon gerechnet. Nur, wo war das Mädchen, und wo war Paul? Die Polizisten sahen mich etwas befremdet an. Wahrscheinlich dachten sie an einen dummen Scherz oder so. Ein Sanitäter, der ein wenig abseits die Umgebung abgesucht hatte, rief uns etwas zu. Die Polizisten liefen zu ihm, ich natürlich auch, was ich besser nicht getan hätte. Blutüberströmt hing Paul an einem Baum. So wie sich die Situation darstellte, dürfte er zuerst geschlagen und dann aufgehängt worden sein. Mir wurde schlecht. Jeden Augenblick dachte ich, mich erbrechen zu müssen. Kein klarer Gedanke war mehr in meinem Kopf. Ein Wirrwarr wie in einem Bienenstock in meinem Gehirn. Ich war schockiert. Die Leiche wurde abgenommen, und die Rettung nahm sie mit. Die Polizisten standen genauso unter Schock wie ich. So etwas hatten sie anscheinend auch noch nie erlebt. Es wurde hektisch telefoniert und diskutiert. Schließlich nahm man mich mit auf die Wache. Dort kam ein Dolmetscher, der meine Aussagen übersetzte. Man brachte mir Kaffee und eine Kleinigkeit zu essen. Ich musste wohl schrecklich ausgesehen haben. Langwierige Verhandlungen unter den Beamten, viele neugierige Blicke auf mich. Aber das nahm ich nur am Rande wahr. Paul war geschieden und lebte allein. Was war jetzt mit dem LKW? Was genau gestohlen wurde, keine Ahnung. Wir kannten ja nur die Karton- oder Paletten-Anzahl und einen Sammelbegriff für die Ware. Keine Details. Das alles war mir wirklich zu viel. Ich war unerfahren in solchen Dingen und hatte Angst; wer weiß, was denen alles einfiel, am Ende steckten sie mich noch ins Gefängnis. Ich hielt mich an den Dolmetscher. Er meinte, das seien Zigeuner gewesen. Die streiften oft durchs Gebirge und versuchten irgendwas zu stehlen. Kinder würden dann dort, wo etwas zu holen sei, meistens als Späher und Aufklärer eingesetzt. Sie fielen weniger auf. Meistens hätten die Diebe auf Schafe, Ziegen oder Hühner abgesehen. Das Aufknüpfen ließe auch auf diese Tätergruppe schließen: Rache der Sippe.

Stunden verbrachte ich auf der Polizei. Plötzlich kam Vinzenz herein, aufgeregt setzte er sich zu mir. Er hatte sich ein Taxi genommen und den Wagen von Paul geholt. Inzwischen war der fast komplett leer. Natürlich hatte man sich Verstärkung geholt und als »Wiedergutmachung« alles gestohlen, was möglich war. Der Firmenchef war entsetzt, als er das alles hörte. Wir sollten uns ein Zimmer nehmen, er schicke uns so schnell wie möglich einen Fahrer. Nach längerem Hin und Her wurden wir von der Polizei entlassen, mussten nur bekannt geben, wo wir übernachten würden. Wir konnten auf der Tankstelle bleiben und in den Kabinen unserer LKWs schlafen. Ich inspizierte noch einmal Pauls Wagen. Auf die Schnelle konnte man nichts feststellen, womit er das Mädchen erwischt hatte. Zumal es schon finster war und die Beleuchtung eher dürftig. Die Stoßstange war eindeutig zu hoch dafür. Also musste das Kind seitlich in den Wagen gelaufen sein. Möglicherweise der Tank. Die Verletzungen waren am Oberschenkel gewesen. Ich wollte mich aber nicht mehr damit befassen. Ich ging ins Lokal und trank zwei große Cognacs. An Schlaf war nicht zu denken. Wir diskutierten, bis die Morgendämmerung kam. Dann verkroch sich jeder in seine Kabine und versuchte noch eine Mütze Schlaf zu nehmen. Am nächsten Tag kam der Chef persönlich mit einem Fahrer. Wieder wurde der ganze Vorfall durchgekaut. Was alles fehlte an Ware, würde sich erst nach Übernahme der Ladung von dem Kunden zeigen. Der neue Fahrer, Laszlo, ein Ungar, übernahm Pauls Fahrzeug. Da unser Kunde nicht weit weg war, luden wir die Ware ab. Anscheinend wurden wir schon erwartet. Eine eigene Laderampe wurde uns zugewiesen. Anschließend fuhren wir zur Tankstelle zurück. Inzwischen hatte unser Boss mit der Firma Kontakt aufgenommen und erzählt, was geschehen war. Er erklärte sich bereit, uns bei den Behörden zu unterstützen. Er telefonierte mit seinem Rechtsanwalt, der sich der Sache annahm. Auch der war der Meinung, das sehe nach Roma aus. Wir waren jetzt nur mehr Randfiguren. Meine Aussage lag der Polizei vor. Der Bericht der beiden Polizisten und der Sanitäter auch. Kurze Zeit später konnten wir den Rückweg nach Wien antreten. Ich kündigte noch vor der Abreise. Der Chef war nicht begeistert, aber verstand meine Gründe.

Mein Gegenüber hatte die ganze Zeit still zugehört. Nachdem ich meine Erzählung beendet hatte, sah er mich nur mit großen Augen an. »Scheiße …!« war der einzige Kommentar, der von ihm kam. Er senkte seinen Blick, schüttelte den Kopf und trank seinen Kaffee aus. Dann bot er mir das Du an. Er hieß Hubert und kam aus Oberösterreich. Wir zahlten und machten uns auf den Weg[6].

Dunkle Gedanken wanderten durch mein Hirn. Gijón lag auch auf meinem Weg. Da könnte ich doch … das Zimmer einfach schmeißen, ab Gijón weitermachen. Einfach 350 Kilometer sparen. Also, von Huberts Seite kein Problem. Ich könne sogar bis Avilés mitfahren. Etwas Unterhaltung während der Fahrt würde ihm gefallen. Doch da räusperte sich meine innere Stimme. Schon verstanden. Ich werde nicht wortbrüchig. War ja nur so eine Überlegung, hm. Jedoch, zumindest Islares wurde von mir links (oder war es rechts?) liegen gelassen. Er nahm mich mit dem LKW bis Laredo mit. Das heißt, nur bis zur Abfahrt Laredo. Bis zur Stadt waren es etwa vier bis fünf Kilometer. Er konnte nicht in die Stadt fahren, weil die Straße auf bis zu 20 Tonnen beschränkt war. Sein Zug wog mehr als das doppelte. Aber statt 19

[6] Bild 6

Kilometer zu gehen, war es so noch allemal die bessere Idee. Nette Verabschiedung, gegenseitige beste Wünsche[7].

Der Weg in die Stadt **Laredo** war dann alles, nur nicht knieschonend, bergab fünf Kilometer lang, dann Stiegen, bei der achtzigsten habe ich zu zählen aufgehört. Es war heiß, der Rucksack schwer, ich hatte Durst. Die Jacke hatte ich zusammengerollt auf dem Rucksack, das T-Shirt so weit wie möglich offen. Als ich endlich in der Stadt stand und nicht wusste, rechts oder links, nahm das Schicksal die Sache in die Hand. In Form einer »Donna«, die auf mich zukam. Sie wollte aber nicht zu mir, sondern nur zu ihrem Auto. Weil sie mich belustigt angesehen hatte – ich bin eben sehr ansprechend, besonders in meinem Aufzug –, sprach ich sie in meinem, nun ja, »perfekten Spanisch« an, zeigte ihr wortlos die Adresse der Herberge und krächzte nur: »Por favor, Señora!« Sie warf einen Blick auf meinen Zettel und schüttelte das edle Haupt. Da erfuhr ich die böse Nachricht. Meine Unterkunft lag in Argoños. Das stand zwar auf dem Zettel, ich dachte aber, das wäre der Straßenname. Aber es war ein Ort etwa 18 Kilometer weiter. »O nein. Warum nur?« Es war 15 Uhr. Außer einem halben Sandwich und zwei Kaffee seit 6 Uhr nichts im Magen. Sie meinte, ein Touristenbüro könne mir weiterhelfen, und weil ich so unwiderstehlich war, bedeutete sie mir einzusteigen. Eine heiße Fahrt durch die ganze Stadt. Entweder wollte sie mir imponieren, oder sie war Rennfahrerin von Beruf. Schnell, aber gekonnt unterwegs. Sie fuhr bis zu einem Platz, an dem nicht nur ein Touristenbüro, sondern auch ein Taxistand und eine Busstation waren. Ich bedankte mich höflich, erntete ein Kopfnicken und ein ehrliches Lächeln, das mich in der Erkenntnis bestärkte, wieder eine definierte Identität zu haben. Im Büro der Busstation bekam ich eine Karte von Laredo. Der Ort liegt in einer Bucht. Etwa gegenüber auf der anderen Seite der Bucht war meine Bleibe. Etwa 19 Kilometer. Gedanken an ein Taxi verwarf ich sofort. Zu teuer wahrscheinlich. Bus, okay. Wände voller Fahrpläne, jede Menge Linien machten hier Halt. Ich versuchte aus den Plänen im Aushang schlau zu werden, aber die Erleuchtung

[7] Bild 7

blieb aus, und ich stand unschlüssig wie ein Archäologe vor fremden Schriftzeichen. Mein Entschluss, den Beamten zu fragen, war nicht gerade von Erfolg gekrönt. Der Mann hinterm Schalter war genauso freundlich wie unsere Beamten, wenn man sie bei ihrer Ruhe stört. Wieder half das Schicksal, diesmal in Form eines älteren Herrn, sehr gut gekleidet, der mich unvermittelt ansprach. »CAMINO?« (Mein Heiligenschein war anscheinend auch tagsüber sichtbar.) »Si, Señor.« Immerhin hatte er eine Goldbrille. »Francés, Italiano …?« »No, Austria, Vienna.« Mehr brauchte es nicht. Überschwänglich kam ein Lobgesang auf Österreich und seine Geschichte: »Oh, Austria, Maria Theresia, Salzburg, Mozart, Innsbruck, das Haus mit den Ziegeln aus Gold. Ich war drei Mal in Ostrreuch.« »Österreich.« »Si, Ostrreuch.« Okay, auch recht, er versuchte es mit Deutsch, das er immerhin besser konnte als ich Spanisch. Plötzlich stimmte er eine Arie aus Così fan tutte an, wechselte dann zu dem Marsch »Alte Kameraden«, mit denen er auch ein Stück im Gleichschritt mitmarschierte, um schließlich mit dem Donauwalzer andere Passanten zum Staunen zu bringen. Ich erfuhr dann, dass er mit einer Schweizerin verheiratet war und einen Sohn mit ihr hatte. Er hatte sie kennengelernt, als sie Urlaub in Spanien machte, von dem sie dann eben nicht mehr zurückkehrte, ja und älter sei sie auch und, und, und. Nach seiner Familiengeschichte, die ich mir brav anhörte, kam zuletzt das Wichtigste für mich, er erklärte mir noch eindringlich, wie ich zu meiner Unterkunft käme. Der Bus Nr. 8 (spanisch »ocho«, ausgesprochen »otscho«) war meiner bis **Argoños**. Mit einem festen Handschlag und mit Grüßen von ihm an »Ostrreuch« und von mir an seine Frau unbekannterweise nahmen wir voneinander Abschied, und er zog glücklich und singend von dannen. Wundervoll. Solche Menschen bräuchte es mehr auf dieser Welt.

Ach ja, Österreich. Klein, aber doch in vielen Dingen eindrucksvoll. Nicht nur landschaftlich und musikalisch, eher eine Mischung wie ein Marmorkuchen. Meist bekommen Touristen die helle Seite zu kosten, wo die Rosinen drin sind. Aber es gibt auch die dunkle Seite, bei der man meinen könnte, statt auf Rosinen auf Schrotkugeln zu beißen. Mit dem Risiko, sich die Zähne auszubeißen oder sich eine Bleivergiftung einzufangen. Ich war aber stolz, nicht nur Österreicher, sondern auch Wiener zu sein.

Es dauerte noch 15 Minuten, bis die Nr. 8 kam. »Perdon, Argoños?« Der Fahrer nickte nur, kassierte 1,50 Euro und brachte mich relativ rasch ans Ziel. Ein Dorf am Rande eines Naturschutzgebietes. Fast wie eine Geisterstadt. Die Straßen waren menschenleer, die Geschäfte geschlossen, auch in den Gaststätten mit Garten sah man niemand. Eine Epidemie? Terroristen? Es gab auch keinen Verkehr auf den Straßen. Ein LKW weit in der Ferne. Was tun, sprach Zeus, wenn man als Adresse nur eine Nummer hatte. Irgendwie hätte es geholfen, wären die Häuser laufend nummeriert gewesen, aber nein, vollkommen durcheinander die Zahlen, 46 neben 113 und so ähnlich. Der Ort war lang gestreckt, also auch schneckenförmig gehen brachte hier nichts. »Na, läute halt bei einem Haus an und frage!« Okay, hab ich gemacht: Da wurden wohl ganz leicht Vorhänge zur Seite geschoben oder Jalousien millimeterweise auseinandergedrückt, aber niemand öffnete. Auch nach längerem Suchen und aufgeschrecktem Hundegebell fand ich meine Unterkunft nicht. Außer mir war nur die Abwesenheit da, alles geschlossen! Vielleicht wirklich eine Epidemie? Ich setzte mich auf eine Bank und überlegte, welche Entscheidung ich jetzt treffen sollte. Zurück nach Laredo? Hier hatte ich sicher kein Glück. Sämtliche Geschäfte zu – bis auf einen chinesischen Supermarkt. Verständigung war aber hier nicht möglich. Auch nicht mit Händen und Füßen. Der Zettel mit der Adresse wurde nicht einmal angeschaut. Nur Achselzucken und ein Lächeln, das von Geburt einstudiert war. Es blieb mir nichts anderes übrig, als die Hauptstraße entlang zu gehen, rechts und links zu schauen, vielleicht fand ich meine Bleibe doch noch. Das Übel bei der Sache: Die Hauptstraße war lang, sehr lang, mit 25 Kilo am Rücken noch einmal doppelt so lang. Am Ortsende machte ich verzweifelt kehrt und ging langsam zurück. Nun war die Straße noch länger geworden. Nach einiger Zeit kam ich abermals an dem chinesischen Supermarkt vorbei, dann an der Autobusstation, bei der ich angekommen war, nun ging ich noch weiter Richtung anderes Ende. Nach etwa 100 Metern gab es eine Seitengasse. Anscheinend die einzige. Also nichts wie hinein. Es waren nicht viele Häuser rechts und links, dann dehnte sich eine grenzenlos scheinende Wildnis aus. Die Füße taten mir richtig weh. Ich wollte schon in Verzweiflung versinken. Ein Dorf ohne Bewohner. Oder jeder verschanzte sich hinter seine Türen und Fenstern. Ich war wirklich daran aufzugeben und mit dem nächsten Bus nach Laredo zurückzufahren. Und dann, mein Gott, das letzte Haus links, meine Hospedaje. Mir waren die Freudentränen nah, aber sie vergingen mir sofort wieder, weil alles abgeschlossen und niemand da war. Langsam spürte ich Zorn aufsteigen. Was denken sich solche Leute eigentlich. Wissen,_ein Gast kommt, und sind nicht da. Als ich schon anfangen wollte zu schimpfen, kam ein Auto mit den Besitzern. Nach einem überaus freundlichen Empfang kam ich auf mein Zimmer. Mein Glaube an das Gute war gerettet. Das Zimmer war eines, wie man es sich wünschte: Liebevoll eingerichtet, sauber, freundlich, sonnendurchflutet, mit Bad und WC. Mein neues Herz hüpfte vor Freude. Endlich duschen, nach fünf Tagen – du meine Güte. Umziehen und Wäsche waschen. Die Wirtsleute gaben mir einen Tipp: Genau am anderen Ende des Ortes, da, wo ich noch nicht war, gab es ein Lokal, in dem man ganz gut essen könne. Wie neugeboren ging ich zurück ins Dorf, um meinen Magen zu befriedigen. Diesmal fand ich auf Anhieb mein Ziel. Einige Stufen zu einem Vorgarten hinauf und schon lag eine Speisekarte vor mir.

Ensalada de pollo und Carne irgendwas, mit den Bezeichnungen haperte es noch. Ausgesehen hat es wie Gulasch ohne Paprika, geschmeckt wie Majoranfleisch mit Pommes und Erbsen. Es war aber nicht so schlecht, und Hunger ist ja bekanntlich der beste Koch. Für eine Haube reichte es nicht, aber das brauchte es auch nicht. Wenigstens einer war befriedigt. Apropos Haube, ich hatte meine neue Baskenmütze im Bus verloren. Wieder 4,50 Euro beim Teufel. Na ja, es gab Schlimmeres. Zu besichtigen gab es hier so gut wie nichts, wenn man vom Naturschutzgebiet und den Mücken absieht. Um Ersteres zu besichtigen, benötigt man aber allein schon einen Tag, und um die Zeit waren Letztere recht angriffslustig.

Wäre ich nicht so müde gewesen, ich hätte wieder nicht schlafen können wegen der Ungewissheit über das Morgen und der vernebelten Situation meiner Ehe. Diese Gedanken machten mir sehr zu schaffen. Mein Magen machte da nicht mehr lange mit. Gegen Mitternacht schlief ich doch endlich ein. Pünktlich um 5 Uhr war ich munter. Mein Freund Alfred schickte mir um 5:30 Uhr eine Mail. Der konnte auch nicht schlafen. Um 6:30 Uhr war ich fertig zum Abmarsch. Konnte aber nicht, da noch niemand von der Pension da war. Um 7 Uhr erschien die Chefin. Ich musste noch zahlen, und frühstücken wollte ich auch. Wie die gesamte Familie, der die Pension gehörte, war die Chefin ausgesprochen nett, freundlich und hilfsbereit. Wir unterhielten uns übers Reisen, ihr Mann war Südamerika-Fan, sie zeigte mir zahlreiche Fotos von einigen Ländern dieses Kontinents. Dann die Frage, wohin gehe es bei mir als Nächstes. Noja, Güemes und morgen Santander. Da kam auch schon der Chef, grüßte freundlich, trank Kaffee mit mir und lud mich ein, ein Stück mit ihm zu fahren, sein Sohn müsse in die Schule. Jeder Kilometer, der nicht gegangen werden muss, ist ein guter Kilometer. Zu guter Letzt bekam ich noch zwei Flaschen Wasser von der Señora mit auf den Weg sowie alle guten Wünsche, und wir fuhren Richtung **Güemes**. Er bestand darauf, mir sein Privathaus zu zeigen. Ein schönes kleines Anwesen auf einem Hügel, etwa drei Kilometer von der Pension entfernt. Stolz präsentierte er mir, was er alles gemacht hatte. Da ich vom Fach war und 20 Jahre eingerichtet und hergerichtet habe, konnte ich nur sagen, ja, er dürfe stolz sein auf seine Arbeit. Und das meinte ich ehrlich. An der Hauptstraße ließ er mich aussteigen und zeigte mir, wo es weiterging. Circa neun Kilometer steil bergauf musste ich auf einen Berg, zu einer Albergue (Herberge). Dieser Marsch verlangte viel von meiner Kondition. Da merkte ich schon meine jüngste Vergangenheit und meine 66 Jahre. Keuchend und schwitzend stampfte ich den Berg hinauf. Am liebsten hätte ich den Rucksack in den Straßengraben geworfen. Immer wieder war eine Pause fällig. Die Straße war aber auch teuflisch steil. Interessant fand ich die Straßenbeleuchtung. Auf einer Landstraße ohne Häuser, zwischen Wiesen und Feldern, da müsste man meinen, das wäre Luxus. Aber auf jedem Mast waren kleine Solarzellen. Und ein kleiner Kasten, wahrscheinlich für die Batterie. Kostenlose solare Straßenbeleuchtung, dieses Beispiel gehört vor den Vorhang. Ich war schon vier Stunden unterwegs. Der Weg wollte kein Ende nehmen. Just ganz oben stand »meine« Albergue[8]. Dort residierte ein Padre, ausgesprochen nett, aber fotoscheu. Sein Bart gute 30 Zentimeter. Gütige Augen und immer ein Lächeln auf den Lippen. 27 Pilger waren dort einquartiert. Ein uraltes Haus, ein Bauernhof, Raumhöhe ein Meter neunzig, alles in Holz, aber super-sauber und gepflegt. Neun Personen in einem Raum, dazu zwei Toiletten und eine Dusche. Die Pilger halfen tatkräftig mit beim Essenherrichten, Geschirrabwaschen usw. Es war die erste angenehme Herberge. Nette Unterhaltungen in allen Sprachen. Wie schön, wenn sich Menschen aller Sprachen verstehen, warum kann das nicht immer so sein, auch ein Stempel war kein Problem, auch der x-te nicht. Ich blieb eine Nacht. Als Pilger darf man nur eine Nacht bleiben, bis zum nächsten Tag um 9 Uhr. Obwohl abends noch lange geplaudert wurde und bereits um 6 Uhr Tagwache war, fühlte ich mich am Morgen ausgeruht und voll Tatendrang.

Zu dritt brachen wir auf nach **Somo**, ich und zwei jüngere Frauen, vermutlich Französinnen oder aus Belgien. Mein Gott, was können Frauen tratschen. Ich verstand zwar nichts, aber das Geschnatter dauerte Stunden. Langsam näherten wir uns dem kleinen Ort. Er lag an der riesigen Bucht gegenüber von **Santander**. Der Fußweg dorthin war etwa 50 Kilometer lang. Auf dem Wasserweg schaffte man es in 20 Minuten. Ein Mann gab uns Auskunft zur Fähre, er sagte irgendwas von *diez minutos*, also zehn Minuten. Kurz danach sahen wir die Fähre auch schon kommen. 15 Seemeilen nach Santander zu einem Preis von 2,65 Euro. Das war ja wie Weihnachten. Bei rauer See erreichten wir stark schaukelnd und etwas grün im Gesicht Santander. Die beiden Frauen verabschiedeten sich und gingen ihres Weges. Von der Anlegestelle bis zur Hospedaje waren es 15 Minuten. Ich war zu zeitig. Ab 14 Uhr konnte ich einchecken. Also, die Zeit bis dahin vernünftig verbringen. Eine Stadtbesichtigung war angesagt. Ich bekam beim

[8] Bild 8

Gehen Luftprobleme. Was sollte das? Auch die Beklemmungen kamen wieder. An der Uferpromenade machte ich Rast. Auf einmal hatte ich Schmerzen im Brustkorb. Kein gutes Zeichen. Meine Angstzustände waren wie auf Knopfdruck da. Ich besorgte mir etwas zu trinken. Wenn auch der blöde Rucksack überall mit musste, war das sehr anstrengend. Trotz der kühlen Witterung rann mir der Schweiß über die Stirn und den Rücken. Ich begnügte mich damit, die Möwen und das Treiben der Boote am Wasser zu beobachten. Die See war sehr rau geworden. Gischt spritzte über die Kaimauer. Ein feiner Regen sprühte mir ins Gesicht, dazu kam ein ungemütlicher Wind. Endlich zehn vor zwei. Ich schlenderte in Richtung Unterkunft, wo ich nach der Anmeldeprozedur denn auch ins Zimmer konnte. Wunderbar, eigene Loggia, wie es in Spanien üblich ist. Ein schönes Bad und WC. Fast wie ein Hotel, nur etwas einfacher. 14:39 Uhr, ich sprach mit Wien übers Internet, erfuhr, in Austria war Wetterumschwung, 28 Grad warm, sonnig. Nachdem ich einige Mails und meine privaten Geschäfte am PC erledigt und bei der Rezeption schon im Voraus bezahlt hatte, machte ich mich, trotz ungutem Gefühl, auf zu einem zweiten Stadtrundgang. Das Wetter hättet ihr für euch in Wien behalten können. Kalt, Wind und Regen. Spanien, was ist los? Eine Besserung dann insofern, als es zu regnen aufhörte. Mir war überhaupt nur schlecht. Ich schlief eindeutig zu wenig. Was soll's, meine Vierziger waren vorbei. Das Gehen tat mir nicht gut. Ich fühlte mich immer mieser. Schwindlig, zittrig, das schaute nicht gut aus.

Der Kokon meiner Sicherheit war dünn und zerbrechlich wie eine Eierschale und hatte plötzlich einen Sprung bekommen. Folteropfer haben berichtet, wenn sie das Thema auch nur berührten, bekäme ihre Psyche einen Riss. Die Angst kann das Opfer zur beliebigen Zeit überfallen, wann immer der Auslöser passt. Die Nahtod-Erfahrung zieht eine Furche, die nie mehr zur Gänze zugeschüttet werden kann. Ein guter und starker Glaube könnte in dieser Situation Erleichterung schaffen. Doch stark glauben ist eben ein Kraftakt. Wenn man aber nicht genügend Kraft aufbringen kann? Organisch angekratzt, gerät der Gläubige mitunter ins Wanken!

Ich musste was essen, und das schnell. Mein Zucker war im Keller, glaubte ich. Der mitgebrachte Traubenzucker lag im Hotel. Seit meiner Transplantation und wegen der Einnahme von Cortison war mein Zuckerspiegel aus dem Gleichgewicht. Leider war das Cortison ein Teil der Immunsuppressiva. Vielleicht konnte es aber einmal abgesetzt werden. Bei Aufnahme in die Warteliste für die Transplantation war ich schon darauf hingewiesen worden, dass ich Diabetes bekommen könne. Ein Restaurant war schnell gefunden. Was essen? Sopa de pasta, Ensalada de pollo (Huhn mit Salat, das geht gerade immer), un agua (ein Mineralwasser, das war leicht). Nachher noch etwas Süßes. Langsam wurde mir besser. Shit, ich hatte am Morgen vergessen, den Zucker zu messen. Wie konnte mir so was passieren? Das konnte böse ausgehen. Ich war doch sonst immer bestrebt, Traubenzucker bei mir zu haben. Ohrfeigen könnte ich mich! Mein Ärger über mich selbst war groß, und ich schwor mir, so was sollte nie mehr passieren.

Also, es tut mir leid, aber von Küche verstehen die Spanier wirklich nicht viel. Was ich jetzt bekommen hatte, na ja. Das Huhn war, glaube ich, schon dreimal gekocht. Die Pommes waren okay. Sopa de pasta ist was? Na, sagt doch schon der Name, Nudelsuppe. Aber eine in gelber Farbe! Okay. Ich hatte vorerst genug. Hatte trotzdem alles gegessen und noch einen Kaffee zum Schluss getrunken, um einen besseren Geschmack im Mund zu haben. Bei meinem Spaziergang zurück in die Unterkunft hätte ich mich fast verlaufen. Als ob ich nicht sowieso schon genug ginge. Irgendwann kam ich dann doch in meinem Zimmer an. Der Zucker dürfte es nicht gewesen sein, nicht nach der Stärkung im Restaurant. Gut, was dann. Der allgemeine Zustand? Weiß nicht. Legte mich ins Bett und schlief wie ein Murmeltier. Keine Mail, kein Telefon, kein Skype.

Guten Morgen, 6 Uhr, Abmarsch. Mein Zustand hatte sich gebessert. Ein Frühstück in einem kleinen Lokal brachte die Kraft für den Marsch. Eierspeise, Schinken, Gebäck, eben ein richtiges Frühstück. Für die kommenden rund 25 Kilometer brauchte ich bei meiner tollen Geschwindigkeit ungefähr sieben bis acht Stunden. Der Weg ging wirklich nur bergauf und bergab. Teilweise auf der Straße, teilweise quer durch die Wildnis, über Waldwege und durch Geröll. Gut gekennzeichnet war er allemal. Gelbe Muscheln und Pfeile gab es überall. Mittags Rast in **Oruna**, zwei Mixto (Sandwiches mit Schinken). Schmeckte besser als die Mahlzeiten bisher. Und billiger war es auch. Dazu einen Tee und Wasser. Gestärkt ging's dann weiter nach **Torrelavega**[9].

[9] Bild 10

6 Torrelavega

Oruna hatte gut getan. Mein Magen hatte sich beruhigt. Nur das Wetter ließ zu wünschen übrig. Es regnete bei gerade zwölf Grad. Die Gegend war herrlich grün, etwas zu hügelig, aber noch halbwegs angenehm zu gehen. Einen einzigen Pilger sah ich auf der ganzen Strecke. Der konnte oder wollte nicht reden und blieb lieber für sich allein. Gut, muss man auch respektieren. Jeder macht den Weg für sich. Jeder hat seinen Grund, warum er diese Strapazen auf sich nimmt. Entweder um etwas zu erbitten oder um sich zu entschuldigen oder, wie ich, um zu danken, wem auch immer. Aber es waren durchaus auch normale Wanderer oder Bustouristen unterwegs. Die Radpilger hatten es auch nicht leicht. Sie mussten auf der Straße fahren, was manchmal einen großen Umweg bedeutete, den wir Geher abkürzen konnten, und die Steigungen waren auch nicht zu verachten. Auf dem Pferd hatte ich indes noch niemand erblickt. Das gab es angeblich auch. Ich hatte Herbergen mit Stallungen gesehen. Ein Pferd, ein Königreich für ein Pferd. Leider hatte ich kein Königreich, und es gab hier weit und breit keine Pferde. Nicht einmal Esel, außer …!

Für einen Meter benötigt man in etwa zwei Schritte. Das sind bei 25 Kilometern 50.000 Schritte. Du liebe Güte. Das Wichtigste bei solch einem Unternehmen ist Flüssigkeit. In meinem Rucksack befand sich ein Kunststoffsack mit fünf Liter Fassungsvermögen, voll mit Wasser. Ein Schlauch mit Mundstück reichte vom Gurt des Rucksacks bis zu meinem Mund, wenn ich den Kopf zu Seite drehte.

Ich hatte zwar mit dem Anblick und der Verwendung von Schläuchen so meine liebe Not, aber hier war er manchmal eine Rettung. So konnte ich jederzeit problemlos trinken. Natürlich änderte sich damit auch das Gewicht des Rucksacks. Je mehr getrunken wurde, umso leichter war er. Also trank ich am Anfang einer Etappe immer mehr, was sich aber rächte, denn nach langem Gehen war der Durst größer als zu Beginn. Mein Rücken begann sich zu melden. Der Rucksack hatte es in sich. Auch die Hüftgelenke meinten einstimmig, es sei alles zu schwer. Jedoch schien mir, sie meinten nicht nur den Rucksack. Ich musste innerlich lachen, als ich an Oruna dachte. Ich hatte Wasser und Kaffee mit zwei Mixtos verdrückt. Mit Genuss wohlgemerkt, das zählt ja bekanntlich doppelt. Auch in jenem Lokal gab es vier Fernseher der größeren Klasse in jeder Ecke. Alle eingeschaltet, jeder ein anderes Programm, laut, und niemand sah hin. Bestellen und unterhalten konnte man sich nur mit voller Lautstärke. Jetzt weiß ich auch, warum die Spanier überall schreien. Auf der Straße, im Bus, im Supermarkt, die sind das schon gewohnt. Bei uns zu Hause ist der gewisse Unterschied in der Lautstärke der Unterhaltung bemerkbar, wenn Reisende aus anderen Ländern zum Beispiel die U-Bahn benützen. Ich war versucht, einen Mentalitätsvergleich mit Leuten aus den südlichen Gefilden anzustellen.

Schritt für Schritt verlief das graue Band der schmalen Straße unter mir. Gedanken an frühere Zeiten kamen an die Oberfläche. Erinnerungen, die meist gewaltsam zurückgedrängt wurden. Mein Leben hat unter keinen guten Umständen begonnen. 1948, das war drei Jahre nach Kriegsende, das Land ein Chaos; Trümmer, Schutt und Asche. Wie meine Mutter meinen Vater kennengelernt hatte, wurde mir nie verraten. Mein Großvater mütterlicherseits war mein Ein und Alles: Freund, Vater, Bruder, Großvater, Lehrmeister usw. Mein Mütterchen war damals verheiratet und hatte eine Tochter mit zwölf Jahren. Mein Vater war ebenfalls verheiratet und hatte eine Tochter mit zwölf Jahren. Bloß miteinander verheiratet waren sie nicht. Nun ja, viele Männer waren fort, tot, in Gefangenschaft oder vermisst, da kann schon ein Ausrutscher geschehen. Ich gebe meiner Mutter heute nicht die Schuld, eher der Umwelt. Als uneheliches Kind war ich ein Ausgestoßener, die Schimpfnamen, die ich erhielt, schmerzten damals sehr. Als Kind empfindet man das sehr intensiv, wenn man von vielem ausgeschlossen und immer schief angeschaut wird. Die damalige Zeit mit ihren heuchlerischen Einstellungen hatte andere Gesetze als heute. Selbstredend ließ sich der Mann meiner Mutter sofort scheiden, als er heimkam und sah, was sich da entwickelt hat. Kann ich auch irgendwie verstehen, oder doch nicht?! Wie auch immer, Mutter, Schwester und ich, wir drei waren jetzt eine Familie oder so. Ich habe viel später erfahren, dass geplant war, weiß nicht, von wem, mich an Zigeuner zu verkaufen. Angeblich steckte meine Großmutter dahinter, weil eine ehrbare Familie mit blütenweißer Weste solche schwarzen Flecken nicht brauchen konnte. Gut, mein Großvater war ein angesehener Mann, sogar am Kaiserhof nahm man früher seine Dienste als Fotograf in Anspruch, somit hatte er mit etlichen hochgestellten Persönlichkeiten zu tun. Er war es denn auch, der dieses Komplott mit Donnerwetter – genauer, einem Hieb seines Stocks auf den Tisch – zunichtemachte. Ob denn alle verrückt geworden wären, soll er geschrien haben. Damit legte er seine Flügel schützend um mich. Meinen Vater sah ich nur einmal im Jahr. Entweder zu Weihnachten oder zum Geburtstag, wenn er sein schlechtes Gewissen mit Geschenken an mich beruhigen wollte. Von Opa habe ich sehr viel gelernt. Vieles, was mir heute noch weiterhilft; sein Atelier in der Josefstadt war eigentlich Fotoatelier, Dunkelkammer und Werkstatt in einem. Staffeleien und Künstlerutensilien gab es dort genauso wie eine Drehbank, ein Bohrständer, eine Hobelbank und, und, und. Die Dunkelkammer war separat durch eine Tapetentüre getrennt, mit Wannen zum Entwickeln der Fotos, Vergrößerungsapparaten, an einer Wäscheleine hingen Filme, Negative und Fotos. Ein Paradies für mich. Ich bewunderte meinen Opa stets aufs Neue; er war groß, schlank, hatte trotz seines Alters eine volle, wenn auch weiße Haarpracht, kerzengerade schritt er, ja, er ging nicht, er schritt einher, immer mit einem Stock in der Hand. Manchmal einen mit Silberknauf oder auch einen mit einer schwarzen Kugel. Nicht dass er einen Stock gebraucht hätte, aber es sah fantastisch aus, wenn wir unterwegs waren und er ihn so richtig vor und zurück schwang. Dass meistens Damen vorbeigingen, wenn er das tat, war sicher purer Zufall. Von ihm lernte ich den Umgang und das Bearbeiten von Holz und Metall, lernte Beizen, Lasieren, und wie man die alten Schwarz-Weiß-Fotos kolorierte. Aber nicht nur handwerkliche Hilfe bekam ich, sondern auch Ratschläge, wie man das Leben in schwierigen Situationen meistern kann, ohne Schaden zu nehmen. Viele Worte höre ich heute noch, wenn ich in einer Zwickmühle stecke oder einfach nicht weiterweiß. Zum Beispiel: *Es ist Energievergeudung, sich über Dinge aufzuregen, die man nicht ändern kann. Diese Energie kann man woanders besser einsetzen!* Oder: *Was wahr ist, darf man laut sagen. Es muss nur die Wahrheit sein.* Solcher Worte gäbe es noch ein Dutzend mehr. Als Kind habe ich nicht immer alles verstanden, was er damit sagen wollte. Erst als ich älter wurde, begriff ich, was für einen Schatz ich da hatte. Später, als ich mich später mit Innenausstattung selbständig gemacht und zwei Geschäfte in Wien eröffnet hatte, besuchte ich Großvater wie jedes Jahr in der Buckligen Welt, wo er seit zig Jahren von Mai bis September auf Sommerfrische war. Anfangs noch mit Großmutter, nach ihrem Tod alleine. Da fühlte er sich wohl, arbeitete so weit als möglich mit, verschönerte den Bauernhof mit von ihm gebastelten Fenstergärten. Ich kam regelmäßig zu Besuch, anfangs mit meiner Mutter mit Bahn und Bus, dann mit Moped, schließlich mit meiner ersten Frau mit Auto. Ich erinnere mich noch an ein Gespräch über die Mehrwertsteuer. In Österreich war damals nur die Umsatzsteuer. Die Einführung der Mehrwertsteuer war eine große Umstellung für die Betriebe. Fast 90 Jahre und er diskutierte mit mir wie ein Junger. Keine Anzeichen von Demenz oder Interesselosigkeit. Ich dachte mir damals, lieber Gott, lass mich auch so alt werden und so gut beisammen sein.

Er wurde 97 Jahre alt, verstarb in einem Heim. Meine Mutter wollte sich nicht um ihn kümmern. Sie hätte in der riesigen Wohnung Platz genug gehabt, aber es war ihr zu mühsam. Wir hatten auch überlegt, aber zwei Zimmer im letzten Stock, tagsüber keiner zu Hause, ich war immer unterwegs, und meine erste Frau führte die Geschäfte. Außerdem hatte sich Nachwuchs angesagt. Es war beim besten Willen nicht möglich gewesen. Mir tat es am meisten weh im Herzen, weil ich nichts zurückgeben konnte von dem, was ich empfangen hatte.

Der Weg verlief jetzt von der Straße in einen Wald. In Gedanken versunken, stolperte ich über eine Wurzel, und beinahe hätte es mich hingelegt. Doch der dazugehörige Baum bremste meinen Sturz. Gerade waren die Bilder meines Großvaters greifbar nahe gewesen, da stellte ich den Vergleich zwischen ihm und dem Baum her. Auch er hatte mich manchmal aufgefangen. »Großvater, kannst nicht herunterkommen auf an schnellen Kaffee …?«

Diese Wanderung hatte jetzt schon so manche Türen geöffnet, mich leichter und verwundbarer gemacht, was ganz gegen meine Einstellung war. Ich wusste noch nicht, was statt meiner gestürzt war, aber ich hatte etwas abgeworfen … etwas längst Fälliges! Dieser Wald hier, mit seinen knorrigen Bäumen, hatte etwas Mystisches an sich. Es überkam mich das Verlangen, den Baum zu umarmen und eine Weile seine innere Kraft, Härte und doch auch die Weichheit der Elastizität zu spüren. Kurze Pause. Ein Paar Schluck Wasser aus meinem Behälter und ein Kaugummi. So hatten auch mein Magen und mein Mund Beschäftigung.

Als mein Großvater verstorben war, erfuhr ich es als Letzter. Der Mann meiner Schwester und sein Bruder stürmten die Wohnung vom Opa. Großvater hatte kein Vermögen, lebte in eher ärmlichen Verhältnissen, doch gab es einige Sachen, die schon einen gewissen Wert hatten. Nicht unbedingt einen materiellen, aber sicherlich einen ideellen Wert, zumindest für mich. Die alten Fotoapparate etwa, die Staffeleien und die Dunkelkammerausrüstung. Eben Gegenstände, die man an Sammler verkaufen konnte, und da war der Bruder meines Schwagers spitze. Der konnte alles zu Geld machen. Als ich dann später die Wohnung betreten durfte, dachte sich meine Mutter, ich würde die Wohnung besenrein ausräumen. Da hatte sie aber die Rechnung ohne den Wirt gemacht. Ich hatte nicht die Absicht, jetzt die Dinge zu nehmen, die noch da waren. Luster, Möbel, Porzellan, Wäsche oder Ähnliches. Ich wollte etwas Persönliches als Andenken. Das Atelier war zum größten Teil ausgeräumt. Da hatte es einen Stock gegeben, aus Bambus. Damals eine Rarität. Doch damit nicht genug, der Stock hatte ein interessantes Innenleben. Er war durchbohrt, die ganze Länge. Ein Metallrohr mit einem gedrehten Drall war eingezogen, der Griff abschraubbar und ein Federzug im Griff eingebaut. Somit konnte man den Griff abschrauben, in den Lauf eine Patrone hineinstecken und mit dem Federzug den Schuss auslösen. Eine nette Waffe, die einen Angreifer schon abschrecken konnte, im schlimmsten Fall auch ernstlich verletzen. Auch dieses Stück war weg. Zufällig fand ich in der Dunkelkammer einen kleinen Kasten. Als ich ihn öffnete, machte ich einen Freudenschrei. Opas Schreibmaschine. Wie alles an meinem Opa ungewöhnlich war, so auch dieses Stück. Die erste Walzenkopfschreibmaschine, die es gegeben hat. Sie ist heute noch in meinem Besitz, funktioniert tadellos, und genau so ein Stück steht im technischen Museum. Das entschädigte mich für vieles. In einer Lade fand ich noch Glasplattennegative, normale Negative und Fotos, Postkarten (hatte er auch gemacht). Alle der besonderen Art. Ja, Sex war seit jeher das Thema Nr. 1. Das prüde Gerede und schamhafte Getue war doch nur Maske. Die Lust, sich dabei fotografieren oder malen zu lassen, ist genauso alt wie die Fotografie oder die Malerei. Bei einem Maler kann man immerhin noch meinen, was er auf die Leinwand brachte, waren seine Gedanken. Bei der Fotografie geht das nicht. Natürlich nahm ich die Bilder mit. Im Zimmer fand ich noch Opas Ziehharmonika. Leicht 100 Jahre am Balg. Aber sie funktioniert, ich hatte als Bub darauf gelernt. Mein Großvater spielte sechs Instrumente, war beim Zitherklub »Harmonie«. Oma spielte Mandoline. Ich wollte immer Klavier lernen, aber meine Mutter, die spielen konnte, weigerte sich vehement, weil ich angeblich kein Durchhaltevermögen hätte. Meine ältere, vollkommen unmusikalische Schwester musste dagegen jahrelang üben. Sinnlos. Die Tasten verbogen sich freiwillig. Viel später hatte ich es als Autodidakt etwas gelernt und klimpere noch heute gerne auf meiner Orgel. Die Harmonika ging auch mit. Zu Hause erzählte ich meiner Frau von den Fundstücken. Meine Mutter wollte am Telefon wissen, ob die Wohnung schon leer sei. Ich stellte mich total unwissend. Fragte scheinheilig, ob ich die Wohnung hätte räumen sollen. »Natürlich!!«, kam es aufbrausend zurück. Worauf ich ruhig meinte, das hätten doch alle jene machen sollen, die sich alles geholt haben. Ich hätte dafür keine Zeit. Tja, damit war längere Zeit Kriegszustand zwischen Mutter und mir. Wie schon so oft. Grinsend ging ich in meine Wohnung. Ich war schon immer das schwarze Schaf gewesen. Mit kindlicher Genugtuung genoss ich meine Ausnahmestellung, wenn schon, dann wollte ich das schwärzeste Schaf in der Herde sein. Seit meiner Geburt haftete der Makel an mir, »unehelich« zu sein. Ein doppelter Seitensprung, provozierte eine Scheidung! Ein herrlicher Grund, permanent auf die Verursacher und die Lebensfrucht einzuhacken. Da hat sich heute doch einiges geändert (oder doch nicht?). Genug, es war höchste Zeit, sich aus diesem Gedankengespinst, dem Baum und den negativen Bildern loszureißen.

Die Hälfte dieser Teilstrecke hätte ich ja schon geschafft. Weiterhin viel Wald, wohin das Auge auch sah, aber kein Baum älter als circa 20 bis 30 Jahre[10], fiel mir auf. Hier musste alles neu gepflanzt worden sein. Einige Bäche waren zu überqueren, manchmal ganz wild über Steine oder größere Holzstücke. Es regnete schon wieder, und der Wind war auch nicht angenehm. Die Kennzeichnung vom Camino war aber zuverlässig. Hier hatte man wirklich gute Arbeit geleistet. Obwohl die Nordroute nicht so viel begangen wird wie der Camino Primitivo. Wer sich da nicht zurecht fand, dem war nicht zu helfen. Stundenlang bergauf und bergab. »Wald und Flur, in ana Tour.« So weit zu meiner dichterischen Ader. Sieht man einmal einen Bauern, so wird beiderseits freundlichst gegrüßt. Meist mit lächelndem Kopfnicken oder dem berühmten »Hoolla!«. Oft kommt auch »BUEN CAMINO!« Die Leute wissen schon, wer zu den Verrückten gehört. Mit »MUCHOS GRACIAS!« wird gedankt. Einer hat mich eingeladen auf ein Glas Rotwein. Ich trinke nur sehr selten, wer mich kennt, weiß das. Aber unhöflich wollte ich auch nicht sein. Der Wein war gut, die Unterhaltung war etwas kompliziert, da ich meinen Translator dauern fragen musste, trotzdem verstanden wir uns recht gut. Es wurde gelacht und das Glas nachgeschenkt. »Na servas!« Zum Glück wird am Camino kein Alkoholtest gemacht. Recht lustig und leichtfüßig ging ich, mit allen guten Wünschen im Rucksack und einem Stück Brot mit Schinken, meinen Weg weiter. Der nächste Ort war schon

[10] Bild 11

bald sichtbar: **Barreda**. Jetzt waren es nur mehr wenige Kilometer bis Torrelavega. Es ging auf 16 Uhr zu. Fast zehn Stunden war ich unterwegs und hatte eigentlich gar nicht so viele Kilometer gemacht. Circa 30 Kilometer von Santander bis Torrelavega. Nach weiteren 45 Minuten wurde die Stadtgrenze zu **Torrelavega** von mir überschritten. So, und wo ist jetzt die Straße …? Frag, wen du willst, große Augen, verlegenes Kopfschütteln oder Achselzucken. Ich komme mir vor wie in Wien. Keiner weiß etwas, keiner kennt sich aus. Letzter Ausweg, ein Taxifahrer. Ein Schwarzafrikaner, vermutlich aus Nigeria, zeigte mir den Weg. Durch eine Fußgängerzone in die entzückende Altstadt. Also, Torrelavega zeigte sich auf den ersten Blick richtig sympathisch. Viele kleine Geschäfte, wenig Supermärkte, wieder an jeder zweiten Ecke eine Apotheke. Vor einem Geschäft zwei Polizisten im Einsatz, vermutlich ein Ladendiebstahl. Eine Polizistin und ein Polizist in toller Uniform verhörten gerade einen Jugendlichen, den man anscheinend auf frischer Tat ertappt hatte. Die weibliche Ordnungshüterin stand etwas abseits und verfolgte das Tun ihres männlichen Kollegen, war sehr unfreundlich und ungehalten wegen meiner Störung beim Zusehen der Amtshandlung. Das männliche Organ war im Gegensatz sehr freundlich und hilfsbereit. Aber obwohl ich fast vor meiner Casa stand, schickte er mich in eine völlig falsche Richtung. Na ja, fast wie in Wien. In meiner Verzweiflung, weil ich noch so weit gehen sollte, hob ich meinen Blick Hilfe suchend zum Himmel, und was sah ich, im zweiten Stock eines Hauses die Reklame von meiner Hospedaje. Puente del Sol, so der klingende Name, Brücke zur Sonne.

Oje, das Haus schaute nicht sehr viel versprechend aus. Im Erdgeschoss nur eine Lifttüre und der Stiegenaufgang. Sonst nichts. Okay, Lift war schon mal ein Plus. Ich nahm den ersten Stock. Heftige Erinnerung an Bilbao und Castro. Drei sehr schmutzige Türen, ohne Beschriftung, außer an einer ein »D« (»Damen« wird das wohl nicht heißen?), keine Türschnallen, gut, daran habe ich mich schon gewöhnt – die sind anscheinend in Spanien verpönt, keine Klingel, also klopfen. Nochmals etwas heftiger klopfen. Innerlich musste ich hellauf lachen, mir war Obelix in den Sinn gekommen. Der hatte kein Problem mit verschlossenen Türen. Keine Menschenseele zu finden. Na gut, sollte ja nur für eine Nacht sein. Neuer Versuch im zweiten Stock. Ohhh. Schon als sich die Lifttüre öffnete, strahlte es einem entgegen. PUENTE DEL SOL. *Bitte läuten*, stand auf einem Schild, was ich auch tat. Schritte näherten sich, die Türe flog auf und … eine »Erscheinung« stand vor mir. Mit allem hätte ich gerechnet, nur damit nicht, dass mich die Pubertät in der Sekunde wieder einholen würde. Die Kriterien für die Beurteilung »schön« sind ja subjektiv. Aber der Begriff »umwerfend«, der hier angebracht werden musste, trifft es am besten. Ab und zu gibt es solche Geschöpfe, die man, weitab von primitiveren Regungen, höflich und bescheiden fragen möchte, welchen Stern man ihnen vom Himmel holen dürfe. Diese Reaktion konnte ich mir nur durch die reinigende Wirkung des »Camino« erklären. Die Señora war nicht nur schön, sie sah mich belustigt über meine Reaktion an und begrüßte mich, als wäre ich schon x-mal hier gewesen und wir wären alte Bekannte. Hätte nur noch das Begrüßungsbusserl gefehlt. Der nächste angenehme Schock war das Zimmer[11]. Hier hatte wahrscheinlich Ludwig der XIV. geschlafen oder König Juan Carlos. Mir blieb der Mund offen. Das nenne ich Stil. (Ich meinte standesgemäß.) Die Bilder sagten alles. Nett, nett und wieder nett. Das Zimmer müsste eigentlich locker das Drei- oder Vierfache kosten. Sie zeigte mir die Glocke für den Fall, wenn ich was brauche sollte, und sah mich vielsagend freundlich an. Ist doch nett, oder? Hier werde ich sicher länger bleiben. Im Badezimmer ein Aktgemälde, sah der Señora sehr ähnlich. Auch das Bad war geschmackvoll eingerichtet. Gepäck verstauen, duschen, umziehen. Es war gegen 18 Uhr, der Hunger meldete sich lautstark. Gleich ums Eck eine Taverne. Pincho Tortilla , zweimal, und ein Bier für zusammen 4,50 Euro. Man wurde satt, und es schmeckte nicht schlecht. Ein dickes Omelett, und in dem Teig waren Kartoffelstücke, belegt mit einer Scheibe Schinken, dazu Sauce, eine Schicht Käse und darüber noch Palatschinken. Das Ganze in Tortenstücke geschnitten, von dem ich eines verdrückte. Also ich war darauf satt, und günstig war es außerdem. Im Zimmer schaute ich

[11] Bild 12

meine Mails durch. Hatte heute Fotos geschickt. War neugierig, ob eine Antwort kommt. 18:30 Uhr. Es donnerte und blitzte. Noch ein kurzer Spaziergang, bei dem ich etwas Nettes sah. In einer kleinen Parkanlage stand eine Statue[12], die ich mir näher ansehen musste. Ein kleiner Mann mit einem Besen, auf den er sich stützte. Ein Denkmal für Straßenkehrer? Nächste Gasse ein wunderschönes Möbelhaus, fiel sofort auf, wegen seiner Auslagen oder besser der Umrahmung der Auslagen. Marmorfassade mit Edelholzrahmen um die Scheiben. So etwas hatte ich auch noch nicht gesehen. Langsam begab ich mich zur Unterkunft zurück und diesmal in die Badewanne. Das warme Wasser tat gut und das Gemälde das Übrige. Im Bett lag ich wie ein Kaiser. Da hätten locker noch zwei weibliche Gäste Platz gefunden. Viel Zeit zum Träumen hatte ich nicht, weil mich bald der Schlaf übermannte. Wie ein Stein schlief ich durch. Es war 6:30 Uhr, als ich aufwachte. So spät stand ich normalerweise nicht auf.

Besuch in der Stadt war angesagt. Schon lange nicht gegangen. Heute ging's mir etwas besser (kein Wunder). Da gab's Serrano-Schinken um 1,10 Euro für 100 Gramm. Das sollte mein Frühstück werden. Und dazu Obst; ein Kilo Nektarinen gab es für gerade mal 69 Cent. Nach dem Frühstück auf der Parkbank genoss ich einen Kaffee in einem kleinen Lokal und machte einen Bummel durch Torrelavega. Hier wuchsen alte Ginkgobäume als Allee in den Straßen. Es gab eine schöne moderne Kirche[13]. Das Altarinnere bestand aus winzigen Mosaikstücken, die bis an die Decke ragten. Meine Güte, ich weiß, was verfliesen heißt, die Höhe, na ja, einige zig Quadratmeter. Den Herrn Kirchendiener fragte ich nach dem Padre. Er erzählte mir drei Minuten lang eine Geschichte, von der ich kein Wort verstand. Auch der Pilgerpass und meine Stempel-Handbewegung brachten wenig bis nichts. Er wurde nur eine Spur lauter, als wollte er mit Nachdruck darauf hinweisen, mir ohnehin schon alles gesagt zu haben. Es regnete schon wieder. Ich kaufte mir ein paar leichte Schuhe, um nicht dauernd die schweren Wanderschuhe tragen zu müssen. Ein Blutdruckmessgerät

[12] Bild 13
[13] Bild 14

kaufte ich mir nun endlich auch. Und maß auch gleich. Druck war in Ordnung, aber der Puls wieder zu schnell. Bei einer Basisleistung von hundert Schlägen in der Minute würde mich zusätzliche Leistung rasch auf hundertvierzig und mehr bringen. Ein unerwünschter und bedenklicher Zustand. Mittlerweile kam ich mir schon wie eine alte Dampflokomotive vor, bei der zuerst eine Checkliste mit Fragen zu beantworten war, bevor der Kessel unter Dampf gesetzt werden konnte. Warum ich immer eine zu hohe Pulsfrequenz hatte, konnte mir niemand sagen und bis jetzt auch nicht beheben.

Sturm, Kälte, Regen. Die Stadt war interessant und sehenswert. Viele alte Bauten, auch hier ein Kebab-Imbiss, na bitte, wieder geschlossen. So wie es aussah, schon seit längerer Zeit. Nachmittags kam ich wieder bei der Kirche vorbei. Der Padre war auch da, er war ein Monsignore (!) und unfreundlich wie Hades persönlich. Stempel gebe es hier nicht, weil Torrelavega nicht direkt am Camino liege, und damit basta. Kehrte mir den Rücken zu und verschwand. Ich wollte ihm schon den Mittelfinger zeigen, aber er hätte es nicht gesehen, also ließ ich es. In der Unterkunft packte ich für morgen alles zusammen. Ich zahlte bei der Señora, weil ich sehr zeitig in der Frühe fortwollte. (Leider.) Wir unterhielten uns noch etwas auf Englisch, ein Händeschütteln und noch einen tiefen Blick in diese Augen. Dann ein längeres Gespräch mit Wien. Vollkommen unnötig, endete wieder nur im Chaos.

Wieso war es nur so geworden? Seit ich vom Spital zu Hause war, war alles anders. Klar, 29 Monate sind eine lange Zeit, und die Aussagen der Ärzte waren alles andere als positiv. Wen einem der Arzt sagt, er liegt im Koma, rechnen Sie mit dem Schlimmsten, wir haben wenig Hoffnung, wie schaut es da in einem Menschen aus, was geht da vor sich. Natürlich rannen Tränen, nicht nur zu Hause im stillen Kämmerlein, auch oft an der Arbeitsstelle, da ihre Chefs mich auch kannten, litten sie etwas mit, aber auch auf dem Heimweg vom Spital übermannte sie immer die Traurigkeit, und es liefen ihr die Tränen über die Wangen. Die Gedanken an die Zukunft, die Angst vor wirtschaftlichen Problemen, das Erbringen der nötigen Leistungen, das alles ohne mich, die Vorstellung war sicher auch bedrückend.

Es gab ja immer wieder mitfühlende Menschen, die Anteil nehmen wollten. So auch einen Busfahrer, der unsere Strecke fuhr. Sie traf ihm notgedrungen öfters, und er versuchte eben mitfühlend, sie etwas zu trösten, was anscheinend dankbar angenommen wurde. Im Laufe der Zeit vertiefte sich diese Freundschaft. Der werfe den ersten Stein, der ohne Sünde ist. Steht ja schon in der Bibel. Ich bemerkte es bei den Besuchen, die kürzer und kühler wurden. Angesprochen darauf meinte sie, ich bildete mir das bloß nur ein. Erzählte aber später von selbst darüber. Er kam mich auch besuchen, da war ich echt überrascht. War das Mitgefühl oder brutale Härte, um sich zu vergewissern, ob ich vielleicht bald abtrete. Er war auch verheiratet und erzählte seiner Frau von dieser Geschichte. Es sei nichts Ernstes dahinter, nur Freundschaft und Anteilnahme. So wurde es jedenfalls von beiden im Gleichklang behauptet. Seine Frau war verständlicherweise auch alles andere als erfreut. Da gab es schon schwere Gemetzel zwischen den beiden, und auch meine Frau erreichten Drohungen per Telefon. Ich betrachtete das ganze Spiel von Weitem und machte mir so meine Gedanken. Oberstes Gebot: Gesund werden. Alle nur möglichen Entschuldigungen suchen, um diese Situation zu verstehen und sie nicht als Untreue oder Ähnliches zu deklarieren. Immerhin waren wir viele Jahre ein glückliches Paar gewesen. Lange verliebt wie bei der ersten Liebe. Jetzt, wo einer Nähe und Verständnis besonders benötigte, sollten all die Jahre wie eine Seifenblase zerplatzen? Das konnte und wollte ich nicht glauben. Zu Hause sprachen wir ganz offen über diese Geschichte. Natürlich war auch bei mir etwas Eifersucht dabei. Aber, so weit war ich fähig, rational zu denken, sollte unsere Verbindung so enden, könnte ich daran auch nichts ändern. Ich würde um meine Frau kämpfen, aber ohne Waffen. Entscheiden musste sie, wohin ihr Weg führen soll.

Ich war sogar so fair, seine Frau in ihrer Dienststelle zu besuchen. Der Gesichtsausdruck von ihr schrieb Bände. Aber wir unterhielten uns wie zwei vernünftige Menschen. Ich beruhigte sie, da sei nichts dahinter, meine Frau werde mich nie verlassen und diese Verbindung sei nur freundschaftlich, ich würde ihren Mann auch kennen und wir hätten ein gutes Verhältnis. Ob sie mir das alles geglaubt hat, weiß ich nicht, anscheinend war ich aber überzeugend genug, dass sie doch beruhigt war und wir uns, fast herzlich, verabschiedeten. Einige Zeit lang zog sich diese Dreiecksgeschichte so dahin, es hieß nach wie vor immer, rein freundschaftlich. Jetzt, wo ich wieder zu Hause war, wurde nur noch telefoniert, einiges mir erzählt, anderes wahrscheinlich nicht. Allgemein war man an allen Fronten um Schadensbegrenzung bemüht. Auffällig war nur die Art, wie sich meine Frau verändert hatte. Es war alles etwas frostiger geworden zwischen uns. Außenstehende bemerkten nicht viel, aber ich (oder war es Einbildung). Vertraute Gewohnheiten waren mit einem Mal nicht erwünscht. Ich wurde wie ein hilfloser Kranker behandelt, was bei mir gewisse Komplexe auslöste. Herrschaftszeiten, ich war nicht krank, noch etwas schwach auf den Beinen, aber sonst … Langsam wurde mir die gute Miene zum bösen Spiel zu viel. Es gab Zoff. Ich wollte alle Karten auf den Tisch gelegt haben. Wie sollte es weitergehen? So jedenfalls nicht. Ich bin sicher gutmütig, verständnisvoll, tolerant und kann über vieles hinwegschauen, was ich aber überhaupt nicht leiden kann und nicht akzeptiere, sind unklare Verhältnisse und Lügen. Dieser Meinung war auch mein, hm …, sagen wir, unser neuer Freund. (Nebenbuhler wäre sicher richtig, aber klingt schrecklich.) Auch er machte kurzen Prozess, er stellte meine Frau vor die Wahl, entweder – oder! Ich glaube, das war die schwerste Entscheidung, die sie je in ihrem Leben getroffen hatte. Wie ich aber meine Frau kenne, hatte sie sicher nicht definitiv Ja oder Nein gesagt, sondern sich mit irgendwelchen fadenscheinigen Ausreden aus der Zwickmühle befreit. Da war sein Charakter anscheinend doch gerader als der meiner Frau. Er rief nicht mehr an, änderte seine Telefonnummer, änderte seinen Arbeitsplatz und war somit aus ihrem Dunstkreis verschwunden. Sie wollte sich zuerst nicht so recht damit abfinden, was ich natürlich auszubaden hatte. Langsam begriff sie aber, dass es Ernst gewesen war. Da ich aber mit mir selbst genug zu tun hatte, um wieder auf die Beine zu kommen, kam mir die Idee mit dem Jakobsweg gerade recht. Einige Zeit getrennt voneinander, das kann nicht schaden. Jeder für sich kann nachdenken, wie die Zukunft aussehen könnte oder sollte.

Die Vorbereitungen für die nächste Etappe nahmen meine volle Konzentration in Anspruch. So gab es eben immer noch dunkle Stimmung bei den Gesprächen, die wir übers Internet geführt hatten. Durch das viele Denken übermannte mich der Schlaf. Um 6 Uhr war ich bereits wieder unterwegs zur Küste. Meine nächste Station in etwa 18 Kilometern war **Cóbreces**.

7 Cóbreces – Llanes – Ribadesella – Gijón

Ich wollte bis mittags in Cóbreces sein. Der Weg verlief teils direkt auf, teils neben der Straße. Nach ca. acht Kilometer, in **Santillana del Mar**, verließen mich die Kräfte. Pause. Ein Lokal der eher einfachen Art hatte ein Frühstück für mich. Obwohl es, wie gesagt, eher sehr bescheiden aussah, liefen auch hier drei Fernseher. Irgendwas mit dem spanischen König und seinem Sohn war im Gange. Auf allen Sendern liefen Dokumentationen mit dem Monarchen, von heute, von früher. Aber gestorben konnte er nicht sein, weil das sicher auch in den Zeitungen mit großem Trauerrand gebracht worden wäre. Im Internet las ich dann später, der Senior mache Platz für seinen Sohn. Das war aber nicht allen Spaniern recht. Es gab Demos gegen das Königshaus. Also auch hier keine Ruhe. Alle wollen eigenständig sein, sind sich aber, wie mir schien, nicht so recht sicher, wie es ohne »großen Bruder« weitergehen sollte. Das ist umso tragischer, wenn sich der »große Bruder« als ausgesprochenes Ekel zeigt. Es aber ohne ihn auch nicht besser werden wird. Ein Phänomen, das nicht auf eine einzelne Nation beschränkt bleibt. Die antiken Ereignisse zählen bei uns überall in Europa doch immer noch, Fehden, Kriege usw. haben eine wichtige Rolle bei der Frage, wer sich wem zugehörig fühlt und wer sich von wem abgrenzen will. Weil da hat damals ein Graf eine Magd geschwängert, die dann ermordet wurde, darum besteht Hass auf den und den … und lauter solche oder ähnlich schwachsinnige Argumente. Solche Einstellungen lassen sich auch nicht so leicht ändern.

Jedes einzelne Bundesland hier möchte eigenständig sein und selbst bestimmen. Die Idee, gemeinsam stark zu sein, hat ja etwas Tröstliches und Aufmunterndes an sich. Leider ist die Umsetzung im Versuch verschiedener politischer Systeme bisher stets an der menschlichen

Komponente gescheitert. Alle Menschen sind ja Brüder! Herrlicher Gedanke, nur leider sind sie auch Brüder im Sinne von Kain und Abel und schlagen sich, aus wie nichtigen Gründen auch immer, gegenseitig die Schädel ein.

Manche Leute hier in Spanien sind tatsächlich immer noch der Meinung, Österreich sei ein Teil von Deutschland. Ungläubig schauen die Leute, wenn man ihnen erklärt, dass es zwei verschiedene Länder sind, in denen man zwar die gleiche Sprache spricht, die aber eigenständig sind und vor der EU verschiedene Währungen hatten.

Wir haben ja weltweit dieselben Probleme und Schwierigkeiten. Arbeitslosigkeit, Überbevölkerung, Bankenkrise, angezettelte Kriege und vieles mehr. Ich fürchte, wir steuern langsam, aber sicher auf den nächsten großen Krieg zu. Der wird sicher nicht so sein wie der Letzte. Einstein soll einmal gesagt haben: »Ich weiß nicht, welche Waffen im nächsten Krieg verwendet werden, aber im übernächsten: Pfeil und Bogen!« So aus der Luft gegriffen ist diese Theorie nicht.

Was immer in der Geschichte an Gräueltaten zitiert wird, es findet seine Fortsetzung in der Gegenwart. Die abenteuerlichsten Legitimationen müssen herhalten, um den fantasierten Feind zu bekämpfen. Arme Menschheit. Irgendwie kommt mir der Begriff »Reptiliengehirn« in die Quere. Nun ist der Mensch zwar kein Krokodil, aber, ohne diese Gattung beleidigen zu wollen, er verhält sich wie eines. Ein von mir sehr geschätzter Showmaster hatte seinerzeit den Menschen als das gefährlichste und dümmste Raubtier bezeichnet, ich füge noch hinzu: Er ist auch noch stolz darauf. Mein Großvater pflegte zu sagen: Nur Dumme machen immer die gleichen Fehler, Kluge machen immer neue! Ich füge noch hinzu: Die neuen Fehler verbauen uns die Chance, aus den alten zu lernen. Tragisch.

Bei allem Sinnieren war mein Frühstückskaffee kalt geworden, und ein Pinto[14] wartete schon längst darauf, verzehrt zu werden. Diese Snacks sind in Spanien anscheinend sehr beliebt. Es gibt sie auch mit Hühnerfleisch. Nicht viel, aber sättigend. Nach dem zweiten Kaffee

[14] Bild 15

machte ich mich auf den Weg. Jetzt waren es nur mehr elf Kilometer bis Cóbreces. Nur mehr! Während ich monoton einen Fuß vor den anderen setzte, versuchte ich, nicht an die Entfernung zu denken. Wenn man sich immer den Abstand zum Ziel vor Augen hält, fühlt es sich an wie 100 Kilometer. Ich versank immer mehr in Gedanken und stapfte wie ein Automat dahin. Von der Umgebung nahm ich wenig bis nichts wahr. Zumindest nicht bewusst. Tausende Gedanken schwirrten durch mein Hirn. Schmerzen in den Beinen und im Rücken machten sich bemerkbar. Solange es ging, hielt ich durch, dann musste ein Stein als Sitzplatz herhalten. Wieder kamen mir Zweifel an dem Sinn des Unternehmens. Ehrlich gesagt, bedachte ich mich heimlich mit recht unschönen Worten. Dann kam aber wieder der Blick zwei Jahre zurück.

Allein der Umstand, jetzt auf diesem Stein sitzen zu können, die Witterung, Luft, Sonne, Regen, direkt zu spüren, das Spiel und Weiterziehen der Wolken beobachten zu können, die Vielfalt der Geräusche wahrzunehmen, schien ein reines Wunder zu sein. Alles relativierte sich an dem Moment, den deine Augen einfangen können, wenn das große schwarze Loch auf dich zukommt. Ein letzter Lichtstrahl der großen Operationslampe – und dann Stunden, Jahre; Tausende, Millionen Jahre, die Ewigkeit … Für dich, oder was du gewesen bist, gibt es keine Zeit mehr! Und dennoch sitze ich hier und nehme bewusst die Zeit in Anspruch zum Rasten wie zum Weitermarschieren. Ein atemberaubendes Wunder. Lazarus steigt aus dem Grab. Ein fast schmerzhaftes Glücksgefühl überkommt mich. Ich bin immer noch da und habe diese Situationen nicht nur einmal erlebt. Der Manager tritt zurück und macht Platz dem Tagträumer, Säufer, Vielfraß, der alles, was sinnlich wahrnehmbar ist, verschlingen will. Beim Aufstehen musste ich mich an einem Ast festhalten. Schließlich gab ich mir einen Stoß und marschierte weiter.

Um 12 war ich in Cóbreces angekommen. Ich hatte Durst; mein Wasservorrat im Rucksack, den ich durch einen Schlauch konsumiert hatte, war schon längst aufgebraucht. Ich pausierte und trank einen Brunnen leer. Dürfte eine Quelle sein. Das Wasser schmeckte herrlich und war erfrischend. Anzuschauen gab es hier nichts Besonderes. Ich hatte es eigentlich nicht eilig. Es war schon ein eigenartiges Gefühl, wenn man gewohnt war, als termingesteuerter Mensch durchs Leben zu rennen und es einem plötzlich egal ist, wann man wo ist. Daran muss man sich erst gewöhnen. Sind wir doch immer gewohnt, nach der Uhr zu leben. Das gibt es hier nicht. Es ist vollkommen egal, wie spät es ist. Sollte sich etwas nicht ausgehen oder gefiel es mir an einem Platz, dann blieb ich eben da – egal. Was müssen das doch früher für glückliche Menschen gewesen sein. Kein Zeitdruck; heute, morgen oder nächste Woche – egal, das waren nur Worte und Begriffe. Wir fühlen uns unsicher, wenn kein Druck mehr da ist. Da sind wir nicht sicher, ob alles okay ist. Wir blicken ständig auf die Uhr oder das Handy oder hören die Zeitansage im Radio, immer wissen wir, wie spät es ist, und der Tag ist bereits eingeteilt. Ich glaube, manche Menschen hätten Entzugserscheinungen, wenn sie nicht dauernd auf die Uhr schauen könnten oder das Handy in Händen hielten. Diese Angst, etwas zu verpassen, schreckliche Vorstellung. Nachrichten haben früher Tage, Wochen und Monate gedauert. Heute muss jeder immer und sofort und überall erreichbar sein. Anfangs war es schwer, darauf zu verzichten und dabei so locker und unbekümmert zu sein. Jetzt hatte ich kein Problem mehr damit, ich begann mich daran zu gewöhnen, und es war schön. Eine unerwartete Ruhe breitete sich aus, die mit jedem Schritt intensiver wurde. Anfangs war auch noch die Aufregung da, was würde sein, wo bekäme ich eine Unterkunft. Was würde passieren, wenn kein Zimmer frei wäre, wenn es mir nicht gut ginge, ich mich verlaufe, oder … usw. Das war nun vorbei. Ich ging einfach dahin, sah viel, lernte, beobachte und genoss. Irgendwie würde es immer weiter gehen.

Ich hatte damals, nach 22 Jahren Ehe, auch gedacht, die Welt gehe unter, als ich mich von meiner ersten Frau trennte. Ich weiß bis heute nicht, warum das damals passiert war. Meine Steuerberaterin hatte mich aufmerksam gemacht. »Du, da stimmt was nicht!«, hatte sie eines Tages zu mir gesagt. Sie war mir damals eine sehr große Hilfe – die einzige Frau, mit der ich Nächte verbracht habe, ohne schlechtes Gewissen haben zu müssen. Ich bin dann mit ihr »graben« gegangen in den Belegbergen und Abrechnungen. Beide Geschäfte gingen nicht so schlecht, meine Außenarbeiten brachten auch genug, und trotzdem war kein Geld da, Klagen, Mahnungen und Exekutionen gaben sich die Hand. Nach langem Suchen und Rechnen kamen wir dahinter: Es wurde regelmäßig Geld abgezweigt. Wie lange schon, ließ sich nicht so leicht nachvollziehen. Aber es war eine größere Summe. Natürlich begann ich, meiner Frau Fragen zu stellen. Schließlich war sie ja für die Geschäfte verantwortlich gewesen. So wenig wie ich Lügen vertrage, so sicher erkenne ich, wenn mich wer anlügt. Ich beobachte immer die Augen. Sie sind für mich das Tor zur Seele. Langer Rede kurzer Sinn: Da ich alleine die Geschäfte nicht führen und gleichzeitig auf Montage sein konnte, schloss ich beide Geschäfte, verzichtete auf das ganze Interieur und zahlte meine Angestellten aus. Zum Glück hatte ich nur Bankschulden durch einen Umbau in einem Geschäft, packte meine persönlichen Sachen aus unserer Wohnung in mein Auto. Ich reichte die Scheidung ein und stellte meine Frau vor die Wahl: entweder eine rasche Scheidung, einvernehmlich, ohne Forderungen und ohne schmutzige Wäsche zu waschen, oder einen Umweg zum Polizeikommissariat und dann zum Gericht. Eine Stunde später waren wir getrennt. 1800 Schilling Gebühren, und 22 Jahre waren Geschichte.

Meine Mutter war wahrscheinlich als Einzige froh über diese Entscheidung? Sie hatte meine erste Frau nie gemocht. Weil sie um die zehn Jahre älter war. Mich hatte das nie gestört. Mit 16 hatte ich sie kennengelernt. Sie wohnte bei uns im obersten Stock, wir im ersten. Ihr Mann war der Sohn des Hausverwalters. Nachdem sie öfters blau geschlagen und weinend zu meiner Mutter kam und Trost suchte, hatte ich immer heftiges Mitleid mit ihr. Ihr Mann war Alkoholiker. Schreckliche Szenen spielten sich da öfters ab. Bis sie sich scheiden ließ. In der Wohnung blieb sie. So begann unser Verhältnis, zuerst freundschaftlich, dann immer intimer. Klar, als Bursch will man ja was lernen. Es war teuflisch gut, in ihren Armen zu liegen und eine Frau zu spüren. Nicht ein unerfahrenes Mädchen, das vielleicht selbst Angst hatte. Ich zog bald vom ersten in den obersten Stock, was meine Mutter überhaupt nicht verstand und wogegen sie ankämpfte. 22 Jahre lang waren wir ein Paar, hatten einen Sohn und viel zu arbeiten. Die Zeit beim Bundesheer und meine Lehre vergingen. Eine schöne Stelle hatte ich in der Bundesparteileitung bekommen, trotz meiner Jugend wurde ich Organisationsreferent der A 2000. Ich verließ dieses ehrwürdige Haus später, weil ich mich in einer Vereinigung einschreiben lassen sollte, was ich nicht wollte. Die Parteibuchwirtschaft ging mir gegen den Strich; ich war einige Zeit Geschäftsführer, hatte viele Berufe der unterschiedlichsten Art, absolvierte Kurse in Technik und Informatik und eröffnete mit 22 Jahren und meinem Urlaubsgeld im 16. Bezirk mein erstes Geschäft. Einige Jahre später im 12. Bezirk das Zweite. Da blieb schon die Familie manchmal auf der Strecke. Heute verstehe ich manches besser. Die zehn Jahre Unterschied waren es, die meine Frau sagen ließen, was habe ich noch zu erwarten, war das schon alles? Nur Arbeit und aufbauen, wo bleibt das Leben? Sie hätte es offener mit mir besprechen sollen. Das Schweigen in Beziehungen, auch wenn man der Ansicht ist, alles besprechen zu können, wird verursacht durch die Angst, erpressbar oder verletzbar zu werden. Auch ist die Monogamie für uns Menschen offensichtlich eine ungeheure Zumutung. Im Schwur »Bis dass der Tod Euch scheidet« ist schon der Wurm. Die Garantie, das augenblickliche Hochgefühl die nächsten zig Jahre zu halten, ist Wunschdenken. Mit diesem Schwur geht ein wichtiger Teil des freien Willens flöten. Der Tod kommt ins Spiel und bringt die Lüge mit.

Die Zeit schmilzt Teile der Liebe weg. Anderes tritt an ihre Stelle. Es muss nichts Schlechtes sein. Aber der Prozess ist meist einseitig und bleibt lange Zeit verborgen. Im Falle meiner ersten Ehe war es ein Mangel an Vertrauen, der durch das Abzweigen von Geldern schließlich bestätigt wurde. Eine Zusammenarbeit mit einem Menschen, dem ich nicht vertrauen kann, ist für mich nicht vorstellbar. Unnötig zu erwähnen, dass meine Exfrau vier Wochen später wiederverheiratet war. Was ihr aber kein Glück brachte, weil ihr neuer Ehemann kurz danach ins Gefängnis musste. Ich fand eine Unterkunft außerhalb von Wien für eine horrende Miete. Eine 22 Quadratmeter große Wohnung zum Preis von einer Sechszimmerwohnung. Aber in der Not hatte ich keine Zeit, lange zu suchen. Ich musste mir auch einen Job suchen. Ich fand auch einen, in einer ganz anderen Branche, nicht unbedingt, das was ich in meinem Leben angestrebt hatte: in einer großen Reinigungsfirma. Ein Objektleiter für ein großes Kaufhaus wurde gesucht. Ich bekam den Posten und ein nettes Gehalt dazu. Was ich nicht wusste, war, dass in dieser Branche ein 12-bis-18-Stunden-Tag normal ist. Frustriert von allem, was weiblich war, hatte ich fast immer miese Laune. Arbeitete wie verrückt, Tag und Nacht. Die Firmenleitung war begeistert von so einem Angestellten. Ein Erfolgserlebnis nach dem anderen brachte mich in die Position des Projektleiters. Chef, Prokurist und zwei Projektleiter. Die halbe Mannschaft, 320 arbeitende Seelen standen unter meinem Kommando. Pech, das ich hatte, bekam ich die größten Objekte. Vor allem jene, die auch zum Wochenende und an Feiertagen in Betrieb waren. Selbst aussichtslose Kunden blieben mir treu. Erfolgsprozente, Bonuszahlungen, Prämien, es war fast unheimlich. Während andere Fluktuationen bei Arbeitern hatten, wollte jeder bei mir arbeiten und auch nicht mehr weg von meiner Gruppe. Kaufhäuser, Spitäler, Messegebäude, große Einkaufszentren, Großkinos. Wo früher drei Firmen zugleich gearbeitet haben, erledigte ich das mit meinen Leuten allein. Richtig warm wurde mein Bett nie. In der Firma hatte ich alle Rechte. Es war wirklich zu schön, um so weiterzugehen. Ich hatte am Rand von Wien in einem Einkaufstempel ein eigenes Büro. War einer der ersten Angestellten mit Mobiltelefon. Ein klobiges Trumm, schwer, und das Netz noch nicht so gut wie heute. Unsere Firma scheute keine Kosten, um bei den Kunden Eindruck zu schinden. Selige Erinnerungen stiegen in mir hoch. Aber auch weniger schöne. Das war eine Zeit gewesen, in der Langeweile ein Fremdwort war. Ein jähes Ende dieser Glückssträhne kam 1994 mit dem ersten Herzinfarkt in einer großen Einkaufscity am Südrand von Wien um 8 Uhr abends.

Während ich so dahin sinnierte, kam der nächste Ort in Sichtweite: **Trasvia**. Noch drei Kilometer bis **San Vicente de la Barquera**. Einen Kaffee hatte ich mir redlich verdient, dazu wie üblich eine Flasche Wasser. Zum Essen gab es hier nichts, aber das Wasser füllte auch den Magen. Die drei Kilometer waren in einer Stunde erledigt, und ich sah die Herberge. Natürlich unter geistlicher Führung. Keine Unterkunft zum Wohlfühlen, eher zum Reinigen. Solche Herbergen sind schuld, wenn man in ein Hotel wechselt. Angeblich werden am Camino Primitivo die Herbergen von der Guardia Civil kontrolliert. Auch die Preise und die Ausführung der Pilgermenüs. Diese sind auf 8,50 Euro limitiert und müssen einen gewissen Umfang haben. Hier im Norden wird das anscheinend nicht praktiziert. Normale Menüs kosten das Doppelte und bestehen nur aus Vorspeise und Hauptspeise. Also für 15 bis 19 Euro sitze ich bei uns schon in einem noblen Restaurant. Noch dazu ist das Essen hier meistens mies.

Diesmal schlief ich im Bett mit Schlafsack, weil ich Angst vor Ungeziefer hatte. Die 10 Euro war diese Unterkunft nicht wert. Außer Weißbrot gab es nichts zu essen. Na gut, mit Wasser ergab das auch ein Nachtmahl. Bin ja schließlich nicht auf Urlaub hier. Ich sollte noch zum Abendgebet kommen, war aber zu müde. Um 5 Uhr stand ich auf, die üblichen Morgenexerzitien wie Zucker und Blutdruck messen, Medizin nehmen, und ab die Post. Zum Frühstück gab es überraschenderweise ein Glas Milch. Dazu Weißbrot. Das Morgengebet verpasste ich »leider«, weil ich schon unterwegs war. Der Camino verlief diesmal nur entlang der Landstraße. Ausläufer vom Meer neben mir, Schlick und Morast. Nicht viel Verkehr, da sich 100 Meter parallel zur Landstraße die Autobahn befand. Trotzdem wurde ich am Asphalt müder als auf Naturwegen. Nach drei Stunden kam ich irgendwo zwischen **Unquera** und **Bustio** zu einem Campingplatz. Hier gab es ein Bistro und schon einige verwegene Camper. Der Weg verlief jetzt fast direkt an der Küste. Leider auch nur auf und ab. Ein kalter Nordwind vom Atlantik bereite mir trotz kurzer Sonnenphasen eine Gänsehaut. Ich legte eine kurze Pause ein, zum Luftschnappen und um den Beinen etwas Erholung zu bieten. Nach weiteren fünf Stunden war ich in **Llanes**. Das Gehen wurde zu einem automatisierten Vorgang. Ich dachte jetzt nicht mehr daran, ich ging einfach. Die Füße bewegten sich irgendwie allein, nur das Gewicht am Rücken erinnerte mich an die Realität. Die Gedanken an die Vergangenheit kamen immer wieder. Eigentlich hatte ich viel erlebt. Kunterbuntes in allen Schattierungen. Aber das war nicht nur mein Privileg. Jeder hat seine Geschichten zu erzählen.

Gleichsam im Takt meiner Schritte tauchten Bilder auf und verschwanden wieder. Dabei wären sie wohl geblieben, hätte ich sie nicht rasch verpackt und zur Seite geschoben. Doch eigentlich war es gar nicht so. Ich erinnere mich an das eine Spiel, in dem man mit einem Hammer die kurz aus einem Lochbrett auftauchenden Köpfe zurückschlagen muss. Ja, das stimmt eher. Was war das für ein Leben, ständig bemüht, Ordnung in das Chaos zu bringen? Ein Bild zu erhalten, das man überblicken und verstehen kann. Befriedigende Antworten auf unzählige Fragen zu bekommen. Die Sinnfrage zuallererst. Meine Schritte stampften den wilden Krautgarten in einer Tonne. Dieser Vergleich gefiel mir. Erfahrung als Nährboden für Besseres. Schritt für Schritt für Schr…

Der abgedroschene Spruch »Der Weg ist das Ziel!« drängte sich auf, den konnte ich aber im Augenblick gar nicht brauchen.

Ich war mir noch nicht im Klaren, ob ich über den Verlauf meines Lebens froh sein sollte oder betrübt. Ich musste ihn so nehmen, wie er gekommen war. Ob meine Entscheidungen immer richtig waren, wusste ich nicht. Wie sich mein Leben anders entwickelt hätte, was für Überraschungen auf mich gewartet hätten, wären meine Entscheidungen anders gewesen, das blieb unbeantwortet. Das Zitat meines Opas hatte ich wieder in den Ohren: *Sinnlos nachzudenken über Dinge, die du nicht ändern kannst!* Ich musste mich auf das Jetzt und Heute konzentrieren und versuchen, die zukünftigen Weichen richtig zu stellen. Immer ausloten, was geschieht, wenn ich nach rechts gehe, und was, wenn ich mich für links entscheide.

Die Vertreibung aus dem Paradies der instinktgesteuerten Existenz hat viele Millionen Jahre in Anspruch genommen. Der Satz »Ich leide wie ein Tier« hat unbedingt Gültigkeit. Die Möglichkeiten des nahezu freien Willens öffnen die Tore zu Himmel und Hölle. Arme Menschheit, die glaubt, das eine durch das andere zu erreichen, oder sie verwechselt einfach die Türen. Opa war der Meinung, die Philosophie schaue zwar über die Nasenspitze hinaus, verändere aber nichts im Gesicht. Voraussicht sollte über die Nasenspitze hinausgehen. So wie eins und eins gleich zwei ist, kann man mit etwas Logik Fehlerquellen bedingt eingrenzen.

Es begann wieder leicht zu regnen. Ich konzentrierte mich auf meinen Weg. Der Boden wurde schlüpfrig, und ich rutschte dauernd hin und her, was das Gehen noch anstrengender machte. Immer wieder erfasste mich ein Schwindelgefühl, das mir etwas Angst bereitete. Vielleicht trank ich zu wenig? Ich hatte mir zwei große Flaschen Wasser mitgenommen, aus einer nahm ich gleich einen großen Schluck. Ich versuchte, alle störenden Gedanken beiseite zu schieben und mich nur auf Atmung und Rhythmus zu konzentrieren. Diese Walking-Stecken waren das Unnötigste, was ich mitgenommen hatte. Anscheinend verfiel ich irgendwann in eine Art Trance. Mein Körper bewegte sich wie ein Roboter. Alles, was ich wahrnahm, waren Wurzeln, Gräser, Äste, Wasserlaken und Ähnliches. Das hieß, mein Blick war nur auf den Boden gerichtet. Ich wurde erst wieder aufmerksam, als ich in **Ribadesella** war. Es war dunkel geworden. Ein Blick auf die Uhr, 20:20. Circa 27 Kilometer in etwa sieben Stunden, das war für mich meisterlich. Erst als ich unter der Dusche stand und anschließend in der Waagrechten war, spürte ich meine Beine wieder. Mein Gott, höllisch, diese Schmerzen in den Waden und auf der Sohle. Obwohl ich täglich meine Füße mit Hirschtalg verwöhnte und sie eine Haut wie die eines Kinderpopos hatten, waren sie heute rot und heiß. Die Waden krampften fürchterlich. Wahrscheinlich Durchblutungsstörungen. Die Wirbelsäule war anscheinend schon bewusstlos. Tja, 66 Jahre sind eben nicht mehr jugendlich. Man spürt das gewaltig bei solchen Unternehmungen. Erschöpft fiel ich in einen tiefen, traumlosen Schlaf. Morgens die übliche Prozedur. Erschreckt stellte ich fest, ich hatte abends meine Tabletten nicht genommen. Das war eine Todsünde. Ich hatte es ehrlich vergessen, war offenbar zu erschöpft gewesen. Das wird hoffentlich keinen Schaden nach sich ziehen. Da verstehen die Doktores keinen Spaß. Der Immunspiegel sollte immer etwa gleich sein. Um punkt 6 Uhr saß ich beim Kaffee und einem Mixto. Ein längliches Gebäck mit Serranoschinken, billig und gut. Lust zum Weitergehen hatte ich eigentlich überhaupt nicht. War noch zu müde von gestern. Mit einem jungen Mann kam ich ins Gespräch über das spanische Königshaus.

Selbstredend waren auch hier alle Fernseher an. Er sprach ganz gut deutsch. Sein Akzent war ein »deutsches« Deutsch. Er hatte einige Zeit in Berlin gearbeitet. Recht nettes Gespräch, bis ich meinte, tut mir leid, aber der Weg ruft. Ich solle mich nicht hetzen, meinte er, er nehme mich ein Stück auf dem Motorrad mit. »Mit meinem Gepäck?!« Ich dachte, das könne nicht gut gehen mit dem riesigen Rucksack. Doch es ging. Ich lud meinen Gönner zu einem Kaffee ein und ließ mir gleich den Pass im Lokal abstempeln. Bei der Fahrt hatte ich ein recht ungutes Gefühl. Ich weiß, beim Motorradfahren hat man als Sozius wie ein Paket sitzen zu bleiben. Sorge machte mir der Gedanke, Spitzenkräfte des internationalen Motorsports waren neben Italienern auch Spanier. Ich glaubte, so ein Spitzenass zog die Maschine und mich natürlich gekonnt durch die Kurven, indem er das Bike in einem atemberaubenden Winkel und Tempo an den Asphalt schmiegte. Ich krallte mich an den Fahrer wie ein Koalababy an seine Mama. Hatte ich Angst? Aber ich doch nicht! Oder doch? Ein aufregendes Gefühl war es allemal, aber kurz danach war ich in **Villaviciosa**. Die halbe Strecke nach Gijón. Mit einem Dankeschön und guten Wünschen verabschiedeten wir uns. Nur mehr 26 Kilometer bis Gijón. Eine Station gewonnen. Im Ort fielen mir zwei verschiedene Geschäfte auf, wie es sie leider bei uns nicht mehr gibt. Eine Eisenhandlung und ein Korbgeschäft. Von solch einer vielfältigen Auswahl können unsere Supermärkte[15] nur träumen.

Durch eine waldreiche hügelige Landschaft mit etwas Landwirtschaft ging ich weiter in Richtung **Gijón**, oder **Xixon**, wie man es auf Baskisch schreibt. Ja, meine Geschäfte, das waren noch Zeiten! Ich dachte damals, alles verkaufen zu müssen. Leider spielten da die Räumlichkeiten nicht mit. Ich war ja noch sehr jung als Unternehmer. In meinem Geschäft im 12. Bezirk gab es Drogerie-, Papier- und Eisenwaren, Baustoffe, Brennstoffe, Tapeten, Teppiche, Farben, Gartenartikel, Getränke, Künstlerbedarf und Modellbau. Im 16. Bezirk gab es das Gleiche, nur keine Gartenartikel. Dafür hatte ich dort eine Kakteensammlung von über 270 Stück. Mein Prinzip in den

[15] Bild 18

Geschäften, »Geht nicht – gibt es nicht!«, versuchte ich so weit wie möglich einzuhalten. Darum fand man auch in meinen Geschäften die unmöglichsten Utensilien, die sonst niemand hatte oder die nur schwer zu bekommen waren. Ich lernte auch ununterbrochen dazu, machte Kurse, studierte am WIFI Transistortechnik, weil es mich interessierte und ich Modelleisenbahnen mit Elektronik umbaute, lernte später Computersprachen und Programmieren. Das alles nebenbei. In den 1970er und 1980er Jahren war CB-Funk aktuell, natürlich musste ich dabei auch mitmachen. Lernte dadurch Leute kennen. Mit anderen Funkern stand ich mit dem Auto manchmal nachts am Kahlenberg und funkte mit einem Frachter aus Griechenland, so lange, bis die Polizei kam und wir fluchtartig die Position verließen, weil die Geräte stärker als erlaubt waren. Wir wurden zum Glück nie erwischt.

So konnte ich von vielem etwas, aber nichts ganz. Dazu fehlte mir die Zeit. Aber man konnte ja fragen. Meine unbändige Wissbegier hatte etwas Hastiges an sich, vergleichbar mit einem Kind, das unter dem Weihnachtsbaum nicht mehr aufhören kann, die Geschenke aufzureißen. Der Inhalt interessierte es zwar, und es war auch freudig, Neues zu entdecken, wendete seine Aufmerksamkeit aber stets sogleich dem nächsten Paket zu. Diese Rastlosigkeit des Verschlingens so vieler Möglichkeiten und Angebote hatte etwas Betäubendes an sich. Ich musste mich fragen, wovor ich eigentlich davonlief. Damals konnte oder wollte ich auf diese Frage keine Antwort finden. Und heute? Wovor lief ich heute davon? Redete ich mir wieder ein, es gebe ein lohnendes Ziel? Heute war ich ruhig, ja beinahe heiter. Die Untiere meiner Vergangenheit schliefen friedlich. Ich trug sie bloß an einen Ort, wo sie weiterschlafen konnten, während ich mich auf den Weg nach Hause machte. Nach Hause! Was für ein schöner Gedanke …

Mittlerweile war es 20 Uhr geworden. Vor lauter Erinnerungen hatte ich die Zeit vergessen und bemerkte jetzt erst, wie dunkel es war. Die Autos hatten alle schon Licht an, und die Sonne war schon untergegangen. Gerade noch ein leichter rosa Schimmer erhellte den Himmel. Die Konturen der schwarzen Wolken hoben sich vom grauen Hintergrund ab. Ich war in Gijón angekommen. Eine größere Stadt empfing mich mit dem üblichen Lärm. Ehrlich, ich war zu faul und zu müde, die Unterkunft zu suchen. Meine Beine waren reif zum Wegschmeißen. Ein Taxi brachte mich zur richtigen Adresse. Ich hätte dort nie im Leben hingefunden. Ganz versteckt in einem kleinen Viertel von Gijón war die Hospedaje. Kaum war ich im Zimmer: Duschen, Pulver nehmen – damit ich es nicht nochmals vergesse –, umfallen und Ende.

27. Mai, 5:30 Uhr. Die Welt hatte mich wieder. Obwohl ich wie ein Stein geschlafen hatte, war ich noch müde. Alles tat weh. Rücken, Beine, Hüften, Füße. Ich war nicht sicher, ob das alles mir gehörte. Einige verunglückte gymnastische Versuche ließ ich gleich wieder bleiben, begnügte mich mit Zähneputzen und Anziehen. Beim Frühstück dachte ich über mein Unterfangen nach. Hatte das Ganze überhaupt einen Sinn? Wozu trieb ich diesen Aufwand? Ich hatte in meinem Leben viel und schwer gearbeitet. Einiges durchgemacht, Abstürze und große Enttäuschungen erlebt. War jetzt in Pension, hatte vom Schicksal ein paar feste Ohrfeigen bekommen. Warum bleibe ich nicht einfach zu Hause? Beschäftige mich im Garten wie andere Pensionisten auch, verbringe die Zeit mit Fernsehen, Spazierengehen, Kaffeehausbesuchen, Modelleisenbahn, Briefmarken, Musik usw., besuche gemütlich meine Freunde oder gehe in ein Museum? Nein, ich Volldepp gehe nach Spanien auf den Jakobsweg. Kilometer durch die Pampa stapfen, bei Regen und ungemütlichem Wind. Kein vernünftiges Essen. Immer in fremden Betten schlafen. Nicht wissen, was ist morgen. Unnötig Geld ausgeben, nur weil man sich etwas eingebildet hat. Das ist mehr als verrückt. Ein schöner Familienurlaub wäre das gewesen. Ich war wieder einmal frustriert und richtig böse auf meine Entscheidung. In so einer Laune wird eben alles infrage gestellt.

Ich blieb zwei Tage in Gijón. Eine interessante Stadt. Hatte aber keine Lust zu einem Stadtrundgang. Nur zum Meer wollte ich. Dort hatte ich eine Kirche ausgemacht. Das Wetter zum Heulen. Es war nur nass und kalt. Auch die wunderschönen Mosaikböden[16] auf den Straßen und

[16] Bild 19

Plätzen konnten meine Laune nicht bessern. Ich wollte schauen, ob die Kirche offen war. Tatsächlich war sie es, aber … kein Eintritt. Wo gibt's denn so was, kein Eintritt in eine Kirche? Es war keine Geistlichkeit, die mich zurückwies. Ein Mann vom Sicherheitsdienst versperrte mir den Weg. Da sah ich auch schon, warum. Vermutlich hochrangige Persönlichkeiten gaben sich hier heute das Jawort. Überall Uniformen und viel Gold auf den Aufschlägen? Einen Uniformierten[17] wollte ich fotografieren, da hatte der Sicherheitsmann aber vehement etwas dagegen. Der war mir sehr unsympathisch, was ich ihm auch sagte. Es berührte ihn nicht, da er mich nicht verstand. Wahrscheinlich hätte ich ihn alles Mögliche heißen können. Ich wollte das Ende der Zeremonie nicht abwarten und begab mich auf den Heimweg. Nicht aber, ohne doch noch heimlich ein Foto gemacht zu haben. Meine Beine wollten einfach nicht mehr. Gerade noch in der Stadt etwas herumschlendern, Auslagen anschauen, ich hatte ja keinen Ballast am Rücken. Am Hafen kaufte ich für meinen Freund Günter, den alten Seebären, ein kleines Segelboot. Sollte er das jemals lesen, den Seebären verziehe er mir, aber »alter«, nein, ewige Verdammnis über mich. Unmengen an Schinkenbeinen gab es in manchen Auslagen zu bestaunen. Hier bekam man fast ein halbes Kilo um den Preis, für den man in Wien hundert Gramm bekommt. Im Zimmer nahm ich die Dusche dankbar an, »pulverte« meine Medizin, trank eine Flasche Wasser komplett leer und schlief wie ein Neugeborenes an der Mutterbrust.

Tags darauf, den 29. Mai um 6 Uhr, ging es los nach **Avilés**.

[17] Bild 20

8 Avilés – Cudillero – Novellana – Ballota

Die 25 Kilometer waren bis 16 Uhr geschafft. Ich dachte an den LKW, der mich bis hierher mitgenommen hätte. Einige Tage und viele Kilometer hätte ich mir erspart. Wo er wohl schon wieder unterwegs war? Angeblich war Schweden sein nächstes Ziel, soweit mich mein Gedächtnis nicht im Stich ließ. Schon wieder schwelgte ich in Erinnerungen. Ein richtiges Vagabundenleben. Mit zig Tonnen durch die Länder rollen. Im Führerhaus schlafen. Mein Gott, tolle Zeit, wenn man jung und solo ist. Da konnte man sagen: »Mir gehört die Welt.« So einen extremen Zeitdruck wie heute hatten wir Fernfahrer früher allerdings auch nicht. Es war überhaupt eine Geschichte, wie ich zu dem Beruf kam. Ich war damals in der Bundesparteileitung Wien als Organisationsreferent angestellt. Das mit 21 Jahren. Meine Aufgabe war es, drei gleiche Ausstellungen zu machen über das Jahr 2000, über Elektronik, Computer und was sich so alles wie entwickeln wird. Es waren damals noch 30 Jahre Zeit bis dahin, doch Parteien wollen immer zeigen, dass sie die Zukunft im Griff haben. Wer erinnert sich schon, was vor 30 Jahren gesagt wurde. Mit einem Professor der Kunstakademie erarbeitete ich diese Ausstellungen. Auf großen transportablen Wänden waren Informationen in Form von Tabellen, Fotos, Berichten usw. aufgezogen. In einer zwei Meter langen Röhre aus Pappe stand ein Diaprojektor mit einem Karussellmagazin, der automatisch Bilder auf eine Milchglasscheibe projizierte, weiters eine Mondstation im Modell usw. Das alles in dreifacher Ausfertigung. Im Vogelsangheim im 12. Bezirk waren das Atelier und die Werkstatt. Der Professor sah mir mit Argusaugen über die Schulter, gab da und dort Tipps, war schließlich doch mit meiner Arbeit zufrieden. Dann kam die Frage, wie bekommen wir diese Ausstellungen durch Österreich und zwar so, dass an jedem Wochenende an drei Orten gleichzeitig eine Ausstellung stattfindet? Die gesamten Exponate hatten zusammen schon ein enormes Gewicht, und der Platzbedarf war auch nicht ohne. Also ein größerer LKW musste es schon sein. Spedition? War meine erste Idee. Ich bekam die Aufgabe, mich ans Telefon zu hängen und zu organisieren. Stundenlange Gespräche folgten, ich gab Erklärungen, wie und was und warum oder warum nicht. Nach zwei Tagen hatte ich alle Unterlagen beisammen und meldete mich bei meinem Chef. Der sah sich das alles in Ruhe an, fragte dies und das, klappte die Mappe zu und meinte, viel zu teuer. Ich hatte es mir gedacht, die billigste Spedition war schon mit 2,5 Millionen Schilling dabei. Na gut, was dann? Meine Idee: Wir kaufen einen günstigen LKW und stellen einen Fahrer ein. Auch gut. Nächste Aufgabe: LKW besorgen. Als hätte ich nie was anderes getan, ging ich einen kaufen. Keinen blauen Dunst, worauf ich hier zu achten hatte. Mein Bauchgefühl war gefragt. Beim dritten Händler stand ein LKW mit überlanger Ladefläche. Ein Mercedes LP 383 Kurzschnauzer. Sah beeindruckend aus. Wurde fotografiert, ich nahm sämtliche Unterlagen und ging zum Boss. Auch ihm gefiel, was er da sah. Er hatte auch Ideen, was noch zu verzieren wäre. Das war sicher das kleinste Problem. Der Preis war ebenfalls akzeptabel, also wurde der LKW gekauft und zum Lackierer gebracht, mit den Angaben, was zu machen sei. So war ich das Objekt los und konnte mich neuen Aufgaben … Neee. Denkste. Frage an mich: »Haben Sie jemand mit LKW-Schein, der diese Fahrt übernehmen kann?« »Sorry, ich kenne niemanden, leider.« »Gut, dann machen Sie den LKW-Schein und fahren!« Drehte sich um und ging. Das war so wie eine Bestellung im Gasthaus: »Bringen Sie mir das Schnitzel aber nicht mit Kartoffelsalat, sondern mit Grünem!« Ich hätte mich gerne im Spiegel gesehen. Der Gesichtsausdruck musste eindrücklich gewesen sein. Erst dachte ich, ich hätte mich verhört, dann, dass das sicher ein Scherz war, aber langsam wurde mir bewusst, der meinte das voll im Ernst. Jetzt war es an mir, leichte Panik zu bekommen. Außer mit Fahrrad und Moped hatte ich überhaupt keine Praxis auf der Straße, und jetzt sollte ich Tausende Kilometer monatelang durch Österreich fahren mit einem riesigen

LKW? Das konnte nicht gut gehen. Während ich leicht feuchte Hände bekam, meldete sich mein Großvater mit einem seiner Sprüche: »Du weißt nie, was du kannst, wenn du es nicht versuchst!« Meine künftige erste Frau, die ich ja damals schon kannte, war nicht sehr erfreut über meine Reise. Ich machte den Führerschein und, da es auf Kosten der Partei ging, den fürs Motorrad gleich mit dazu. Die Prüfung schaffte ich auf Anhieb. Am übernächsten Tag stand ich mit dem LKW in zweiter Spur vor dem Verkehrsamt, um meinen Führerschein zu holen. Wo sollte ich auch sonst dort stehen bleiben? Als ich zum Auto kam, stand bereits ein Wachmann davor und wollte schon schreiben. Als er mich sah, funkelten seine Augen, und ich musste ein Donnerwetter auf mich niedergehen lassen. Was ich mir einbilde, in zweiter Spur behindernd usw. Er wollte die Papiere sehen. Also den Zulassungsschein hatte ich im Führerhaus, den Führerschein hatte ich noch ungefaltet ganz neu in meiner Hand. Seine Augen wurden groß, und unausweichlich kam die Frage: »Ist der neu? Wie sind Sie hierhergekommen? Etwa ohne …?« Ich senkte verschämt meinen Blick; innerlich musste ich mich eisern zurückhalten, um nicht laut brüllend loszulachen. Der Polizist wusste gar nicht, was er von so viel Frechheit halten sollte. Ich solle blitzartig einsteigen und mich schleichen, das war alles, was ihm einfiel. Ja, damals waren auch Polizisten ganz anders als heute. Sie waren verständnisvoller und doch Respektspersonen. Heute fehlt ihnen beides. Das war am 3. Oktober 1968. Ich kam erst im August des nächsten Jahres wieder nach Wien. So wurde ich denn ein Kapitän der Landstraße. Ein Job, der Spaß macht, solange man ungebunden ist und genug Abenteuerlust mitbringt. Eines habe ich erfahren, zwei PKWs haben manchmal keinen Platz, aneinander vorbeizufahren – zwei LKWs an der gleichen Stelle immer. Die Brummifahrer sind eine eigene Familie. Da lässt dich keiner hängen. Zumindest war es damals so.

Mittlerweile war ich also in **Avilés** und sah zum letzten Mal eine Herberge von innen. Für 40 Personen ein WC und eine Dusche. Nein danke. Das war mir doch zu viel. Selbst wenn ich auf einer Parkbank schlafen müsste, hier hielten mich keine zehn Pferde. Ich suchte mir eine andere Unterkunft. Fand auch eine Hospedaje im Zentrum. Einfach, aber sauber für nur 5 Euro mehr. Und mit eigenem WC und Dusche. Niemand da, der seinen Blähungen freien Lauf ließ oder Schnarchkonzerte in allen Stimmlagen und Rhythmen gab.

Avilés machte auf mich den Eindruck einer richtigen Industriestadt. Keine besonderen Spaziergänge gab es zu unternehmen, auch das Wetter war nicht gerade einladend. Eines fiel mir immer wieder auf, sehr schöne und gepflegte Parkanlagen gab es hier in Spanien, wie schon erwähnt, alle mit irgendwelchen Sportgeräten für Jung und Alt. Wieder in meinem Zimmer, hörte ich durch meine Loggia Musik. Johann Strauss, als Wiener erkannte ich das natürlich sofort. Man mag über Johann Strauss Vater und Sohn sowie die anderen Musikschaffenden dieser Epoche denken, wie man will, aber die Einladung dieser Musik zu Heiterkeit und Humor gegen die Widrigkeiten des Alltags passt überall hin und ist immer modern. Ich öffnete das Fenster und schaute mich um, sah aber nichts. Doch irgendwo in der Nähe musste eine Veranstaltung sein; ich hörte Leute applaudieren, neugierig war ich schon, aber doch zu müde, um nochmals auszugehen. Ich machte, dass ich ins Bett kam. Einige Mails erledigte ich noch am Laptop, und gute Nacht.

Ausgeruht ging es am nächsten Tag um 5:30 Uhr Richtung **Cudillero**. Unnötig zu sagen, dass es ohne Unterbrechung den ganzen Vormittag regnete. Die Pelerine schützte mich und das Gepäck vor dem Regen, jedoch begann ich darunter zu schwitzen wie in der Sauna. Grausam. Ich machte noch einen Abstecher zur Kirche, die natürlich auf einem Berg stand und, was sonst und selbstverständlich, geschlossen war. Erste Messe um 9 Uhr. Das nenne ich stressige Arbeit. Ein sehr gediegen aussehendes Kaffeehaus erweckte meine Aufmerksamkeit. Kurz nach 6 Uhr und schon offen. Das war überraschend in Spanien, wenn man sich nicht gerade am Bahnhof oder Flughafen aufhielt. Also, nichts wie hinein in die gute Stube. Es war wirklich sehr exquisit eingerichtet – Ledersitzbänke und Fauteuils, Marmortische nach alter Tradition, im ersten Stock gab es eine Terrasse. Richtig einladend. Mein Outfit und der Rucksack wirkten hier etwas deplatziert. Nach einem kurzen, aber guten Frühstück ging die Wanderung weiter. Die Preise genauso wie überall. Hatte ich da ein leichtes Kopfschütteln beim Ober bemerkt, als ich den Rucksack aufnahm? Ich wollte es eigentlich gar nicht wissen.

Die Gegend, die auf mich zukam oder auf die vielmehr ich zuging, war schrecklich[18]. Steigungen von 30 Prozent und mehr. Die Evolution hatte unseren Vorfahren vor langer Zeit die Paarhufe genommen. Der Weg über besagte Steilanstiege war zum Teil mit tückischen Steinen übersät. Diese teilweise kantigen, aber dennoch rollfreudigen Dinger ließen den Fuß beim kräftigen Anstieg wie auf einem Kugellager nach hinten ausschlagen. Drei Schritte vor, zwei zurück. Das Geriesel ließ mich oftmals wie eine Comicfigur mit rasend durchdrehenden Füßen im Stand rotieren. Wie dumm, neben den Paarhufen auch noch die Vorderläufe verloren zu haben. Es kamen auch Schlammwege, rutschige Bergpfade, Klettersteige, an deren Rand es fast senkrecht hinunterging, nur Sträucher und Äste zum Anhalten. Also, diese Etappe war eine richtige Herausforderung. Mit den beiden Stecken ging es manchmal besser, aber es war richtig anstrengend. Wieder eine Situation, das Ganze nochmals zu überdenken. Den Sinn dieser Reise zu hinterfragen. Was andererseits sinnlos war, ich konnte hier und jetzt ja nichts ändern.

Taxistand und Bus waren zig Kilometer weit weg, und Flügel würden mir kaum welche wachsen. Auch wenn ich noch so grantig war. Ich musste also das Beste aus diesem Umstand machen. Am besten nicht nachdenken, es bringt und ändert absolut nichts. Plötzlich verlor ich die Bodenhaftung, ich rutschte auf einem Stück Holz aus und schlitterte ein Stück den Weg bergab. Ein Stein bremste meine ungewollte Fahrt. Leider genau auf meinem Knie. Ein Schmerz durchzuckte meinen Körper, und ein Aufschrei folgte dem abrupten Stopp. Nicht nur dass meine Hose nun voller Dreck war, ich konnte das Bein kaum bewegen. Ich gebe die Worte, die ich in den Wald schrie, hier nicht wieder. Nicht ganz vornehm waren sie und nicht jugendfrei. Das Plärren half aber nichts. Ich musste irgendwie aufstehen. Dieses beschissene Wetter, die Stecken, der Weg, alles war schuld an meiner

[18] Bild 22

Situation. Inzwischen war fast die ganze Hose nass, das Wasser rann von der Kapuze ins Gesicht und über meine Hals in Richtung Rücken. Ich war dem Verzweifeln nahe. Ich war über Bord gegangen, mitten im Ozean, und sah die Rauchwolke in der untergehenden Sonne hinter dem Horizont verschwinden. Verzweifelt paddelte ich in der leichten Dünung. Rund um mich dehnte sich die Unendlichkeit. Mir wurde schlagartig die Hilflosigkeit und Einsamkeit bewusst.

Es bedurfte einiger Versuche, mich wieder in die Senkrechte zu begeben. Endlich stand ich wieder auf zwei Beinen, wobei das linke mörderisch schmerzte, als ich versuchte zu gehen. Na bravo, und was jetzt? Sollte ich diese Schmerzen bis nach Santiago tragen? Verfluchter Mist auch. Irgendwie schaffte ich es, in die Ebene zu gelangen. Gebrochen war anscheinend nichts. Möglich, dass das Knie blau geworden ist. Durch die Hose, zum Glück war die heil geblieben, konnte ich es nicht erkennen. Einige Schluck Wasser später humpelte ich auf meinem Kreuzweg weiter. Die Kilometerleistung sank rapide nach unten. Für die etwas mehr als 20 Kilometer benötigte ich bis 16 Uhr, fast zehn Stunden. Also, ein Rekord war das sicher keiner. Ich sah aus, als wäre ich aus der Kriegsgefangenschaft geflohen. Dreckig von oben bis unten, mit triefenden Haaren, regelrecht verwahrlost kam ich in Cudillero an. Die Unterkunft der deutschen Jakobsbruderschaft befand sich auf einer extrem abschüssigen Straße. Als ich das Haus betrat, musste ich einen Stock *hinunter*gehen. Verwundert befürchtete ich, die Unterkunft wäre im Keller. Dem war aber nicht so. Aus meinem Zimmer blickte ich noch tiefer hinunter. Der Raum war in kräftigem Violett gehalten, aber nett und gemütlich eingerichtet. Jedoch war es kalt, richtig kalt. *Mir* war kalt. Ich entledigte mich so rasch wie möglich meiner nassen Kleidung, beäugte mein Knie, außer Hautabschürfungen und einer starken Rötung war aber nichts zu sehen. Es tat noch weh, aber wesentlich weniger. Ein heißes Bad beruhigte nicht nur meinen Körper, auch meine Laune hellte sich etwas auf.

Während ich mich im warmen Wasser aalte, legte ich die nächsten Schritte meiner Reise fest. Mit so einem Wetter hätte ich nie und nimmer gerechnet. Man hätte fast glauben können, wir hätten uns verflogen und seien in Alaska gelandet. Keine zehn Grad Ende Mai in Spanien! Glaube das, wer wolle. Doch es war Tatsache. Ich hatte viel zu leichte Kleidung mit und davon viel zu viel. Meine Shirts, Socken und Unterwäsche wurden fast täglich gewaschen und über Nacht getrocknet. Davon muss ich etwas loswerden. Anschließend reinigte ich meine Hose so gut wie möglich. Ich hatte keine Ersatzhose mit, nur ein Paar Shorts. Die passten zu dem Wetter wie die Faust aufs Auge. Unterwäsche, Shirt und Socken wanderten in die Badewanne zum Einweichen, da hatte ich genug Reserve. Die Schuhe konnte ich abwaschen, die waren wasserdicht, und der Schlamm ließ sich so am leichtesten entfernen.

Essbares gab es hier nicht, nur Automatensnacks. Ich erkundete die Umgebung. Ein malerisches Dorf[19], die lieblichen Häuser[20] waren an die Hänge der Berge geschmiegt und … im Regen. Ja, hört der denn hier nie auf? Ich war schon richtig sauer, das war aber Petrus anscheinend egal. Einige andere Pilger traf ich, die ebenfalls in meiner Unterkunft wohnten. Franzosen und Holländer.

In einer Hafenkneipe aß ich eine Suppe, deren Herkunft unergründlich war. Geschmack und Farbe passten überhaupt nicht zusammen. Aber das Warme im Magen tat gut. Der Kellner war etwas verwundert, weil ich nur Suppe aß, aber Menüs für 17 Euro, bei der »vorzüglichen« Küche in diesem Land? Danke nein. Er brachte noch einen Kaffee und ein Mixto als Geschenk. Das war hier so üblich im Norden. Ich hatte meine Reise in Bizkaia begonnen, von dort durch Kantabrien, als nächstes kam Asturien und schließlich Galizien, und bis jetzt war es immer so, dass in einem Lokal, sozusagen als Begrüßung, bei der Erstbestellung ein kleiner Imbiss serviert wurde. Gratis versteht sich. Ein Brauner, hier Café con leche genannt, kostete im Durchschnitt überall 1 bis 1,50 Euro. Ich verglich innerlich die Preise mit Wien. Dazu bekam man hier einen Happen zu kosten, und manchmal gar keine kleinen. Zwei-, dreimal das Lokal wechseln, und man ist mit 3 Euro satt. Die armen Wirte bei uns fürchten sich vor Umsatzrückgang

[19] Bild 23_1
[20] Bild 23_2

wegen Rauchverbot. Hier war das seit Jahren üblich, die Raucher standen draußen. Vor jedem Lokal ein Stehtisch oder ein ausgedientes Fass. Dazu Aschenbecher in den abenteuerlichsten Variationen oder schlicht aus Glas mit eingegossener Werbung verschiedener Getränke- oder Tabakmarken. Hier stand man in sakraler Haltung, hüllte sein Gegenüber in blauen Dunst ein und wurde somit für zwei, drei Minuten oder auch länger zu einer eingeschworenen Rauchergemeinschaft. Es kam zu den typischen Gesten, Körperhaltungen und wahrscheinlich auch zu typischen Gesprächen. Als Ehemaliger war es köstlich, aus dem dunklen Inneren des Lokals das Ritual zu beobachten.

Bevor ich mich wieder in die Unterkunft begab, kaufte ich in einem Chinashop Packpapier und Klebestreifen und ersuchte um eine größere Schuhschachtel. Bei einem Juwelier erstand ich noch ein Souvenir für meine Frau. Man weiß ja nie. Mein Translator half mir hier wirklich. In der Unterkunft packte ich alles, was ich für entbehrlich hielt, in die Schachtel und verpackte diese mit Papier. Anschließend ab ins Bett, wo ich kurze Zeit später einschlief. Am nächsten Morgen, nach der üblichen Prozedur, brachte ich das Paket zur Post. Über vier Kilo gingen nach Vienna. Mehr konnte ich wirklich nicht weggeben. Das kostete sage und schreibe 46 Euro. Anschließend gab's Frühstück. Weil es so kalt war, hatte ich mich für Zwiebellook. Ihn Schicht für Schicht angelegt. Anders war es nicht erträglich. Mein heutiges Tagesziel war **Ballota**.

Aber es kam wieder anders. Ich weiß nicht, wo der Petrus das viele Wasser hernahm. Es schüttete wie verrückt. In den Waldstücken ging es einigermaßen, aber zwischen den Wiesen und Feldern war es grausam. Die Pelerine schützte mich vorzüglich und den Rucksack auch. Die Schuhe waren die paar Euro mehr auf alle Fälle wert gewesen. Absolut dicht. Allerdings rann mir das Wasser über den Rücken durch die Unterhose in die Schuhe. Ich schwitzte wie ein Pferd nach einem Rennen. Kaum lüftete ich die Pelerine, ließ mich der kalte Wind vom Atlantik frösteln. Am liebsten wäre ich zurückgegangen. Aber ich war schon am Abstieg von dem Berg. Der Weg führte an einigen Sumpfgebieten vorbei. Wahrscheinlich war das Meer nicht allzu weit entfernt. Dank dem miesen kalten Wetter gab es glücklicherweise keine

Mücken. Auch das Schlechte hat manchmal Vorteile. Das Gehen fiel mir immer schwerer, ich bemerkte, wie ich zu keuchen begann. Pause. Ein Stein bot sich an. Von einer durchschnittlichen Kilometerleistung war heute wieder keine Rede. Die Landschaft schien regungslos an einem Platz zu verharren. Die Wege zogen sich wie Kaugummi. Um 7 Uhr war ich aufgebrochen, jetzt war es fast 10. Ich hätte den nächsten Ort schon längst erreicht haben müssen. Habe ich mich verirrt? Gott, nein! Jetzt standen mir, trotz Wind, Schweißperlen im Gesicht. Natürlich wie immer, wenn man wen braucht, war niemand da. Klar, keinen Hund jagte man bei so einem Wetter hinaus. Gut, ich war kein Hund, sondern ein anscheinend geistesgestörter Irrer, der sich das selbst auferlegt hat. Da fiel mir auf, ich hatte schon länger kein Caminozeichen gesehen. Hatte auch nicht sonderlich aufgepasst, da es wenig Abzweigungsmöglichkeiten gegeben hatte. Ach Gott, wo war ich. Ich studierte meine Etappenpläne. Nein, ich war sicher richtig. Ich musste richtig sein. Hatte wahrscheinlich die Kilometerangaben falsch eingetragen. Mutig und voll Zuversicht stapfte ich, teils schlitternd und im Schlamm steckend, weiter. Das Knie protestierte immer wieder. Es dauerte noch eine Stunde, bis ich Häuser sah. So ähnlich muss es Columbus ergangen sein, als nach Monaten ein Matrose rief: »Land in Sicht!« Ein altes Bauernhaus mit einem riesigen *granero.* [21],[22] Dahinter weitere Häuser. Nach ein paar Schritten die Ortstafel **Salamir**. Also acht oder neun Kilometer in drei Stunden. Das war schwach. Eine lang gezogene Ortschaft. Bauernhäuser, kleine Einfamilienhäuser, kein Wirt oder ähnliches. Einem Bauern, der vorbeifuhr mit seinem Traktor, tat ich anscheinend leid. Er deutete auf mich, dann auf sein Fahrzeug und sagte: »Novellana?« Dieses Angebot konnte ich einfach nicht

[21] Das sind die üblichen Kornspeicher auf Stelzen. In Asturien, Kantabrien und Galizien üblich, habe ich mir sagen lassen. Ganz eigentümlich, aber bestens durchdacht und teilweise uralt. Vier oder sechs steinerne Säulen tragen das Plateau, auf dem die Wände und das Dach stehen. Damit keine Mäuse hineinkönnen, führt eine Treppe hinauf, meist aus Stein und mit einem gehörigen Abstand zur Platte. Man muss also mit einem großen Schritt hinübersteigen. Knapp unter dem Dach sind schmale Schlitze, wo der Wind durchpfeifen kann. In jeder Provinz sehen sie etwas anders aus. Habe auch schon welche auf dem Wohnhausdach gesehen.

[22] Bild 23_3

abschlagen. Zehn Kilometer bis **Novellana**!

Außer dass es mörderisch kalt war auf dem Hänger und schrecklich ruckelte, war die Fahrt ein Geschenk. Eigentlich wollte ich noch bis nach Ballota. Aber ich war nicht gut drauf. Der nette Bauer verschaffte mir denn auch eine Schlafmöglichkeit bei seiner Nachbarin. Ein altes Mütterchen mit schelmisch blickenden Augen und einem immer freundlichen Blick. Die Mundwinkel zuckten immer leicht, als wollte sie lachen. Ein kleines Kabinett, mit einer Sitzecke. Dort bekam ich ein paar Decken und etwas zu Essen. Das feuchte Gewand hängte sie beim Ofen zum Trocknen auf. Die Waschmöglichkeit war eher bescheiden. War mir aber auch gleich. Meine Pulver beäugte die Oma sehr missbilligend.

Anscheinend vertraute sie der Medizin nicht so richtig. Den Inhalt ihres spanischen Kommentars konnte ich nur ahnen. Mit meinem Translator schrieb ich einige Worte auf, die ich ihr dann zeigte. Ihre Augen wurden immer größer. Sie deutete auf ihr Herz. Ich nickte. Mich überkam das seltsame Gefühl, ein Anrecht auf Belohnung zu haben. Nach diesem katastrophalen Tag, an dem sich die Erinnerung an die Folter der letzten Jahre wieder stärker in den Vordergrund geschoben hatte. Ich bedurfte der Belohnung aufrechten Mitleids, wie es dem Helden gebührt. Ich öffnete das Hemd und zeigte die Narbe. Sie war echt erschrocken. Fast fing sie zu weinen an. Das wollte ich aber nicht und schloss mein Hemd rasch wieder. Ich hatte jetzt den Eindruck, sie wusste besser als ich Bescheid, warum ich den Camino ging.

Ich versuchte, sie zu beruhigen. Zeigte ihr meine Karten. Wo ich herkam und wo ich noch hinwollte. Kopfschüttelnd drehte sie sich um, kochte Kaffee und stellte mir mit mitleidigem Blick die Tasse hin. Einen Kuchen gab es auch. War herrlich flaumig und gut. Innerlich musste ich lächeln. Kindliche ehrliche Reaktionen wie diese waren heute schon sehr selten geworden und taten richtig gut. Immer wieder blickte sie mich prüfend an. Vielleicht hatte sie Angst, ich könnte mich jederzeit in einen Werwolf verwandeln. Ich bearbeitete noch immer meinen Übersetzer und schrieb die Worte auf. Wenn es auch keine ganzen Sätze waren, die Worte nacheinander ergaben doch Sinn. So erfuhr sie, dass ich aus Österreich kam. »Germany!«, meinte sie. »No, Germany Austria! Vienna, Wien!«. Kurze Pause. »Austria, Germany? Hitler Austria, Guerra!« Sie meinte wirklich, wir gehörten zu Deutschland. Es dauerte eine Weile, bis ich ihr erklärt hatte, dass dem nicht so war. Nun war es aber Zeit, das Bett aufzusuchen. Morgen musste ich Balotta erreichen. Internet hatte ich keines zur Verfügung. Also rollte ich mich in die Decke ein und versuchte rasch einzuschlafen. Mir war kalt. Obwohl die Decken warm waren. Das Knie schmerzte auch in jeder Lage.

Das Wetter am nächsten Morgen war genauso hässlich wie am Abend zuvor. Langsam richtete ich mir alles zusammen. 7 Uhr. »Spät, mein Freund!«, sagte ich zu mir. Frisch angezogen und medizinisch versorgt, wollte ich mich auf den Weg machen. Da stand schon ein prächtiges Frühstück auf dem Tisch. Kaffee, Brot, Butter, Schinken, Eierspeise. Herz, was willst du mehr. Lächelnd bedeutete mir die Oma, ich solle mich setzten und essen. Klar. Machte ich gerne. Hatte frühmorgens schon Traubenzucker genommen, weil mein Zuckerspiegel zu niedrig war. Mit einem so königlichen Frühstück (*desayuno*) hatte ich aber nicht gerechnet. Sie schaute zufrieden zu, wie ich es mir schmecken ließ, nickt nur hin und wieder, während sie meinen Arm streichelte. Murmelte etwas von »Buen hombre! Dios los bendia!« Ein netter Mann sei ich, und Gott solle aufpassen auf mich. Satt und zufrieden lehnte ich mich zurück. »Gracias mil veces«, sagte ich, tausend Dank. Ein ehrliches Lächeln war die Antwort. Ein Blick auf die Uhr mahnte mich zum Gehen. Ich stand auf und wollte unbedingt zahlen. Als ich Geld herausnahm, wurde die Donna richtig böse. Die Standpauke musste ich mit gesenktem Haupt über mich ergehen lassen. Zum Glück verstand ich wenig bis gar nichts. Als sich die Wogen geglättet hatten, umarmte ich das Mütterchen und gab ihr einen Kuss auf die Wange. »Muchas gracias madre!« Sie nickte, und mit »Bueno Camino!« ließ sie mich ziehen. Nicht ohne mein Kreuz, das an meiner Brust baumelte, zu küssen. Dieses Kreuz ist etwa 13 Zentimeter lang und aus Silber, mit Jesus darauf, schwer und schon älteren Datums. Ich weiß nicht mehr, woher ich es hatte. Urgroßeltern vielleicht. (Es war in Spanien manchmal eine große Hilfe).

Ein nettes Erlebnis auf meiner Reise. Novellana und das Mütterchen werden in meiner Erinnerung sicher auf ewig ihren Platz haben. Bis **Balotta**[23] waren es etwa acht Kilometer. Es war mittlerweile 8:30 Uhr. Bis Mittag sollte ich am Ziel sein. Ich fühlte mich elend. Es gab nicht viel, was mir nicht weh tat. Ich hatte keine Kraft mehr. Die Beine wollten einfach nicht mehr. Schmerzen unterm Brustbein, der Puls zu schnell; keuchend schleppte ich mich am Straßenrand dahin. Hatte es wirklich Sinn, die Reise in diesem Zustand fortzusetzen? Was blieb mir anderes übrig. Die nächsten Städte mit möglicherweise einem Flughafen wären Gijon oder Lugo. Dachte ich. Beides weit weg. Ich hatte mich anscheinend einfach übernommen, mir zu viel zugemutet und konnte jetzt nicht viel tun. Entweder umkehren oder weitermachen.

Endlich der Ort. Das nächste Lokal gehörte mir. Drei deutsche Pilger saßen an einem Tisch und unterhielten sich auf die übliche leise deutsche Art. Es ging um einen Kollegen, der aufgegeben hatte und auf dem Weg zum nächsten Flughafen war. Da fielen mir die Worte von meinen Freund Günter ein, der mich ermahnt hatte, auf die Warnsignale meines Körpers zu hören und die Reise notfalls abzubrechen. Und in der Tat waren mir ja solche Gedanken in den Sinn gekommen. Ich trank Tee. Mir war nur kalt. Da hörte ich, es gebe hier einen privaten Autobus, der nur einige Orte anfahre, aber Richtung **Luarca** fahren sollte. Da hakte ich nach. Fragte die alemannischen Peregrinos, wann und wo? Ein Stück die Straße rauf, bei einer kleinen Hütte – der Haltestelle – mit Papierkorb.

Dort saß ich eine halbe Stunde später und wartete. Ob das auch der richtige Papierkorb war? Da kam auch schon so was wie ein Bus. Ein Kleinbus mit vielleicht 20 Sitzplätzen.

[23] Bild 25

9 Cueva – Luarca – Navia

Bis **Cueva** konnte ich mitfahren, für 1,50 Euro. (Was für Preise!) Eingeheizt war auch. Es waren durchwegs ältere Fahrgäste an Bord. Ein paar Mal blieb der Bus stehen; es wurde ein -und ausgestiegen – Haltestellen waren nicht zu sehen, aber der Fahrer wusste anscheinend schon, wo jeder hinwollte. Erinnerte mich an die Türkei. Dort fahren auch so kleine Busse (Dolmuş), die notfalls auch bei einem Hühnerstall Halt gemacht haben. Langsam bekam ich ein schlechtes Gewissen, weil ich nicht zu Fuß unterwegs war. Ich hoffte, das Schicksal verzieh mir. Aber ich fühlte mich wirklich nicht so gut. In Gedanken versunken bemerkte ich gar nicht, dass wir schon angekommen waren. Der Fahrer machte mich darauf aufmerksam. Bei einem Restaurant an der Hauptstraße ließ er mich aussteigen und meinte: »Fin!« Nach einer Stärkung in dem Lokal machte ich mich auf den Weg nach **Luarca**. Dort wollte ich übernachten. Sieben Kilometer mussten noch drin sein. Hatte mir ja zuvor einige erspart. Aber verdammt, es ging mir nicht gut. Die Gegend war nur leicht hügelig, und weil ich entlang der Straße und über Brücken ging, kam ich etwas leichter und schneller voran. Am Camino müsste ich einige Täler überwinden. Das wäre im Moment nichts für mich. Die sieben Kilometer auf glatter Straße waren mir lieber. Ich hatte die Wanderschuhe am Rucksack baumeln und ging mit den neuen, leichteren Straßenschuhen. Es regnete nur ganz leicht; wenn der Wind nicht wäre, könnte man es noch als angenehm durchgehen lassen. Der Verkehr war relativ schwach. Trotz meiner Beschwerden kam ich eigentlich ganz zügig voran. Ich glaube, meine Füße freuten sich über die Marscherleichterung. Viel sattes Grün, wohin das Auge auch blickte. Na, bei dem vielen Regen kein Wunder.

Ausgesprochen landwirtschaftliche Gegend. Fade Angelegenheit eigentlich.

Es war nach 15 Uhr, als ich in Luarca[24] eintraf. Eine nette Hafenstadt. Erinnerte mich an Cudillero. Auch eine Stadt der Stiegen. Mein Gott, wohin ich auch blicke, Stufen, Stiegen, Treppen. Meine Hospedaje war am Hafen in einer kleinen Seitengasse. Nichts Aufregendes. Ganz nett; wenn man nicht genau schaute, könnte man meinen, es wäre sauber. Eine Kleinigkeit zu essen und eine Flasche Mineralwasser sollten mich stärken. Im Lokal begegnete ich mehreren Peregrinas und Peregrinos. Kontakt war bald hergestellt, und in der multilinguistischen Art unterhielten wir uns recht gut. Auch Englisch war hier als Kommunikationsmittel nicht das Gelbe vom Ei.

Eine nette Frau aus Belgien schloss sich mir an, als ich noch eine Hafenerkundung machen wollte. Sie war klein und zierlich, sicher nicht viel größer als 150 Zentimeter. Sprach Französisch, wo ich doch nur manche Worte aus der Speisekarte und einige schmutzige Ausdrücke in dieser Sprache kannte. Aber mit gutem Willen geht alles. Körpersprache ist international, und schließlich gibt' ja noch Hände für die Zeichensprache. Wir gingen die ganze Hafenpromenade entlang bis zum Ende, wo riesige Felsbrocken den Weg versperrten. Eine Treppe, wie könnte es auch anders sein, führte den Berg hinauf zu einer Kirche, an einer alten, kleinen Rotkreuzstation[25] vorbei. Am Fuße der Treppe hatte ich mich schon über ein altes Rettungsboot vom RK gewundert und mich gefragt, ob das wohl noch einsatzfähig war. Wohl eher nicht. Jetzt, als ich diese Station sah, war mir klar, es war ein Museum. Mitten im Aufstieg wurde die Treppe plötzlich durch eine Tafel versperrt, laut der das Begehen nicht gestattet war. Warum? Keine Ahnung. Auch die »EU-Botschafterin« war unschlüssig. Umdrehen und wieder zurück? Diese Frage stand vorerst kurz zur Diskussion. Aber wie diskutiert man ohne gemeinsame Sprache? Einige Felsbrocken lagen herum. Vielleicht also wegen Steinschlags gesperrt, sonst ließ sich kein Grund finden. Kurz entschlossen straften wir die Tafel mit Verachtung und gingen weiter. Die Brüsselerin lachte laut auf und stapfte hinter mir her. Die

[24] Bild 26
[25] Bild 27

Stiege mündete in eine Straße, die zum Friedhof führte, natürlich ganz oben am Berg. Aus der Ferne lachte mich die offene Türe der Kirche oder Kapelle an. Ich frohlockte in Erwartung eines Stempels, wurde jedoch enttäuscht, es waren nur Arbeiter anwesend. Ausbesserungsarbeiten im Chorgestühl. Die Innengestaltung der Kirche war imposant, nur aus schwarzem Holz geschnitzt. Sehr interessant auch der Friedhof. Ganz anders als bei uns. Großteils waren die Gräber in Mauern eingelassen. Wenige nur im Boden[26]. Der Blick über die Bucht war beeindruckend. An einer Felswand wurde auf 624 (abgezählt) keramischen Fliesen die Geschichte von Luarca erzählt. Soweit ich das verstanden habe, hat Napoleon diese Küste um 1809 angegriffen, viele Tote, dann die Rettung, von wem auch immer, toll gemacht. Wir gingen die vielen Stufen wieder hinunter, abermals an der alten Rotkreuzstation und dem alten Rettungsboot vorbei weiter in Richtung Hafen. Der Himmel war bedeckt mit finsteren Wolken, feiner Regen und Wind. Grausam! Meine Begleiterin hieß Claire. Sie erzählte mir, dass sie verwitwet war und zwei Töchter hat, beide Lehrerinnen. Eine in Toulouse, die andere in Lyon. Ich bemühte mich in einem Mix aus Deutsch, Englisch und Französisch, etwas Nennenswertes beizutragen. Für einen Lauscher wäre es äußerst belustigend gewesen, dieser Konversation zu folgen. Obwohl die Verständigung etwas mühsam war, waren wir doch beide von dem Gefühl beschwingt, diesmal nicht alleine auf Entdeckung gehen zu müssen. Als wir zurück waren, trennten sich unsere Wege, und ihre belgischen Freundinnen hatten meine Begleitung wieder. Langsam begab ich mich in Richtung meiner Unterkunft. Ich nahm eine Flasche Wasser und eine Rolle Kekse aufs Zimmer mit. Das Haus hatte sogar WiFi. Einige Mails erledigte ich, dazu etwas Geplauder über Skype mit Old Austria. Zwei liebe Freunde wollten wissen, was sich so tat im Westen. Einer fragte mich, wie spät es bei mir sei; es schaue so hell aus, als wäre es Nachmittag. Dabei war die Uhrzeit dieselbe wie in Österreich. Spanien hat keine Sommerzeit, liegt aber fast 3000 Kilometer westlicher, darum ist es um 21 Uhr viel heller als in Wien.

[26] Bild 28

Ich schaltete mir meine Musik am Notebook ein und war bald im Land der Träume.

5:30 Uhr. Der Wecker rief. Ich war ausgelaugt und müde. Eine Verkühlung machte sich breit in mir. Das war sehr schlecht. Nach meinen Morgenarbeiten packte ich meine Sachen, und nach Kaffee und Imbiss ging es weiter nach **Navia**. Einen halben Monat war ich jetzt unterwegs. Die Euphorie vom Anfang war schon sehr abgeflaut. Ich war irgendwie wie ferngesteuert unterwegs. So richtig war ich nicht bei der Sache. Das Wetter machte krank und depressiv. Kurz nach 9 Uhr Einzug in **Las Barqueras**. Ich war so in Gedanken versunken, dass ich nichts von der Gegend mitbekommen hatte. Ein kurzer Imbiss baute mich moralisch etwas auf. Ich hatte bisher vielleicht 25 bis 30 Pilger gesehen, die zu Fuß unterwegs waren, und einige Radfahrer. Also wahrlich nicht viel. Gut, bei dem Wetter kein Wunder, aber angeblich war das hier normalerweise meistens nass und kalt. An der Mittelmeerseite waren 25 Grad Celsius, in Wien 30 und hier gerade mal sieben bis zehn. Warum lag Santiago im Westen? Wahrscheinlich absichtlich, damit die Pilger nichts zu lachen hatten. 10 Uhr, und weiter ging es. Bis zur nächsten Station hatte ich noch zwölf Kilometer zu gehen. Langsam und verdrossen schlurfte ich dahin. Mitten im Wald auf einer Lichtung saßen zwei Pilger auf einen Baumstamm. »Buen Camino!«, grüßten wir uns gegenseitig. Ausländer mit großem Rucksack sind garantiert auf dem Camino unterwegs. Dem Aussehen nach kamen sie aus dem Land der Kirschblüten, oder so. Ich kann sie nie auseinanderhalten im Aussehen. Korea, Japan, Vietnam, Thailand, China, irgendwie sehen sie aus westlicher Sicht alle gleich aus. Lustige Hüte hatten sie auf, als wären sie auf Safari oder beim Gschnas. Ich wurde gebeten, die beiden abzulichten, und auch ich wurde fotografiert. Na klaro. Neben dem Baum, hinter dem Baum, vorm Baum, (die Marotte erinnerte mich an meine Frau). Erst als wir alle Positionen durch hatten, waren sie zufrieden. Mit einer artigen Verbeugung und einem ganz entzückenden Lächeln der Geisha verabschiedeten wir uns. Die beiden blieben noch für sich allein zurück. Ich zog meines Weges, mit meiner Verkühlung im Schlepptau. Die Welt hatte so viel Nettes auf Lager, und es war so leicht, Freude zu bereiten und ein Lächeln zu ernten …

Ein Lächeln veränderte einst auch mein Leben um 180 Grad. Als Projektleiter kontrollierte ich öfters Objekte, die heikel und arbeitsintensiv waren. Da hatte ich beispielsweise drei große Kaufhäuser als Kunden. Es war Ende Jänner, mein Geburtstag, und niemand, mit dem ich feiern konnte. Eigentlich wollte ich mich in irgendeinem Lokal besaufen. Mein Pech, ich trinke fast keinen Alkohol, mir schmeckt er nicht besonders. Also beschloss ich, den Abend mit Arbeit zu verbringen. Im 6. Bezirk ist die Kirche zur Maria Hilf. Kirchen interessieren mich meist nur wegen der Architektur und Innenausstattung. Beten kann ich überall, wenn ich den Wunsch dazu habe. Irgendein Impuls verleitete mich, in diese Kirche zu gehen. Ich saß einige Zeit in einer Bankreihe und dachte über mein besch… eigenes Leben nach. Ich war überrascht, dass ich mich nach 15 Minuten wesentlich besser fühlte. Freier, zufriedener. Diese Reaktion machte mich nachdenklich. Ist einfach nachdenken und in sich gehen die Lösung, oder ist da doch jemand oder etwas, der oder das die Schalter betätigt, die Schachfiguren unseres Schicksals bewegt? Eine Antwort erwartete ich nicht, stand auf und ging zu meinem nächsten Objekt, aber schon in besserer Laune.

In jedem Objekt war ein Mann oder eine Frau als Objektleiter eingeteilt. Dieser Person oblag die Überwachung des reibungslosen Arbeitsverlaufes mit den Arbeitspersonal und des Kontaktes mit dem Kunden. Auch ich sollte regelmäßig Informationen bekommen. Meine Kontrollen waren immer überraschend. Ich stand eben plötzlich da. Meistens war alles in Ordnung, bis auf Kleinigkeiten vielleicht. Aber manchmal musste man auch die Fünf als gerade Zahl durchgehen lassen. Ich glaube schon, dass ich bei meinen Leuten zwar gefürchtet, aber trotzdem beliebt war. Niemand wurde benachteiligt oder bevorzugt. Wir alle zogen an einem Strang und in eine Richtung. Querdenker wurden von der Mehrheit gemieden und verließen freiwillig die Gruppe, oder sie wurden von mir verwarnt und bei Wiederholung in die Firma geschickt. Für die Abendreinigung begann der Dienst um 18:00 Uhr. 28 Personen waren vorgesehen. Ich sah, wie alle ankamen, sich umzogen und für den Dienst bereitmachten. Jeder nahm sein Werkzeug und wartete, bis er anfangen konnte, das heißt, bis das Kaufhaus geschlossen wurde. Da brachte der Portier zwei Frauen als Nachzügler herein. Eine Frau aus Jugoslawien – damals gab es den Staat noch – und eine aus der Türkei. Der erste Eindruck von den beiden war, ich sage mal, eigenartig berührend. Eine Frau sehr klein, sehr mollig, Hexenfrisur und ein auf Dauerfeuer eingestelltes Lächeln. Was sich in fast keiner Situation änderte. Die andere Frau, die aus der Türkei, das direkte Gegenteil, größer, sehr schlank, eigentlich schon hager, lange schwarze Haare bis weiß Gott wohin und beunruhigend eindrucksvolle schwarze Augen. Angezogen wie vom Flohmarkt, aber sie selbst machte einen gepflegten Eindruck. Die Hände von beiden zeigten, dass sie arbeiten konnten und es auch schon getan hatten. So weit mein erster Eindruck. Ich überließ die Formalitäten meinem Objektleiter und kümmerte mich weiter um den Ablauf zum Arbeitsbeginn. Kontrollierte da und dort das Werkzeug und sprach noch einige Worte mit dem Hausverwalter, der mich gesehen und herzlich begrüßt hatte. Dank meiner früheren Tätigkeit konnte ich ihm bei der Lösung einiger Problemen bei der Innenausstattung seines Hauses helfen. So etwas verbindet mit Kunden und bessert das Verhältnis gehörig. Tage vergingen, bis ich wieder einmal in diesem Kaufhaus war. Ein Gespräch mit dem Objektleiter über Kundenwünsche. Abschließend erzählte er mir, die Frau, die er im vierten Stock abends eingesetzt habe, sei so super. Wo früher zwei bis drei Leute nötig waren, erledige sie das Stockwerk alleine. Auch damals war schon bei den Firmen Sparen der erste Gedanke. Gut zu hören. Sollte ich mir einmal anschauen. Ich kam eines Abends wieder, nach Arbeitsbeginn, und schlich mich in den 4. Stock. Da arbeitete sie, als müsste sie eine Meisterschaft gewinnen. Die Frau muss man sich merken, dachte ich mir. Im Erdgeschoss traf ich den Objektleiter. Ich bestätigte seine Aussage über die Leistung dieser Arbeiterin, worauf er fragte: »Chef, hast du noch Stunden für sie?« Er wollte seiner Landsmännin helfen, das fand ich nett. »Ich werd mir was überlegen. Sag dir Bescheid.« Doch im Trubel der nächsten Tage, und bei uns war immer Trubel, hatte ich die Bitte vergessen. Um es schöner zu sagen, sie war in den Hintergrund gerutscht. Vor meinem nächsten Besuch durchforstete ich alle Möglichkeiten, wo ich diese

Frau noch unterbringen konnte. Auch in der Firma konnte man mir nicht weiterhelfen. Eine Feuerwehrstation außerhalb von Wien für zwei Stunden wäre eine Möglichkeit. Aber dort müsste sie fast eineinhalb Stunden hinfahren, dann zwei Stunden arbeiten und eineinhalb Stunden wieder zurück, nein, das war Unsinn. Als ich ins Objekt kam, saß diese Frau in der Garderobe mit ganz verweinten Augen. Oje, was war los? Wer hatte ihr was getan, was war geschehen? Kein Wort brachte ich aus ihr heraus. Sie sah mich nur durch einen Tränenschleier an und dann gleich wieder zu Boden. Auf Befragungen antwortete sie so gut wie gar nicht. Da dachte ich, sie sei mit ihren Sprachkenntnissen noch nicht so weit. Ich holte den Objektleiter, der mich in Kenntnis setzte und dolmetschte. Das von ihr erwirtschaftete Geld wurde von Familienmitgliedern abgesaugt. Eine äußerst schwierige Situation für mich. Privatangelegenheiten der Beschäftigten waren in der Regel tabu. Jedenfalls für mich. In dem Fall war es nun so: Sie unterstützte – korrekterweise – ihre Eltern finanziell, doch wurde ihr der Rest von einem Bruder teilweise eingezogen. Sie wollte, musste mehr verdienen, sprich, mehr Aufträge bekommen. Der Objektleiter und ich sahen uns an und überlegten, was wir machen könnten.

Ich erzählte von der einen Möglichkeit, aber die lehnte auch sie ab. Zu weit weg und zu wenig Stunden. Ich versprach an einer Lösung zu arbeiten und mich zu melden. Ob getröstet oder nicht, sie nickte und ging. Es vergingen Wochen, bis ich erfuhr, dass im Restaurant eine Küchenkraft gebraucht werde. Also sprach ich tags darauf mit dem Restaurantchef. Der bejahte, er könne eine Kraft an der Geschirrwaschmaschine gebrauchen, da eine Person ausgefallen war. Ab 11 Uhr vormittags bis 18 Uhr. Es war ein Restaurant mit Selbstbedienung. Ein langes Förderband brachte das schmutzige Geschirr von draußen in die Küche. Da standen zwei Personen; eine sortierte alle Gläser und das Besteck aus und räumte sie in eine eigene Maschine, die andere befreite die Teller von Speiseresten und stellte sie in die große Spülmaschine. Eine dritte Person stand dahinter und nahm das saubere Geschirr in Empfang, um es auf Wagen zu schlichten und draußen im Lokal an seinen Platz zu stapeln. Während der Stoßzeiten, mittags, nachmittags und teilweise auch abends, war keine Zeit, noch irgendetwas anderes zu tun. Schon auf die Toilette gehen war schwierig. Ich stellte mir die magere Frau an dieser Maschine vor und war sehr skeptisch, ob sie das schaffen könnte. Ein Versuch sollte es wert sein. Wenn sie es schaffte, gut, wenn nicht, würde ich in meinem Team jemand anderen finden und für sie eine andere Arbeit. Vorrangig war der Kunde. Abends holte ich sie mit dem Objektleiter zu mir. »Also, ich hätte für dich einen Job oben im Restaurant, von 11 bis 18 Uhr. Ist aber nicht gerade leicht. Ich fürchte, es wird zu viel für dich. Aber mehr habe ich momentan nicht anzubieten!« Das erste Mal strahlten ihre Augen, und ein Lächeln huschte über ihre Mundwinkel. »Und abends kann ich weiter im Abenddienst sein?« Jetzt war ich sprachlos. »Du glaubst, beides schaffen zu können? Du, ich habe nichts davon, wenn du dich über kurz oder lang verausgabst, und ich habe dich dann am Ende weder oben noch unten.« »Ja, ich mach das!« Mit Erstaunen nahm ich ihre Kenntnis der deutschen Sprache war. »Na gut, wenn du meinst, bitte, an mir soll es nicht liegen. Weiter mache ich dir den Vorschlag, die Arbeit abends separat zu verrechnen. Wie bisher zum Abholen am 15. in der Firma.« (Damals wurde das Lohngeld noch in der Firma ausbezahlt. Das Zeitalter der automatische Gehaltskonten begann erst.) »Das Geld vom Restaurant bekommst du auf ein Bankkonto, das die Firma für dich eröffnet und über das du frei verfügen kannst. Ist das recht so?« Na, es war mehr als recht. Damit hatte ich meine Schuldigkeit getan, und alle waren glücklich. Ich hatte den Vorfall schon längst vergessen, viele andere Dinge waren zu erledigen. Ich hatte die Wiener Messe bekommen. Ein Monsterobjekt. Drei Firmen hatten sich das Objekt geteilt, wir sollten es nun alleine bewältigen. Neue Zeiten, neue Materialien, da die Gänge schwarz gefärbt werden mussten, neue Techniken. Viel Arbeit, viele Stunden.

Ich bekam die Unterlagen der Mitarbeiter immer in mein Büro. So hielt ich eines Tages die Untersuchungsberichte aller Arbeiter, die im Lebensmittelbereich tätig waren, in Händen. Da erfuhr ich auch, dass die Frau in dem Kaufhaus 25 Jahre alt war, 45 Kilo wog und gesund war. Monate später, auf einem mittäglichen Rundgang, kam ich auch an der Küche vorbei. Da standen die 45 Kilo alleine an der riesigen Maschine und hantierten mit Geschirr und Besteck. Zorn stieg in mir auf, wo waren die anderen? Ich stürmte in die Kantine, da saß die ganze Partie und tratschte, rauchte. Als sie mich hereinstürzen sahen, verstummte alles, und einige sprangen auf. »Seid ihr schon ganz von Gott verlassen, ihr könnt die Kollegin doch nicht die Arbeit allein machen lassen!« Ich war sicher, mein Ton verfehlte seine Wirkung nicht. »Chef, sie sagte, sie machen das allein, wir sollen gehen essen!« »Was sie sagt, ist mir egal, drei Leute gehören zur Maschine, und jetzt raus, sonst gibt's was!« Während noch alle fertig aßen und tranken, ging ich wieder zurück. Ich stand im Türstock hinter ihr und sah ihr durch die Küche zu. Sie sang ein türkisches Lied, drehte sich plötzlich um, sah mich, und ....da war dieses Lächeln, das plötzlich die ganze Welt auf den Kopf stellte. Das alles umdrehte, wegwischte, wie ein Unwetter mit Blitz und Donner mein Innerstes traf. Ich sehe es heute noch vor mir. Selbst wenn ich 1000 Jahre leben könnte, dieser Augenblick hat sich in mein Herz gebrannt. Sekundenlang konnte ich mich nicht bewegen. Die restliche Mannschaft war inzwischen eingetroffen. Ich ging in Gedanken versunken davon. »Was war nun das?«, fragte ich mich. »Sie hat halt gelächelt, weil sie den Job hat und zufrieden ist. Was willst du dir einreden. Sie steht auf dich? Mein Gott, wo lebst du. Sie ist erstens zu jung für dich. 16 Jahre Unterschied sind nicht wenig. Sie ist Ausländerin, noch dazu aus einem islamischen Land mit komplett anderer Kultur – und was predigst du immer, innerhalb der Firma sollte es keinerlei Beziehungen geben. Also halte dich daran, sonst bist du unglaubwürdig.« Da fiel mir ein, was im Jänner gewesen war. An meinem Geburtstag, ich war damals in der Kirche, sie kam das erste Mal in mein Objekt. Konnte das nicht eine Fügung des Schicksals sein? »Klar, das Schicksal hat dir ein Geburtstagsgeschenk gemacht. Bloß die Schleife hat's vergessen! Du Träumer. Werde munter!« Ich wollte ja munter werden (oder eigentlich nicht). Während ich so sinnierte, strömten schon wieder viele andere große und kleine Probleme auf mich ein. Telefon, ein Kunde wollte etwas, in die Firma sollte ich zu einer Besprechung, Materialanforderungen von anderen Objekten hatte ich noch zu erledigen. Langsam rückte diese Episode in den Hintergrund, und der Alltag nahm den Vorsitz ein. Frühjahrsmesse war angesagt. Wir waren das erste Mal vor Ort, wussten nicht so recht, wo wir anfangen sollten und wie aufhören.

Das Messegelände war enorm groß, Hallen von 6000m2 bis 20000m2.

Zum Glück hatten wir von der vorigen Firma Leute mit übernommen, die uns einigermaßen unterstützen konnten. Es war die Hölle. Die erste Messe war ein Chaos. Ich hatte überhaupt keinen Durchblick. Die halbe Firma war zu Hilfe gekommen. Zum Glück erging es denen nicht anders. Nun, aus Fehlern lernt man ja bekanntlich. Ich hatte gelernt. Die zweite Messe war perfekt. Unseren nervösen Prokuristen verwies ich kurzerhand vom Gelände und befehligte meine Leute selbst. Jeder hatte seine Arbeit zu tun und nichts anderes. So funktionierte es auch. Unser oberster Boss, der Generalkonsul und Kommerzialrat persönlich, kam zur Inspektion, um mir die Leviten zu lesen, weil ich seinen Prokuristen vom Messegelände verwiesen hatte. Ich erklärte kurz und sachlich, warum ich zu diesem Schritt gezwungen war. Meine Leute hätten alle ihren Arbeitsbereich. Sie aus Nervosität dauernd zu neuen Arbeiten zu schicken sei unsinnig, weil man den Überblick in einem Objekt verliere, an dem über 100 Leute arbeiteten und das zeitgerecht fertig werden muss, kann nur mit System funktionieren. Er grinste, klopfte mir auf die Schulter und verabschiedete sich.

Das Schlimmste war immer die Nacht vor der Eröffnung. Die Aussteller durften bis 3 Uhr arbeiten. Wir mussten um 5:30 Uhr mit unserer Arbeit fertig sein. Die schwarze Farbe sollte ja noch trocknen. Um 6 Uhr kamen die Messearbeiter und rollten rote Teppichläufer aus. Die mussten von uns auch noch im Schnelldurchlauf gereinigt werden vor der Eröffnung. Es war der Wunsch des technischen Direktors der Messe, dass ich, in angemessener Kleidung, dabei war. Ich hatte dafür im Auto einen schwarzen Anzug mit Hemd und Krawatte. Die Leute für den Tagdienst waren schon da. Ich musterte die Gruppe, alle mit neuen Arbeitsmänteln, und erklärte ihnen, was zu tun war. Ein Probedurchgang befriedigte mich überhaupt nicht. Also ging ich im schwarzen Anzug mit neun Frauen zum WC und zeigte ihnen, wie man es reinigt. Ich ließ es dann einige nachmachen und zog danach meine Handschuhe aus, um zur Eröffnung zu gehen.

Bei meinem nächsten Besuch im Kaufhaus kam die Frau – ich nenne sie der Einfachheit halber S. – auf mich zu. Sie wollte mir ein Foto zeigen, auf dem ein Wohnzimmerschrank abgebildet war, den sie ihren Eltern gekauft hatte, von ihrem ersten Gehalt. Allein ihre Nähe und die wundersamen Augen brachten meine Gedanken vollkommen durcheinander. Diese natürliche, unschuldige, ungezwungene Art ließ mein Herz schneller schlagen. Und ich bemerkte das aufkeimende Vertrauen zu mir. Ich bewunderte ihr Geschenk, warnte aber, dass man sich fragen werde, woher das Geld kam. Es habe niemand gefragt, Väterchen habe sich angeblich gefreut – oder auch nicht, weil er gleich meinte, der Fernseher passe da nicht hinein. Wenn etwas bei Türken wichtig ist, dann ist es der Fernseher, groß, größer, am größten und immer in Betrieb.

Ich erzählte meinem Objektleiter vor versammelter Mannschaft von der Messe. Natürlich hörten alle zu. Fast einstimmig kam die Frage, ob man bei der nächsten Eröffnung nicht mitmachen könne, das wären ja Überstunden mit doppelter Bezahlung. Ich musste innerlich lächeln. Das war doch eine Horde! Zugegeben eine liebe und fleißige. Alle wollten Geld verdienen. Ich vertröstete auf die nächste Eröffnung mit dem Satz: »Schau'n wir mal!« Immer wieder gingen die Blicke zwischen S. und mir hin und her. Obwohl ich eisern versuchte, mir nichts anmerken zu lassen, dürfte es nicht ganz unbemerkt geblieben sein. Die Natur ist schon ein großes Fragezeichen.

Auch hier war ein Lächeln der Grundstein für zwei Jahrzehnte Gemeinsamkeit. Ob die beiden Asiaten in 20 Jahren auch noch beisammen sein würden? Ich weiß nicht, wieso diese Harmonie plötzlich getrübt wurde. Durch meine Krankheit, den langen Aufenthalt im Spital? Oder war die Bekanntschaft, die sie gemacht hatte, der Grund? Derzeit herrschte jedenfalls Partisanenstimmung zwischen uns. Das belastete mein neues Herz schon. Das Hupen eines Lastwagens riss mich aus meinen Gedanken. Er brauste an mir vorbei und hatte nur auf sich aufmerksam machen wollen. Der Weg hatte wieder auf die Straße geführt. Ich hatte es nicht bemerkt, so tief war ich in Gedanken versunken. Weitere drei Stunden vergingen, als ich die ersten Häuser sah, die nach Stadt aussahen. Meine Beine und Hüften hatten es auf mich abgesehen. Abwechselnd meldeten sie sich mit stechenden Schmerzen, die sich langsam ausbreiteten. Ich ging wie eine Watschelente. Auch diese Stadt hatte anscheinend Gämsen und Bergziegen als Einwohner: **Navia**. Stufen und Treppen, wohin man blickte. Meine Unterkunft hatte ich schnell gefunden. Hinter der Markthalle[27] (die ich zuerst für eine Kirche hielt). Groß angeschrieben Hospedaje Santa Cruz. Das heilige Kreuz. Schnell aufs Zimmer, duschen und umziehen. Ohne Gepäck war mir gleich etwas wohler. Die Shirts, Socken und Unterwäsche wurden gewaschen und am Fenster aufgehängt zum Trocknen. Da waren die Walking-Stecken sogar mal richtig brauchbar. Lang ausgezogen und über die geöffneten Innenflügel des Fensters gelegt, schon hatte man eine Möglichkeit zum Trocknen. Es kam sogar die Sonne heraus. Ein eigenartiges Phänomen: Wenn ich in der Sonne ging, war es so heiß, dass ich alles ausziehen wollte. Wechselte ich die Straßenseite in den Schatten, erfror ich fast. Auffallend war die Anzahl der Apotheken in den Städten und Dörfern. Ich überlegte, ob ich mir etwas kaufen sollte gegen meine aufkommende Verkühlung, was ich aber bleiben ließ, weil ich nicht wusste, was darf ich nehmen und was nicht. Die Apotheken hatten alle etwas gemeinsam: ein leuchtendes grünes Kreuz als Schild, auf dem abwechselnd die Temperatur und die Uhrzeit angezeigt wurden. Sieben Grad, zwölf Grad die Tageshöchstwerte, aber die Sonne brannte auf der Haut: Das glaubt ja keiner, bevor er es nicht selbst erlebt hat. Ein schöner Park lud mich zum Verweilen ein. Besser gesagt, ich stürzte zu einer Bank, um mich zu setzen. Ich hörte fast meine Knochen aufatmen. Besonders sportlich war ich ja mein ganzes Leben nicht gewesen. Außer der Boxschule und Tennis einige Monate beschränkten sich die sportlichen Tätigkeiten auf Schwimmen hin und wieder und Radfahren. Aber dass ich mit dem Nachbarsohn eine Radrundreise durch Österreich

[27] Bild 29

gemacht hatte, war schon sehr lange her. Skifahren war ich ja nur drei Wochen insgesamt im Jahr, der Skikurs in der Schule sogar nur eine Woche; eine Wanderung mit einem Schulfreund vom Wienerwald bis Klosterneuburg, im Schneesturm nach Wien, heftige Prügel von der Mutter, weil wir zu spät gekommen waren, ein weiterer Ausflug mit Schülern nach Türnitz, Buckelpiste, Sturz, Ski kaputt, Wintersport ade, nur mehr Schneemann bauen und Schneeballschlacht. Meine Schwester wollte mir Eislaufen beibringen, sie zog mich aufs Eis, hielt mich an der Hand und schleppte mich in den Kreis, den alle fuhren. Mit den Worten »Na, geht doch!« ließ sie mich aus, und ich krachte voll in die Holzwand. Damit war ich auf der Seite von Sir Winston Churchill: »NO SPORTS!« Sport ist Mord. Ich baute meine Energien mit Arbeit und wenn möglich in speziellen Freiräumen ab. Das hat sich bis heute gehalten. Auch Sportsendungen im TV waren nicht unbedingt mein Fall; klar freute es mich als Patriot, wenn Österreich am Zug war. Aber das eigentlich nur im Winter, Fußball war für mich seit Kindheitstagen ein Unding. 22 Irre streiten sich um einen Ball. Auch hier sah ich hin und wieder zu, wenn Österreich gegen die Welt angetreten ist. Leider haben wir die Spiele, die ich sah, immer verloren. Ich war schon so weit zu sagen, vielleicht sei ich der Grund. Somit waren Sportsendungen gestorben. Motorsport war mir sowieso suspekt. Das überhaupt als Sport zu bezeichnen ist für mich eigenartig. Da werden Motoren und Reifen getestet. Wo ist da der sportliche Hintergrund? Das Gaspedal treten ist doch kein Sport? Oder? Also dann sporteln die Menschen täglich auf den Straßen. So weit zu meiner sportlichen Einstellung. Viele Tonnen hat mein Knochengerüst schon tragen müssen durch meine Arbeiten. Viele Kilometer hatten meine Beine schon auf den Sohlen. Dauernd unterwegs, dauernd in Bewegung. Ich bin ja nicht gerade der Schlankste, aber daran ist auch eine beträchtliche Muskulatur beteiligt. Fett allein macht nicht glücklich.

Während ich meine Beine ausrasten ließ, bemerkte ich Bäume, die ich noch nie gesehen hatte. Die Bäume hatten nur oben Äste, diese wuchsen waagrecht und schlängelten sich an Drahtseilen in Richtung Nachbarbaum. In der Mitte trafen sich die beiden Äste und wuchsen regelrecht zusammen. So als wäre es ein einziger Baum. Damit entstand mit der Zeit ein Dach aus Ästen und Blättern. Ein toller Anblick. In einem Lokal lernte ich eine Pilgerin aus Wien kennen. Endlich konnte ich mich auf Deutsch unterhalten. Sie war schon länger in Pension, lebte verwitwet allein, die Kinder waren alle verheiratet. Sie hieß Gerda, arbeitete nebenbei in der Wiener Staatsoper als Garderobefrau und verdiente sich so etwas zur Pension dazu. Jedes Jahr ging sie einen Jakobsweg. Das machte ihr Spaß, sie war oft zwei Monate unterwegs, solange die Oper eben Urlaub hat. Da sie noch keine fixe Unterkunft hatte, bot ich ihr an, in meiner Unterkunft nachzufragen, was sie aber dankend ablehnte, weil sie eine Herberge von früher kannte, die billiger war und wo auch Bekannte waren. Wir plauderten noch eine Weile, zeigten uns gegenseitig Fotos und verabschiedeten uns dann. Ich ging Richtung Unterkunft und suchte ein Geschäft, um etwas einzukaufen. Im Schlendern fiel mir ein Geschäft mit dem sinnigen Namen »EROSKI« auf. Nach einem kurzen Grinsen und mit Neugierde betrat ich erstaunt einen Supermarkt. So versorgte ich mich mit Nahrung und ging anschließend nach Hause.

Zwei Freunde warteten schon im Internet auf mich. Viele Fragen waren zu beantworten. Meine Familie aber war verschollen. Frau, Sohnemann, keine Antwort auf Mails oder Skype. Ich ließ am Notebook Musik laufen, um besser einzuschlafen. Am nächsten Morgen schien das Wetter besser zu sein. Ich packte zusammen und begab mich in den Frühstücksraum. Überraschung! Wer saß da beim Tisch und trank Kaffee? Frau Gerda. Die Herberge war gerammelt voll gewesen, da hatte man sie hierher geschickt. Wir frühstückten und plauderten noch etwas, sie wollte wieder zur Herberge, weil sie mit den Bekannten gehen wollte. Es gibt viele, die den Camino einfach gehen, weil's Spaß bereitet. Da machte man sich dann schon fürs nächste Jahr einen Termin aus und traf sich wieder. Find ich toll. Wäre zu überlegen. Ich machte mich auch auf den Weg. Mich hatte wirklich eine Verkühlung erwischt oder ich sie. Mein Kopf glühte. Zur Sicherheit nahm ich Antibiotika. Mir war überhaupt nicht gut. Daran änderte auch der Wochenmarkt vor der Markthalle nichts, mit Bergen an Serrano-Schinken, Käse,

Eiern, Wein und anderen Köstlichkeiten. Jeder gab Kostproben her und wünschte das übliche »Buen Camino!« Das Kreuz auf meiner Brust zog alle Blicke auf sich. Ich hätte gerne Schinken mitgenommen für 6 Euro das Kilo. Aber ich konnte keinen unnötigen Ballast brauchen. Was, wenn ich Grippe bekäme, Fieber oder Lungenentzündung? Ich durfte gar nicht weiterdenken. Ein Fieberthermometer hatte ich nicht dabei, aber eine untrügliche Hitzewallung stieg manchmal in mir hoch. Auf meinem Weg durch die Stadt sah ich sonderbare Figuren in den Grünanlagen stehen, da durfte ein Künstler, der offensichtlich größere Anerkennung genoss, seinen Groll auf die Menschheit in Bronze gießen. Oder was sollten diese Sonderanfertigungen von Gartenzwergen[28] sonst darstellen? Außerdem fiel mir ein Verbotsschild für Reiter auf … reitet man hier in der Stadt denn sonst üblicherweise? Eine Einkaufsstraße wiederum mit diesen Bäumen, hier hatten die Äste und Blätter schon ein Dach gebildet. Ein Casino gab es auch hier. Leider erst abends geöffnet, sonst hätte ich mir den Jackpot geholt. Sehr interessante Mistkübel waren hier: große Metallkästen mit vielen Ladentüren, die an der Vorderseite beschriftet waren. Alles hatte seinen Platz. CDs, Leuchtstoffröhren, Kunststoffbecher, Sparlampen (sinnigerweise mit Bombillas bezeichnet), Teile von Elektronik, Kabel, für alles ein separater Einwurf. Das nenne ich Mülltrennung. Die gusseisernen Masten der Straßenlaternen waren noch mit adeligen Wappen versehen, was der Straße ein etwas antikes Flair verlieh. Meine nächste Station war Ribadeo. Etwa 30 Kilometer entfernt. Nein, heute nicht. Nicht mit mir und in dem Zustand, in dem ich mich befand. Ich wollte eine Station pausieren und mich etwas erholen. Ich hatte mir doch etwas zu viel vorgenommen, hätte mehr Tage einplanen sollen. Mit einer Verkühlung oder einer anderen Unpässlichkeit hätte ich rechnen müssen. Ich könnte zwar den Rückflug umbuchen, auf einen späteren oder früheren Termin. Aber das ließ mein Stolz einfach nicht zu. Entweder aufgeben oder weitermachen. Gegenüber dem Markt befand sich ein Autobusbahnhof. Ein Blick auf die Anzeigen zeigte mir, in 20 Minuten ging ein Bus. Die

[28] Bild 31

Fahrkarte 2,50 Euro. Der Bus war toll ausgestattet, auch wieder mit Internet und Radio. Ich drückte mich in einen Fenstersitz, das Sitzen und Anlehnen tat richtig gut. Es waren nur drei Haltestellen bis zu meiner nächsten geplanten Station.

10 Ribadeo – Lugo – Rábade

In etwa 30 Minuten waren wir in **Ribadeo**. Der Bus hielt am Bahnhof, zum Glück nicht weit von meiner Unterkunft entfernt. Ich suchte sie sofort auf, ohne mich mit Sehenswürdigkeiten aufzuhalten. In weiser Voraussicht hatte ich genug Antibiotika (Penicillin) mitgenommen. Ich spürte wieder, dass ich Fieber hatte. Ab ins Bett. Jetzt wird's eng, Freunde. Da hört sich der Spaß auf. Das kann auch schlimm ausgehen. Wir Transplantierten sind besonders anfällig für Krankheitserreger und für Krebs. Es dauerte nicht lange, und der Schweiß rann in Strömen. Ich hatte mich in zwei Badetücher eingewickelt, die bald zum Auswinden durchtränkt waren. So, und was jetzt? Was ich unter allen Umständen vermeiden wollte und was einige vor der Reise befürchtet hatten, das war nun eingetreten. Da mein Immunsystem durch die Medikamente im Keller war, konnte jede Verkühlung schlimm enden. Bei den Wetterkapriolen, denen ich hier ausgesetzt war, hätte vielleicht auch ein gesunder Mensch Schwierigkeiten bekommen können. Am nächsten Morgen machte ich mich auf den Weg zur Apotheke, kaufte Tee, Vitamintabletten und einen Fieberstreifen. Auf die Stirne gelegt, verfärbt er sich, wenn man Fieber hat. Das war zwar keine genaue Diagnose, aber es genügte schon um zu wissen, ob ich fieberte oder nicht. Sicher hatte ich mich aufgrund der Witterung verkühlt. Schwitzen und der kalte Wind, das hatte genügt. In einem Supermarkt deckte ich mich mit Essen und vor allen mit Getränken ein und verschwand wieder im Bett. Von zu Hause keinerlei Nachrichten. Ein Gefühl der Grenzenlosigkeit überkam mich. Ich war in all den Jahren so pragmatisch unterwegs gewesen. Klare Ziele aus der Kiste meines Wunschdenkens wiesen die Richtung und vermittelten Sicherheit. Vieles davon wurde auch erreicht. Mein Selbstvertrauen war bis zum ersten Infarkt gut fundamentiert. Jetzt, gerade in dieser Situation, wo sich Gefühle wie Angst, Verlassenheit, Kränkung und die Suche nach Erklärung aufdrängten, war es wichtig, »nach Hause telefonieren« zu können. Der Vergleich mit E.T. hätte mich zu einem anderen Zeitpunkt aufgeheitert. Aber das klappte nicht. Was dürfte oder konnte ich noch unter »zu Hause« verstehen!

Ein Freund war im Netz. Dem erzählte ich von der Situation. Sein Kommentar kurz und bündig: »Ab in den nächsten Flieger!« Ja, das klang schon sehr vernünftig. Nur, wo war ein Flugplatz. Sicher, ich hatte versprochen, nicht mit meiner Gesundheit zu spielen. Immerhin hatte ich die Hälfte geschafft, das musste als Erfolg reichen. Vor noch nicht so langer Zeit waren ein paar Meter schon ein Jakobsweg. Drei Tage verbrachte ich in Ribadeo meistens waagrecht, schwitzend und schlafend. Ich fühlte mich elendig, wie geprügelt, jedes Gelenk tat weh, Husten und Atemprobleme. Ich war schlicht und einfach *krank*. Echt voll krank. Was sollte der Weg jetzt noch für einen Sinn haben. Sollte ich mein Leben aufs Spiel setzen? Damit war doch niemandem gedient. Wie hat Günter gemeint: »Allein die Entscheidung. Es machen zu wollen, verdient Achtung!« Ich schrieb ihm eine Nachricht und teilte ihm meine Situation mit, auch die Entscheidung, eventuell hier abzubrechen und nach Wien zu fliegen. Machbar wäre es von Lugo aus. Ich hatte ein One-Way-Ticket nach Bilbao und ein offenes Ticket von Santiago, das ich aber gegen Aufpreis jederzeit umbuchen konnte. Meine Gedanken kreisten schon ums Heimfahren. Die nächste unangenehme Überraschung, ich erfuhr Lugo hatte keinen Flughafen, trotzdem musste ich dorthin weil zumindest eine Bahnstation war in **Lugo**, etwa 100 bis 120 Kilometer entfernt.

Jetzt hatte ich mich so bemüht, war voller Enthusiasmus und Freude in dieses Abenteuer gegangen. Hatte Strapazen auf mich genommen, monatelang Vorbereitungen getroffen, und jetzt, jetzt soll alles umsonst gewesen sein? Schon über die Hälfte geschafft – Abbruch – Heimreise! Ich hatte es aber nun einmal versprochen, vernünftig zu sein, obwohl das für mein Ego schon ein harter Schlag war. Der Gedanke gefiel mir gar nicht. Andererseits, in dem Zustand war einem alles egal. Na dann fahr ich halt heim. Wo liegt das Problem? Das Geschnatter egal von wem war mir nicht wichtig. (Oder doch?!) Angeknackst wäre mein Selbstbewusstsein schon, glaubte ich. Ich hätte es aber nie zugegeben. Ein Telefonat mit Wien brachte auch nur Streit und Unfrieden. An Schlaf war jetzt nicht mehr zu denken. Während ich so schwitzend und müd in meinem Bett lag, mich über manche Aussagen ärgerte, die ich soeben gehört hatte, kamen Gedanken aus einer anderen Zeit wieder hoch.

Es gab eine Zeit, da wurde ich mit Ausreden und Lügen zugedeckt, dass sich die Balken bogen. Ich hatte selbst nicht verstanden, wieso ich damals nicht alles zum Fenster hinausgeworfen hatte. Mit mir kann man alles durchstehen, ich werde immer helfend zur Seite stehen, bloß keine Lügen. Dann ist alles vorbei. Dieses Prinzip halte ich normalerweise eisern. Ich fragte mich damals und frage mich heute noch, wieso fand ich immer irgendwelche Entschuldigungen für ihre Lügen. Das wäre doch ein interessanter Fall für einen Psychiater. Wir hatten uns unsere Liebe gestanden, ich wollte auch ihren Eltern kennen lernen, was sie vehement ablehnte aus Angst. Von einem Bruder erhielt ich privat und in der Firma Morddrohungen. Bis mir der Kragen platzte. Ich hatte erfahren, wo er arbeitete, fuhr hin und stellte ihn zur Rede. Ich drohte ihm vor seinen Kollegen, sollte ich noch so einen Anruf bekommen, wäre ich hier und dann gnade ihm Gott oder vielmehr Allah. Ich war als Lehrling ein Jahr in der Polizeischule zum Gesundheitsboxen. Klar hatte ich auch austeilen gelernt. Darum hatte ich auch keine Angst, solche Drohungen auszusprechen. Ich weiß schon, ein Messer oder eine Kugel sind schneller. Doch einschüchtern kann nie schaden. Es hatte auch gewirkt.

1991 war sie drei Wochen bei einer Tante auf Urlaub gewesen. Ich weiß nicht mehr, wie viel Geld wir vertelefoniert hatten. Berge von Fotos und Ansichtskarten kamen mit der Post. Es waren die schrecklichsten und längsten drei Wochen, bis sie endlich wieder da war. Im Sommer 1992 flog sie wieder in die Türkei, mit einer Freundin. Wir wohnten schon zusammen außerhalb von Wien. Ich konnte nicht verreisen, da meine Vertretung gerade im Urlaub war. Warum also wollte sie gerade jetzt weg? Sie habe was zu erledigen. Ein großes Fragezeichen stand im Raum. Meine innere Stimme räusperte sich. Misstrauen begann zu blühen, und das nicht ganz grundlos.

Ich hatte damals zufällig Liebesbriefe und Karten bei uns in der Wohnung gefunden. Natürlich auf Türkisch. Weiß nicht, was darauf stand. Bis heute nicht. Ich lernte zwar seit zwei Jahren autodidaktisch Türkisch. Aber erstens lese ich keine fremden Briefe, und zweitens ist die Grammatik dieser Sprache so schrecklich kompliziert, dass ich auch mit Wörterbuch den Text nicht hätte entschlüsseln können. Jetzt hielt ich die Briefe in Händen, verstand zwar kein Wort, doch die Zeichnungen sagten alles. Jetzt musste ich S damit konfrontieren. Im Geheimen dachte ich: »So, jetzt ist die Situation da, die von Anfang an zu befürchten war. Wenn sie einen türkischen Freund hat, bleibst du auf der Strecke. Dann hast du nichts mehr zu sagen. Nur damit das klar ist. Und du darfst ihr gar nicht böse sein!«

S war zuerst erschrocken, dann verlegen, dann böse und meinte nur, das sei nichts, nur ein Verehrer, den sie voriges Jahr kennen gelernt habe, als sie mit ihrem Bruder unten war. Ganz nett, aber nichts Ernstes. Er schreibe immer wieder Liebesbriefe, aber sie liebe ihn nicht. Nur zu gerne hörte ich diese Worte, doch innerlich zweifelte ich, ob nicht doch mehr dahinter war. Doch ich machte den Fehler, nicht auf mein Inneres zu hören. Ich glaubte ihr die Worte, die ja meinem Ego Auftrieb gaben und meinen Stolz nährten. Hatte mich die Liebe – oder was auch immer – schon so verblendet? War ich noch Herr meiner Gedanken, oder war ich schon manipuliert? Nun wollte sie wieder in die Türkei. Natürlich bohrte ich unentwegt, was sie dort machen werde. Einfach sagen, »Merhaba, war sehr schön, hat mich gefreut, aber jetzt ist Schluss mit lustig?« Das würde es wohl nicht geben in diesem Land. Das konnte sie mir nicht weismachen. Dazu hatte ich die orientalische Kultur schon zu sehr kennengelernt. Da schreckte man auch vor einem Ehrenmord nicht zurück. Dafür hat ja anscheinend jeder Orientale ein Messer bei sich – eigenartige Auffassung von Ehre. Privat kann das Chaos herrschen, nur nach außen hin muss alles glänzen. Wegen der Nachrede. Also noch eine Sorge dazu. Wenn ihre Worte wahr sein sollten, schwebte sie in Gefahr. Wäre nicht das erste Mal, dass ein abgewiesener Verehrer durchdreht. Irgendeine Stimme in mir schrie »Achtung«. Ich sollte mitfahren, es ging aber urlaubsmäßig nicht. Die Freundin beruhigte mich, sie werde aufpassen auf S. Alles sei in Ordnung. Ich sah in ihren Augen, diese Worte waren nur leeres Gerede, um mich zu beruhigen. Nun, aufhalten konnte ich die Zukunft sowieso nicht. S versprach hoch und heilig, sich bald zu melden, wenn möglich gleich nach der Landung. Ich brachte beide zum Flughafen, und mit besorgten Mienen nahmen wir Abschied. Dann hörte ich eine Woche nichts von S. Jeder Tag war eine Nervenprobe bis zum Äußersten. Ich vernachlässigte meinen Job, weil ich nicht fähig war, mich zu konzentrieren. Dauernd hatte ich Schreckensbilder im Kopf. Zum einen, wie sich zwei in die Arme fielen und sich über den Affen im Ausland amüsierten, zum anderen Streitigkeiten, die in Handgreiflichkeiten ausarteten und bei denen sie ohne Hilfe war. Die Nächte waren besonders schlimm. Man liegt im Bett, ist eigentlich hundemüde, körperlich, aber der Geist ist hellwach und grübelt auf Hochtouren. Der Blutdruck erreicht bedenkliche Höhen, Magensäfte schwappen über und erzeugen Übelkeit und Sodbrennen, und dazu halluziniert man Bilder, die alles noch gruseliger machen. Nach dem vierten Tag rauchte ich bereits drei Packungen am Tag, die Kaffeemenge erreichte fast die Litermarkierung. Essen war nicht möglich. Die Versuche, mich mit Arbeit abzulenken, waren wenig erfolgreich und wenn, dann nur kurzzeitig. Mitarbeiter bemerkten die Veränderungen an mir. Manche versuchten mir zu helfen mit Tipps, gutem Zureden und Versuchen, meine Bedenken zu zerstreuen. Ich wollte auch nicht zu viel darüber sprechen, das war für das Arbeitsklima nicht zuträglich. Am fünften Tag hielt ich es nicht mehr aus. Ich fuhr in die Firma, um mit meinem obersten Boss zu sprechen. Er war schon Jahre mit einer türkischen Frau verheiratet. Er hörte mir geduldig zu, dachte kurz nach und meinte nur: »Behalte immer deinen klaren Kopf. Keine Frau der Welt ist es wert, zu sterben, und das passiert dir da unten schneller, als du glaubst. Sorge nur dafür, dass in deinen Objekten alles weiterläuft. Ich selbst werde Stichproben machen. Wenn du Geld brauchst, sag's mir. Glaubst du, dass du etwas da unten erreichen kannst?« Ich hob meine Schultern. »Chef, 60 Millionen Türken haben keine Chance gegen mich, wenn *sie* mich will. Wenn sie nein sagt, dann habe ich verloren und keine Chance mehr.« »Na bumm, dich hat's ja erwischt. Du meine Güte! Okay. Einen Verliebten etwas zu raten ist sowieso in den Wind gesprochen. Ein Mann muss tun, was er tun muss. Tschüss und viel Erfolg!« Damit hatte ich freie Hand – aber keinen Flug. Donnerwetter noch mal, kein Platz nach Istanbul zu bekommen! Nicht einmal im Frachtraum. Stunden telefonierte ich, ging zu einer Bekannten ins Reisebüro, auch sie hatte kein Glück. Möglich wäre es von Frankfurt. Wie komm ich nach Frankfurt? Mit Auto geht nicht. Ein eigenes Auto hatte ich nicht, mit dem Firmenwagen war es nicht möglich. Also dann ein Linienflug nach Frankfurt und von dort in die Türkei und retour? Die Kosten überstiegen mein Budget bei Weitem. Mein Chef hätte mir sicher geholfen, der hatte mehr Millionen als ich Zehen und Finger. Doch das wollte ich nicht. Ein Leihwagen war auch zu teuer. Also ZUG. Die Idee des Jahres. Laut Bahnauskunft fuhr einmal in der Woche, immer donnerstags, der Orientexpress nach Istanbul. Heute war Donnerstag. Ich hatte den Reisepass bei mir für ein eventuelles Flugticket. Auf alles andere musste ich verzichten, das konnte man auch unterwegs kaufen. Die Abfahrt war in nicht einmal einer Stunde. Zahnputzzeug besorgt, Kleinigkeit zum Essen, immerhin würde ich 40 Stunden unterwegs sein. Ein Taxi brachte mich zum Westbahnhof, während ich mit einigen meiner Objektleiter telefonierte. Einer versprach mir, seinen Bruder anzurufen, dass er mich samstags am Bahnhof in Istanbul abholen soll. Im Dauerlauf zum Kartenschalter und wenig später stieg ich keuchend in den Zug, der kurz danach schon abfuhr. Jetzt saß ich im Zug in ein ganz fremdes Land. Langsam legte sich die Hektik in mir, und Unsicherheit, fast wie etwas Angst, nahm dafür in meinem Hirn Platz. Jetzt erst wurde mir die Tragweite meines Unternehmens bewusst. Langsam dämmerte es mir, was ich hier tat. War das überhaupt richtig? Mit welchem Recht löste ich vielleicht Panik bei manchen Menschen in der Türkei aus? Wo sollte ich sie überhaupt suchen? Ich wusste gar nichts. Ja, wo ihre Tante wohnte, aber auch nur die Stadt. Was aber sollte ich denn da unten machen, ohne Informationen? Mir wurde jetzt erst klar, welchen Schwachsinn ich hier abzog. Ein Plan ohne Hirn gemacht. Gemacht? Nein, gemacht war der sicher nicht. Eine überstürzte Panikhandlung eher. Wie zu erwarten war, wusste man in der Türkei schon Bescheid, wer da unterwegs war. Ich wurde abgeholt wie versprochen und hörte, S sei unterwegs nach Istanbul. Ich nahm ein Hotelzimmer und traf am nächsten Tag S und ihre Freundin. S sah entsetzlich aus. Hager, grau im Gesicht, die Haare ungepflegt und müde Augen. Ihr Gesicht zeigte Freude, aber auch Angst. Vorwürfe musste ich mir anhören, warum ich das auf mich genommen habe. Da war aber weniger die Sorge um mich, sondern die Angst, dass sie Probleme bekommen könnte. Es sei alles in Ordnung, sie habe alles erledigt und mache schließlich nur Urlaub mit der Freundin. Die Botschaft hörte ich wohl, allein mir fehlte der Glaube. Wir sahen uns noch Istanbul an, und am nächsten Tag fuhr ich schon wieder zurück. Mit einem Kilo Baklava im Gepäck, dieser schrecklich süßen Speise, jeder Menge gegenseitiger Liebesbezeugungen und guter Wünsche verabschiedete ich mich. S und ihre Freundin winkten mir mit leicht tränenden Augen nach. Als Trost würde S eine Woche früher zurückkommen. Das Räderwerk in meinem Kopf ratterte die ganze Bahnfahrt über. An Schlaf war nicht zu denken. Ich schrieb in mein Tagebuch, verfasste Gedichte und ersehnte das nächste Wochenende. In Wien angekommen, stürzte ich mich wieder voll in die Arbeit. Den Fragen meines Chefs wich ich mit banalen Ausflüchten aus. Konfliktreich würde es erst eine Woche später, nach ihrer Rückkehr. Am Flughafen erwartete ich sie. Wie eine Fee erschien sie bei der Ankunft. Weißes Spitzenkostüm, langes schwarzes Haar, das in Locken über die Schulter fiel. Ein zaghaftes, etwas unsicheres Lächeln auf den Lippen. Wir begrüßten uns innig und fuhren gleich vom Flughafen eine Woche durch Österreich. Schließlich wollte ich ihr ihre neue Heimat zeigen. Alle möglichen Geschichten aus der Türkei hörte ich. Auf jede Frage kam eine Antwort. Meist die, die ich hören wollte.

Nach der Woche hatte uns die Arbeitswelt wieder. Tausend Dinge waren zu erledigen. Langsam verlor sich das Thema Türkei in einem blasser werdenden Hintergrund. Aber es gibt doch eine höhere Macht, die Gerechtigkeit fordert und die mithilft, die Wahrheit ans Tageslicht zu bringen.

Es geschahen Dinge, die nicht zu erklären waren. Taschen fielen von Haken, ohne dass der Griff oder der Haken kaputt war, ich erhielt zufällig Post, die ich nicht bekommen sollte, ich hatte dreimal hintereinander denselben Traum und konnte mich am Morgen detailliert daran erinnern. Zum Abschluss bekam ich noch eine Videokassette in die Hände. Ein Arbeiter hatte sie mir unwissend gegeben. Darauf war alles zu sehen, was wichtig war. Es hatte eine Verlobung gegeben, möglicherweise von ihrem Bruder inszeniert, der wollte, dass sein Freund nach Wien kommen kann, da S schon länger die Staatsbürgerschaft besaß. Ich war am Boden zerstört. Von einem Vertrauensbruch in der ersten Ehe gleich in einen in der zweiten. Warum nicht die Wahrheit sagen? Warum Lügen? Die Wahrheit ist manchmal hart, aber doch erträglich. Lügen sind auf Dauer unerträglich, genauso wie die Geschichten, die erfunden werden, um den anderen zu beruhigen. Wem könnte ich die Schuld an meinem schrecklichen Zustand zuschieben? Kulturell war vorgesehen, dass schon die Kinder im Zuge der Familien- und Heiratspolitik in die Gruppe der »Sager« und in die Gruppe der »Folger« eingeteilt wurden. Die Zuordnung wurde durch das Geschlecht bestimmt. Wann und wo hätte S gegen die Verwendung ihrer Person protestieren können? Den Männern, Söhnen einen Vorwurf zu machen – für sie völlig aussichtslos. Der Mann ist es, der entscheidet. Diese fatale Anmaßung bedeutet allerdings das Ende jeglicher Entwicklung. Die Rollen und Fronten sind erstarrt, hierarchisch einzementiert. Es war eine ganz harte Zeit damals, viele Diskussionen, Streitereien, Tränen, Magen- und Herzschmerzen. Vielleicht auch ein Grundstein zu meinem ersten Infarkt. Warum ich auch immer alles so ernst nehmen musste. Warum konnte ich nicht leicht abwinken und sagen, okay, die nächste Dame, derselbe Herr? Mir keine Gedanken darüber machen? Vielleicht wollte es das Schicksal so. Ein Lernprozess für beide? Heute sind wir über 20 Jahre verheiratet, mehr oder weniger glücklich, und wir lieben uns. Wenn auch jetzt ein leichtes Tief unsere Ehe trübte.

8. Juni. Genug gelegen und sinniert. Die Tage waren wie im Flug vergangen. Nur geschlafen, Tee getrunken und Gedanken gewälzt.

Sogar Sehnsucht nach zu Hause hatte sich bei mir wieder gemeldet. Nun aber Gedanken nach vorn und auf den Rückweg konzentrieren. Das war jetzt Thema Nr. 1. Auf nach **Lugo**. Diesmal fuhr ich mit dem Bus etwa 120 Kilometer, das waren um die vier Stationen. In meinem Pilgerpass entstand eine große Lücke. Aber in meinem Zustand könnte ich die Strecke nie schaffen. Schade war nur, von Ribadeo fast nichts gesehen zu haben. Eine überlebensgroße, anscheinend sehr wichtige Familie[29] stand als steinernes Monument an der Straße; »Roman Gonzales Fernandez« war auf einem Schild und auf einer großen Halle zu lesen. Vielleicht der ehemalige Boss hier vom Ort mit seiner Gattin? Keine Zeit und keine Lust, das genauer zu eruieren. Vielleicht würde ich irgendwann einmal wieder hierherkommen. Ich nahm mir sogar ein Taxi zum Busbahnhof. In knappen zwei Stunden, in denen ich teilweise schlief, brachte mich der Bus nach Lugo. Am Busbahnhof war ich schon angenehm überrascht. Es war hier wesentlich wärmer als an der Küste. Was mich gleich erstaunen ließ, war die riesige, lange und hohe Stadtmauer[30]. So etwas sieht man selten. Noch dazu in einem Zustand, als wäre sie erst vor einigen Jahren gebaut worden. Auf einem Plan suchte ich mir die Unterkunft heraus. Zum Glück war sie nicht sehr weit weg. Im Schlendergang schlurfte ich vorwärts. Lugo, eine sehr große Stadt mit viel Geschichte. Lucus Augusti. Römische Provinzstadt. Kaiser Augustus ließ gegen die Gallier, die damals plündernd und mordend das Land überfielen, eine Stadtmauer errichten. Seit 1700 Jahren steht dieses Monsterbauwerk mit über zwei Kilometern Länge, einer Höhe von acht bis zehn Meter und einer Stärke von viereinhalb bis sieben Meter. Zehn Tore, die man auf der Mauer überqueren kann. Wirklich beeindruckend. Momentan hatte ich aber keinen Sinn für Sehenswürdigkeiten. Ich war froh, die Unterkunft zu erreichen und ins Bett zu fallen. Unterwegs versorgte ich mich in einem Markt und verbrachte den restlichen Tag im Bett. Studierte schon übers Internet den Rückflug. Es tat mir schon leid; so weit war ich gekommen, und jetzt solch ein Ende. Auch den nächsten Tag verbrachte ich vorerst in

[29] Bild 32
[30] Bild 33

der Unterkunft, von einem kleinen Besuch eines netten Cafés an der Ecke abgesehen. Die Antibiotika schlugen jetzt, am vierten Tag, an. Nach drei Tagen in Lugo fühlte ich mich schon besser als die Tage zuvor. Ich unternahm einen Spaziergang. Fuhr mit dem Bus in alle möglichen Richtungen, um die Stadt von allen Seiten zu sehen. Je länger ich unterwegs war, umso besser ging es mir. Das Wetter war angenehm, eher kühl, aber trocken. Das war schon was wert.

Mein verbesserter Gesundheitszustand und der Umstand, dass es keinen Flughafen gab ließ die Gedanken an den Heimflug etwas in den Hintergrund rücken. Es wäre doch schön, die Reise doch noch abschließen zu können. Was wartete auf mich zu Hause? Ärger, Streit und … Da war es doch schöner hier in der Fremde. Übers Internet erfuhr ich, der Chef meines Operationsteams war in La Corona, um einen Vortrag zu halten. Immerhin war er eine der Kapazitäten, die immer wieder für Zeitungsberichte sorgten, weil er eine ganz komplizierte Transplantation vorgenommen oder einem Säugling mit einer Herzoperation das Leben gerettet hatte. Er stand jedenfalls auf der Liste der Transplantärzte ganz oben. Kurz keimte der Entschluss in mir auf, mit dem Bus nach La Corona fahren und mit ihm auf einen Kaffee zu gehen. Er war auch derjenige gewesen, der mir die Adresse der Ärztin in Laredo gegeben hatte. Aber 200 Kilometer hin und genauso viel zurück, das war für einen Kaffee doch etwas absurd. Also verwarf ich den Plan. Die Heimreise nahm in meinem Kopf wieder Platz eins ein.

In meinem Schädel fand ein Kampf statt, ja oder nein. Bei solchen Situationen hat mir als Selbständigem immer die Buchhaltung geholfen. Eine so genannte Milchmädchenrechnung, wie man in Österreich zu sagen pflegt. Ich nahm ein Blatt Papier und zeichnete in der Mitte einen senkrechten Strich. Links schrieb ich sämtliche Gründe gegen die Heimfahrt auf (+), rechts alle, die dafür sprachen (-). Dann wurden die Gründe je nach Schwere mit Werten versehen. Diese Werte zählte ich dann zusammen, jede Seite für sich. Der Saldo führte dann zu meiner Entscheidung. Das hatte eigentlich immer ganz gut funktioniert. Man musste die Gründe nur ehrlich und wahrheitsgetreu angeben. Die

Plusseite überwog in diesem Fall, nicht berauschend hoch, aber doch. Also würde ich doch weitermachen, zumindest bis Santiago. Ob ich **Cabo de Finisterre**, »das Ende der Welt«, erreichen würde, stand noch in den Sternen. Das wäre das Tüpfelchen auf dem i. Ein gebührender Abschluss, den Camino 0,0 zu erreichen! Zu Hause sagen zu können, ich war am Ende der Welt! Aber es war kein Muss, immerhin waren es von Santiago hin und retour 180 Kilometer, und der offizielle klerikale Camino war in Santiago zu Ende.

Während ich so in Gedanken versunken dahinging, kam ich bei einem Bahnhof vorbei. Ein gerade einfahrender Zug erregte meine Aufmerksamkeit. Ich war erstaunt; so ein tolles Gefährt hätte ich hier nicht vermutet. Sehr modern gestaltet, weiß, Türen ohne Griffe, unregelmäßig angeordnete, dunkel verspiegelte Fenster. Er hieß Trendhotel[31], ein ungewöhnlicher Name für einen Zug. Ich erkundigte mich nach den Preisen. Eine Station wollte ich in der Luxuskutsche mitfahren. Hin- und Rückfahrt 48 Euro. Nicht gerade billig, wenn man im Vergleich die Preise der Autobusse nimmt. Aber es war im Budget enthalten, und ich gönnte mir das Vergnügen. Zehn Minuten später saß ich in diesem fahrenden Hotel. Ich war irrtümlich in die 1. Klasse eingestiegen. Der Schaffner machte mich darauf aufmerksam, sah meine erstaunten Augen, lachte und bedeutete ich soll sitzen bleiben. Für eine Station sei es egal. Dass der Zug Fahrt aufnahm, spürte ich überhaupt nicht. Jedes Abteil hatte Garderobe, TV, Waschraum, WC, wirklich erste Sahne. Im Nullkommanichts hatte der Zug die 70 Kilometer hinter sich gebracht. Ich bedauerte es schon sehr, jetzt aussteigen zu müssen. Die zwei Stunden Zeit für die Rückfahrt verbrachte ich in Curtis.

Dieser Ort ist das, was wir als Nest bezeichnen. Schmutzige Häuser, eine Kirche, zwei Gasthäuser und Ende. Einige wenige Gärten, die ausnehmend schön und gepflegt waren. Wahrscheinlich vom Bürgermeister oder so. Es regnete wieder einmal ganz leicht, und Wind kam auf. Ich ging die Straße entlang bis zum Ende des Dorfes, in der Hoffnung, irgendetwas Interessantes zu sehen. Aber außer einen

[31] Bild 34

LKW, der frontal in eine Hausmauer gedonnert war, gab es nichts. Der Aufprall muss arg gewesen sein, denn der geladene Sand vom LKW befand sich auf dem Dach des Hauses, das, den Rissen nach zu urteilen, nicht mehr bewohnbar zu sein schien. Der Regen wurde stärker. Rettung brachte ein Lokal. Leer. Kaffee gab's immer und einen Snack dazu. Über eine Stunde hatte ich noch Zeit, dem Regen zuzusehen. Im Fernsehen waren Demonstrationen zu sehen. Anscheinend gab es wegen des Thronwechsels rabiate Gegner der Monarchie. Wieder König Juan Carlos in jedem Programm, Bilder von heute, von früher, von viel früher. Eine richtige Propagandasendung. Dann wieder Sprechchöre, weiß nicht, ob für oder gegen ihn. Wie überall eben. Keiner ist zufrieden, egal, wer etwas macht oder nicht macht. Langsam wurde es Zeit, den Bahnhof aufzusuchen. Majestätisch fuhr der Zug fast unhörbar ein. Diesmal saß ich richtig. Wobei zu betonen ist, die 2. Klasse ist genauso modern und luxuriös ausgestattet. In Lugo angekommen, suchte ich meine Unterkunft auf, um für die Abreise alles herzurichten. Gott sei Dank, es ging mir wieder etwas besser. Die Tage hier hatten mir wirklich gutgetan. Das Antibiotikum hatte seine Wirkung gezeigt. Es noch einige Tage weiter einzunehmen, konnte nicht schaden, damit auch die letzten Viren oder Bakterien vernichtet würden. Ausgeschlafen und etwas erholt begab ich mich auf die Reise. Noch einmal durch die Stadtmauer am Festplatz vorbei, hier wurden jährlich wie bei uns in Salzburg Festspiele abgehalten. In römischen Gewändern und Rüstungen werden Kämpfe von früher nachgespielt. Ich sah zahlreiche Auslagen mit Kostümen von römischen Soldaten oder mit Togas. Eine Auslage musste für ein »Selfie« herhalten. Peregrino rot mit Ausrüstung.

Hier in **Lugo** sah man schon mehr Pilger. Am Hauptplatz vor der Altstadt dürfte so eine Art Treffpunkt sein. Ich gesellte mich zu einer Gruppe, die mir recht sympathisch erschien. Hörte den Gesprächen zu, die ich einigermaßen verstand, da auch Deutsche dabei waren. Eigentlich hatte ich die kurze Strecke nach **Melide** geplant, wurde aber von anderen Pilgern darauf aufmerksam gemacht, dass es in **Guntin** schwere Zusammenstöße zwischen Polizei und Demonstranten gebe.

An der Grenze zwischen Asturien und Galizien. In Galizien war man gegen den König. (Einige Tage später sah ich an der Grenze selbst ein Transparent: »Galizien ist *nicht* Spanien!«.) Außerdem sei die Straße gefährlich, weil der Weg durchs Gebirge führe und schlecht mit dem Gepäck zu begehen sei. Zumal bei nassem Wetter. Wir seien besser beraten, den zwar etwas längeren, aber sicheren und wesentlich leichteren Weg über **Baamonde** und **Curtis** zu nehmen. Nach einigen Überlegungen und Diskussionen sowie einem eingehendem Kartenstudium wurde es der Weg über Curtis. Ob wir jetzt einen oder zwei Tage früher oder später in Santiago ankämen, wahrlich, das war egal. Die ersten Kilometer waren wir eine Gruppe von sechs Personen. Bis auf einen Herrn aus Düsseldorf, Jochen, und mich lauter Jugendliche. Darunter drei Deutsche. Lautstark machten sie ihren Unmut kund, jetzt noch mehr gehen zu müssen. Nach 15 Kilometern waren wir in **Rábade**[32]. Das heißt, die meisten waren schon wieder weg, als Jochen und ich ankamen. Eine Unterkunft war schnell gefunden. Wir beide saßen gemütlich beisammen und tratschten über Gott und die Welt. Er war 70 und feierte in einer Woche Geburtstag. Witwer, zwei Söhne und drei Enkelkinder. War bei der Ruhrgas als Geologe beschäftigt gewesen. Ihn interessierte das ganze Gebiet des Jakobswegs von der geologischen Seite. Er sei sich sicher, dass hier ist ein reicher Boden mit diversen Bodenschätzen vorhanden war. Einige Ausführungen von ihm waren richtig spannend. Er erklärte mir, wie man erkenne, wo Hohlräume unter der Erdoberfläche waren. Stundenlang hätte ich ihm zuhören können. Ich schätze Menschen, die ein umfassendes Wissen haben. Seine Meinung war, wir sollten nicht die Welt beherrschen, sondern mit ihr in Symbiose leben. Die Natur stelle uns alles zur Verfügung, unentgeltlich, nur wir verstünden in unsere Gier und maßlosen Überheblichkeit verstünden es nicht, mit ihr in einer Partnerschaft zu leben, wo einer den anderen unterstützt. Die Natur habe ihren vorgeschriebenen Zeitablauf. Dieser Rhythmus sei unumstößlich. Würden wir Menschen uns diesem Rhythmus

[32] Bild 37

unterordnen, sehe so manches anders aus. Klare und richtige Worte von einem Mann, der sich immer mit der Natur beschäftigt hatte.

Auch meine Gedanken ginge öfter in dieser Richtung. Wie einfach und sparsam man eigentlich leben könnte, merkte ich jetzt auf meinem Weg wieder. Was besitzen wir nicht alles, was wir eigentlich überhaupt nicht brauchen. Wir kaufen lauter Tand, der dann als Staubfänger herumsteht oder -hängt, um nach einiger Zeit auf dem Müll zu landen. Ich habe mir schon oft gedacht, eigentlich bin ich ja blöd. Ich gehe arbeiten, um Geld zu verdienen, das ich dann wieder ausgebe, um mir Arbeit zu kaufen?! Wie würde das ein Psychologe nennen? Wenn sich jeder, damit meine ich wirklich jeder, bei sich umschauen würde, was so alles unnötig und nutzlos bei ihm herumsteht. Was man nicht glaubt, alles haben zu müssen. Wir diskutierten noch eine Weile, wie wir die Welt retten und verbessern würden. Die meisten Supermärkte zusperren zum Beispiel. Wieder die Kleinhändler und Greißler fördern, allein schon wegen der Arbeitsplätze und wegen der größeren Auswahl. Heute wird alles, was Arbeitsplätze schafft und erhält, geschlossen, abgeschafft oder vernichtet. Und noch immer gibt es so kleinkarierte Menschen, die noch mehr Arbeitsplätze abbauen wollen. Ich verstehe nicht warum. Es werden weniger Menschen beschäftigt, somit sinken die Lohnkosten, und trotzdem gehen die Firmen zugrunde, oder ihre Produkte werden dauernd teurer. Da ist doch irgendwo der Wurm drin. Begreifen das die Politiker nicht? Oder haben sie Angst vor den Konzernen? Vielleicht wurde ihnen auch der Mund mit Geldscheinen verstopft.

Solche Überlegungen sind zugegeben mittlerweile ständig bemühte Binsenweisheiten. Die Verursacher großer Schäden haben ihre Öko-Bio-Sprüche gut auswendig gelernt. Während sie gewaltigen Mist bauen, begeistern sie sich am Recycling. Aber wie im Kleinen, so im Großen und umgekehrt. Ich war hier, um mich von vielem verabschieden zu können. Wenn ich mich wiederfinden würde, dann bitte im neuen Gewand.

Wir beendeten unsere Diskussion, wünschten uns gegenseitig eine gute Nacht und gingen zu Bett. Morgen, Freitag der 13., war Baamonde unser Ziel.

11 Baamonde – Mondoñedo – Vilalba

Nachdem ich nicht abergläubisch war, versprach dieser Freitag der 13. ein schöner Tag zu werden. Um 7 Uhr strahlte die Sonne vom Himmel, das Frühstück war perfekt, und alles sah nach einem guten Tag aus. Jochen war auch schon auf, und wir beschlossen, gemeinsam die nächste Etappe zu bewältigen. Die Gegend war alles andere als aufregend. Ländliche Idylle, wohin das Auge sah. Bis auf eine größere Fabrikanlage nur Wald, Wiesen und Felder, dazwischen mehr oder weniger gepflegte Einfamilien- und Bauernhäuser. Was ich zufrieden bemerkte: Je weiter ich ins Landesinnere kam, umso ebener waren die Landschaft und damit auch die Straßen. Die waren zwar nun leichter zu gehen, aber auch langweiliger. Immer passt uns Menschen irgendwas nicht. Scheint die Sonne, ist's zu warm, scheint sie nicht, ist's zu kalt. Egal, ob es rauf oder runter geht, es ist niemals recht. Kaum einer, der es gelernt hat, sich mit den Gegebenheiten eines »krummen« Lebens abzufinden. Nichts ist gerade. Mir fällt hier der Maler Friedensreich Hundertwasser ein. Über seinen spaßigen Spielereien in der Architektur mag man schmunzeln, sein Ausruf aber »Die Gerade ist des Teufels!« stimmt bedenklich. Mir scheint, wir stehen viel zu oft stramm, meist aus purer Eitelkeit. Besser wäre es wohl, die Unebenheiten im Knie federnd zu überwinden. Immer wollen wir etwas verändern. Dabei sollten wir schon wissen, immer wenn der Mensch in die Natur eingreift, entstehen Katastrophen.

So bummelten wir dahin, einige Fahrrad-Pilger überholten uns. Wir verließen die Straße und gingen den Fußpfad weiter, der recht gut gekennzeichnet war. Mittags trafen wir in **Baamonde** ein. Jochen war müde. Da die Geschäfte geschlossen hatten, bestellten wir uns in einem Restaurant etwas zu essen. Also Haubenköche habe ich hier noch keine gefunden. Der gute Mann vom Personal empfahl uns ein Filet mit Kartoffeln und Salat. Es sah gar nicht so schlecht aus. Manche Kartoffeln hatten schwarze Farbe angenommen. Gut, die musste man ja nicht essen. Das Filet wäre dann aber geeignet gewesen, unsere Schuhe zu doppeln. Auf Lebzeiten hätte es keine Probleme mit abgetretenen Sohlen gegeben. Wir gaben das Essen zurück, verzichteten aufs Bezahlen der Speisen und gingen in ein anderes Lokal. Dort nahmen wir Suppe, Salat mit Thunfisch und Gebäck zu uns. Das füllte wenigstens den Magen. Der Wirt kam mit einer Schnapsflasche und zwei Gläsern, die er vollschenkte. Er blinzelte uns zu und murmelte: »Camino …« Wir bedankten uns und prosteten uns zu. Der Schnaps hatte eine schrecklich leuchtende giftig-gelbe Farbe, schmeckte aber echt gut, rann wie Öl hinunter, vorerst ohne viel Wirkung. Kaum aber war er im Magen gelandet, entstand ein Feuerwerk. Heiß, aber nicht unangenehm. Kurz, der Schnaps, um welchen es sich auch immer handelte, war erste Klasse.

Die ganze Zeit über trug ich ein Problem mit mir herum. Mir fehlte die Strecke zwischen Ribadeo und Lugo. Ich wollte nicht offen eingestehen, dass mich das sehr störte. Prinzipiell war es ja egal, für die Compostela waren sowieso nur die letzten 200 Kilometer ausschlaggebend. Doch ich wäre nicht ich, ließe ich die Sache auf sich beruhen. Wenn sich mein Dickschädel etwas vornimmt, so soll es auch ordnungsgemäß so sein. Ich erzählte Jochen von meinen lächerlichen »Problemen«. Verständnisvoll lächelte er und nickte. »Ich kann es dir nachfühlen. Überlegen wir, ob sich eine vernünftige Lösung finden lässt.« Verschiedene Möglichkeiten zogen wir in Erwägung. Ich wollte schon die Stationen machen, andererseits aber nicht doppelt gehen. Wir fanden zu einer vertretbaren Einigung. Mein schweres Gepäck sollte hier in Baamonde bleiben, ich würde mit dem Bus bis **Mondonedo** fahren und von dort nach Abadin gehen. Von dort führe ich dann mit dem Bus hierher zurück. Am nächsten Tag dann mit dem Bus abermals nach **Abadin** und von dort zu Fuß nach **Vilalba**, um von dort wiederum hierher zu fahren. Am nächsten Tag müsste ich dann nur mit dem Bus nach Vilalba fahren und zu Fuß hierher kommen. Somit hätte ich alle

Stationen gemacht, ohne einen Weg zweimal zu gehen. Die Idee war brauchbar. Die Busse waren auch wirklich billig. Einzig die Zeit störte mich etwas. Warum eigentlich immer zurückfahren? Ich würde mein Zimmer behalten und nur das Wichtigste mitnehmen. Mit dem Bus nach Mondonedo und hierher zurückgehen. Eine Nacht bleiben, zeitig losmarschieren, in Vilalba schlafen und dann hierher. Jochen meinte, er nehme den direkten Weg nach **Santiago**, da in einer Woche sein Bus nach Düsseldorf gehe, wo ihn seine Enkel erwarteten. Klar, solche Spinnereien machte ja kein vernünftiger Mensch mit. Ich verabschiedete mich von ihm, mit den besten Wünschen zu seinem kommenden Geburtstag, wir umarmten uns wie alte Freunde (wobei alt ja stimmt), wünschte ihm noch eine gute Heimreise und »Buen Camino«.

Kurz darauf war ich schon unterwegs nach Mondonedo. War nett gewesen mit Jochen. Eine angenehme Begleitung. Während ich zum Fenster hinausschaute, schlief ich kurz ein. Das Schaukeln, angenehm warm, bequeme Sitze, und müde war ich auch. War bis jetzt ganz schön viel, was ich mir da zugemutet hatte. Ich bin ja in keiner Weise trainiert. Ein Geher war ich aber immer, den ganzen Tag auf den Beinen. Nur war das hier ganz etwas anderes. Die Tage im Spital fielen mir ein, das Ärzteteam, die Aufregungen, die Schmerzen und dann diese Gleichgültigkeit. Hmm … doch, ja, es war eine Gleichgültigkeit, die von mir Besitz ergriffen hatte. Hatte ich anfangs den Kampf aufgenommen, vehement sogar, so war später einfach alles egal. Was auch geschehen würde, es war gut. Dabei hatte ich nicht aufgegeben oder resigniert. Nur war man in solchen Situationen vollkommen hilflos, nichts konnte man beitragen, nichts konnte man machen. Es lag alles in den Händen der Ärzte und des Pflegepersonals. Wenn ich mich zurückerinnerte an die Halluzinationen, die ich von den schmerzstillenden Infusionen hatte. Fürchterliche, mörderische Wahnvorstellungen. Das kann man sich nicht vorstellen, wenn man so etwas noch nie erlebt hat. Der Keim, den ich mir im eingefangen hatte und der in der Lunge quasi explodiert war, da war es wirklich verdammt knapp. Ich hatte damals auch noch mein Kunstherz. Die Ärzte wollten mir schon eine zweite Pumpe einsetzen. Die Schnitte waren bereits gemacht. Aber es war noch einmal gut gegangen. Anscheinend hatte ich hier auf dieser Welt noch etwas zu erledigen. Und das war nur eine Episode von einigen während meines Spitalaufenthaltes. Aber ich wollte es vergessen – was sicherlich nie ganz gelingen wird, aber ich schiebe diese Erinnerungen meistens ganz weit weg. Obwohl ich jedes Mal, wenn ich für meine Kontrolluntersuchungen meine alte Station besuchte, den Kommentar abgab: »Ich gehe meine Familie besuchen!« Es war auch jedes Mal ein freudiges Erlebnis. Die Ärzte, Schwestern, das Pflege- und Hilfspersonal, wir begrüßten uns wie eine Familie. Bussi und Umarmungen. Es war jedes Mal eine Freude.

Mittlerweile hatte ich **Mondonedo** erreicht. Als Erstes musste ich mich um eine Unterkunft kümmern. Bei zwei Herbergen hatte ich Pech, alles voll; eine private Pension fand ich in der Nähe der Kirche. Man merkte schon, hier waren Peregrinos unterwegs und zwar viele. Auf diesen Weg mündeten andere »Caminos«, daher trafen hier viele Pilger zusammen. Ich besuchte die monumentale Kirche, die Basilika, den Dom – wie auch immer, mit ihren zwei Türmen beherrschte sie das Stadtbild. Gewaltig und schön. Ein herrliches Museum war angeschlossen in der Sakristei. Ein Stempel war obligat. Wäre zu schade gewesen, den nicht mitzunehmen. Das Museum war beeindruckend. Bis zum Einbruch der Dunkelheit saß ich noch in einem Lokal im Freien und schrieb in mein Notebook meine Aufzeichnungen, machte meine »Buchhaltung« und sichtete meine Fotos. Dann ging ich in die Unterkunft, die übliche Abendtoilette, und weg war ich, im Land der Träume. 5 Uhr Tagwache. Etwas trüb der Himmel, leicht windig, aber zum Glück noch trocken. Frühstückskaffee, Toast und Abmarsch. Der Camino verlief anfangs an der Straße entlang, zweigte aber dann auf einen Weg in die »Wildnis«. Felsformationen neben dem Weg, der etwas steinig, aber gut zu gehen, da eben bis leicht abfallend war. Das heißt, von nun an ging's bergab? Ich kam schnell voran, sah einigen Schmetterlingen zu und trank meinen Wasservorrat leer. Die Gegend war hügelig und ausgesprochen ländlich. Kurze Rastpausen, wenn der Rücken besonders arg protestierte. Einige Nüsse hatte ich noch bei mir, an denen ich herumkaute, während ich durch die malerische Landschaft von O Chao da Aldea ging, und nach vier Stunden war ich in **Abadin**[33]. Es war gerade Mittagszeit. Auch dies kein besonderer Ort. Eine Kleinstadt mit vielen alten, teilweise verfallenen Häusern. Auch hier stachen einige neuen Villen heraus. Mir war der Name bekannt vorgekommen, ich wusste aber nicht, woher. Das Internet verriet mir, dass es einen Rennfahrer mit demselben Namen gab. In jedem Ort, durch den ich gekommen war, gab es ein »centro de saude«. Zu meiner Schande muss ich gestehen, ich dachte, das habe etwas mit Saudi-Arabien zu tun. Vielleicht hatten Scheichs große Teile des Landes gekauft? Spanien brauchte schließlich Geld, und die Saudis hatten genug. Aber vollkommen falsch gedacht. Das waren Ärztezentren. Alle wichtigen medizinischen Abteilungen waren hier vertreten. Angeblich war die medizinische Versorgung sehr gut in Spanien.

Nun geschah etwas, womit ich überhaupt nicht gerechnet, was ich aber schon in Wien befürchtet hatte. Es gab keine Unterkunft. Aber so was von gar nicht. Das einzige Lokal, das ich gefunden hatte, hieß »Niza«. Keine Zimmer, Señor. Zwei Schilder fielen mir auf, CORREOS und GUARDIA CIVIL. Was machte ich nun, sollte ich ins centro de saude gehen und mich krank stellen, vielleicht konnte ich eine Nacht dort schlafen, oder sollte ich gleich zum Freund und Helfer gehen. Die Guardia Civil würde mir vielleicht helfen können. Correos, wusste ich von den Briefmarken, hieß Post. Die konnte mir nicht helfen. (Obwohl, vielleicht könnte ich mich als Paket versenden lassen!) Polizei siegte. Die Uniformierten waren auch etwas ratlos. Einer zeigte mir auf der Karte **Martiñan**. Wiegte aber seinen Kopf hin und her, sicher war er also nicht, ob ich dort etwas finden würde. Neun Kilometer. Das konnte man schaffen. Artig bedankte ich mich und stapfte los. Genau das, was ich am meisten befürchtet hatte, war nun eingetreten. Zu Hause hatte ich noch groß getönt, wenn so was passieren sollte, schliefe ich eben auf einem Heuboden oder im Wald. – Also mach dich schon mal fertig für den Wald, weil Heuboden ist hier keiner weit und breit. Aber das wird sicher klappen, wenn's die Polizei sagt! Schaun mer mal. Die

[33] Bild 39

Gegend brachte nichts Aufregendes. Das Wetter war nicht sonnig – kühl, aber trocken. Was sich in der nächsten halben Stunde ändern sollte. Es goss in Strömen. Blitzartig war das Unwetter hereingebrochen. Ich konnte gar nicht schnell genug die Pelerine anziehen, schon war ich nass. Natürlich, wenn schon Pech, dann ganz. Keine Unterkunft, mitten in der Einöde, kein Haus im Umkreis von Kilometern, kein Stadel, nichts. Nur einige alte Vorratsbehälter standen einsam herum, aber da kam man nicht hinein, zumindest nicht ohne Gewalt anzuwenden. Das wäre dann im schlimmsten Fall Sachbeschädigung, Hausfriedensbruch, vielleicht noch Diebstahl, denn: Warum ist er eingebrochen, er hat sicher etwas gestohlen. Na, das könnte ich noch brauchen. Bei meinem Glück würde ich wohl sofort verhaftet. Waren ja nur mehr zwei bis drei Kilometer. Da hörte ich hinter mir ein Auto. Das Erste, seit ich auf dieser Straße ging. Das Auto stoppte neben mir, ohne dass ich mich umgedreht hätte. Es war die Polizei. Der Polizist, der mir auf der Karte gezeigt hatte, wo ich vielleicht … Er bedeutete mir einzusteigen. Er wollte mir etwas erklären, was er auch tat, aber ich nicht verstand. Artig nickte ich immer, als er aber fragte »entendiste?«, musste ich verneinen. Das hatte ich gelernt, entender heißt verstehen. Er lachte, versuchte sich etwas auf Englisch, was aber nicht so richtig gelang. Da waren wir auch schon am Ziel. Er half mir noch mit meinem Rucksack und ging mit mir in das Lokal. Ganz schön groß für diese Einöde, fand ich. Er unterhielt sich mit einem Herrn. Die beiden sahen immer wieder zu mir. Hände und Füße waren in Bewegung, nicken, Schulterzucken, wieder nicken, der Herr klopfte dem Polizisten auf die Schulter, sie gaben sich die Hand, und der Polizist kam zu mir, deutete auf den Herrn, sagte irgendwas und gab auch mir die Hand, um sich zu verabschieden. Ich brachte noch ein »muchos gracias« heraus, da war er schon zur Tür hinaus. Der Herr stellte sich als Carlo vor und sprach einigermaßen Englisch. Langer Rede kurzer Sinn, ich könne bis 2 Uhr hierbleiben. So lange habe die Bar im Keller offen. Ich könne mich in einem Abstellraum oder Lager auf einer Sitzbank hinlegen. Um 2 Uhr aber müsse er schließen und nach Abadin nach Hause fahren. Okay, eine Option, die man annehmen konnte, in meiner Situation eigentlich musste. Bis

Vilalba waren es noch etwa zwölf Kilometer. Da käme ich also spät in der Nacht an. Wenn das nun auch so ein Nest war und ich keine Unterkunft bekäme wie hier, was dann? Autostoppen war bei dem Wahnsinnsverkehr auch keine Alternative. Also lieber jetzt etwas schlafen und nachts gehen. Dann wäre ich zum Frühstück in Vilalba. Einen Toast bekam ich und auch zu trinken. Derzeit waren nur drei Gäste anwesend. Die saßen alle an einem Tisch und spielten Karten. Selbstredend flimmerte auch hier der TV. Nun war ich ja schon in Galizien. Hier wollte man die Monarchie nicht so sehr. Vermutlich schimpften auch die drei, über bestimmte Meldungen aus dem Fernseher. Ich verzog mich in den mir zugewiesenen Lagerraum. Der Schlafplatz war hart und ungemütlich. Ich rollte mir die Jacke als Kopfpolster zusammen, und in voller Montur, mit Ausnahme der Schuhe, schlief ich wirklich kurz danach ein. Eine Stimme und ein leichtes Rütteln an der Schulter weckten mich. Carlo lächelte entschuldigend, es sei an der Zeit. Ich zog mir die Schuhe an, richtete meine Knochen mit einigen Turnübungen wieder ein und trank noch im Stehen einen angebotenen Kaffee. Als ich auf die Uhr sah, war es 3. Ein guter Mensch der Herr Karl. Ich durfte nichts bezahlen für das Schlafen und den Morgenkaffee. Er drückte mir die Hand, begleitete mich noch bis hinaus, stieg in sein Auto, winkte kurz und brauste in die entgegengesetzte Richtung davon. Zum Glück war es nicht ganz finster. Der Mond gab doch fahles Licht genug, um den Weg erkennen zu lassen, und schon bald würde das Morgengrauen beginnen. Der Weg verlief unmittelbar neben der Fahrbahn. Die Zeit verrann genauso langsam wie die Kilometer. Die Bank war hart gewesen, und meine Knochen rächten sich nun dafür. Mich wunderte fast, dass ich nicht noch mehr Beschwerden hatte. Die letzten Wochen wenig Schlaf, viel Anstrengung, die Verkühlung, eigentlich ging es mir verhältnismäßig gut. Die üblichen Wehwehchen waren natürlich Stammgast. Besonders die Narbe am Rücken. Der Mensch ist ja angeblich ein Gewohnheitstier, sagt man. Meine Sorge galt nur der Ursache der Schmerzen, die man noch nicht gefunden hat. Ein Schmerz, der sich erklären lässt, ist ein völlig anderer als der, bei dem die Erklärung noch im Dunkel ist. Die

Pein steigerte sich durch die Unsicherheit, und so stapfte ich einem ungewissen Ziel entgegen. Mühsamer als sonst. Hätte ich die Sicherheit einer Unterkunft gehabt, ich wäre sicherlich leichter vorangekommen. Solche und ähnliche Betrachtungen, die sich auf vieles übertragen ließen, liefen neben mir her in die Dunkelheit. Von der Umgebung sah ich nicht viel bis überhaupt nichts. Zwei Stunden war ich schon auf der Straße, und nicht ein Fahrzeug war unterwegs. Wenn dir da jetzt was … Nein, bitte nicht diese Gedanken. Es geschieht nichts, es geht mir gut, ich komm gut voran, Schluss jetzt. Langsam wurde es gräulich am Himmel. Vereinzelte Häuser konnte ich erkennen, Hügel, und den Weg. Kurz nach sieben stapfte ich in **Vilalba** ein. Ein großer Turm fiel mir sofort auf. Könnte von einer Burg sein; Kirchentürme schauen meistens anders aus, die haben ein Dach und meist ein Kreuz. Dieser hatte Zinnen. Das musste ich natürlich genauer in Augenschein nehmen. Ich ging die noch leere Hauptstraße entlang. Das nächste offene Lokal war meins. Ich BILD 40 studierte bei Kaffee und einem Croissant die Karte. Bis Baamonde waren es noch 16 Kilometer, das hieß im Klartext, ich könnte heute noch duschen und in meinem Bett schlafen. Diese Aussicht verbesserte meine Laune gewaltig. Ich verließ das Lokal und wollte den Turm besichtigen. In einigen Gassen war Wochenmarkt, der mich von der Besichtigung abhielt. Was da alles verkauft wurde, unglaublich. Verschiedene Vögel in Käfigen, Haustiere aller Art und die üblichen Waren wie Obst, Gemüse, Textilien, aber auch Möbel und Werkzeug. Ich schlenderte durch die Gassen und war plötzlich vor einem Gastgarten beachtlicher Größe. Er gehörte zu einem Hotel der oberen Kategorie. Noch mehr erstaunt war ich, als ich mitten in dem Garten den Turm sah, der durch einen Glasgang mit dem Hotel verbunden war. Ein alter Wehrturm, umgebaut zu einem Restaurant, vermutete ich. Vielleicht waren auch Zimmer in diesem Turm. Urlaub im Ritterzimmer, nicht schlecht. Sicher ein besonderes Flair. Spanische Ritter und deren Fräuleins gaben sich, er in Rüstung, sie mit Spitzenhut und Schleier, ein Stelldichein. Nach einem köstlichen Mal mit 16 Gängen erbauten sie sich noch von der zinnenbewehrten Plattform aus am Blick über die Landschaft. Unter ihnen, klein wie Ameisen, zogen die Pilger dahin, darunter ein besonders fußkrankes Exemplar. Der aus dem fernen Wien herangehatscht war. Unbegreiflich.

Die Straße konnte ich gleich weitergehen, sie führte nach **Baamonde**. Als die Kleinstadt hinter mir lag, beschleunigte ich meine Schritte. Etwa 20 Kilometer waren angesagt. Keine Weltmeisterleistung, aber ich würde sicher sechs bis sieben Stunden brauchen. Also würde es später Nachmittag oder Abend werden. So war es dann auch. Durch durchweg ländliche Idylle mit Pferd, Esel, Hühner und Misthaufen, vorbei an herrenlos herumstehenden landwirtschaftlichen Fahrzeugen oder Geräten, ging es flott dahin. Schön eben, eher leicht abfallend, keine besonderen Schwierigkeiten beim Gehen. Ich nahm meinen Taschencomputer, wählte einige Musikstücke und ließ mich während der Marschiererei von der Musik berieseln. Das Wetter war zufriedenstellend, kühl, trocken und windstill. Es wäre jetzt schon an der Zeit, in meinem Zimmer anzukommen. Ich fühlte mich nicht wohl. Duschen war fällig, rasieren, umziehen, wieder etwas zivilisiert aussehen. Wäsche musste ich auch waschen, sobald ich in Baamonde war. Ich dachte an meine Familie und hatte keine besondere Freude daran. Mein Ehewagen steckte im Treibsand fest. Egal von welcher Seite ich es auch betrachtete. Klar war es für Frau und Kind nicht einfach gewesen mit mir. Meinen Herzinfarkt hatte ich, bevor unser Sohn auf die Welt kam. Das war vor 20 Jahren. Nicht genug damit, bekam ich von der tollen Firma auch die Kündigung gleich ans Krankenbett. Natürlich, ich hatte damals etwa 300 Arbeiter unter meinem Kommando. The Show must go on. Wer einen Herzinfarkt hatte, den kann man nicht mehr belasten, keine Aufgaben mehr geben, also weg damit. Vier Jahre später bekam ich drei Bypässe. Ich konnte nie ein richtiger Vater sein, weil immer irgendwas mit mir war. Diese Vorwürfe machte ich mir immer wieder. Gerade in der Zeit, wo Kinder ihren Vater brauchen, war ich weg. Als meine Frau schwanger wurde, war das Wohnungsproblem schlagend geworden. Wir wohnten zu zweit auf 22 Quadratmetern in Langenzersdorf und zahlten eine Horrormiete. Mit einem Kind war das nicht mehr zu machen. Das Schicksal hatte anscheinend ein Einsehen mit uns. Ein Makler verschaffte uns ein Haus in Wien zu einem guten Preis. Es war zwar sehr renovierungsbedürftig, aber das sollte ja für mich kein Problem sein. Ich nahm auch wieder eine Arbeit an; ich half einer Frau, eine Firma aufzubauen. Diese Firma bestand aus dreieinhalb Personen, nämlich drei Ganztags- und einer Halbtagskraft. Also, Frau hochschwanger, umziehen von Niederösterreich nach Wien, die wichtigsten Reparaturen am Haus durchführen und eine Firma aufbauen. Genau das Richtige für jemanden, der gerade einen Herzinfarkt überstanden hat. Auch hier hatte ich vollstes Vertrauen in das Schicksal. Und es half wirklich. Mir ging es gut, und ich bewältigte das alles: Betonieren, Kanal verlegen, im Haus helfen, Windeln wechselte ich, wenn nötig, auch, Kunden requirieren sowie die Büroführung neu organisieren, was der anwesenden Sekretärin überhaupt nicht gefiel. Außer meinen gesundheitlichen Problemen hatte ich nach einiger Zeit Verantwortung für bis zu 50 Arbeiter. Am Fußballplatz wollte ich unserem Junior zusehen und fiel plötzlich um, bis mich mein implantierter Defibrillator mit einem Knall zurückholte. Natürlich blieb das bei unserem Kind im Kopf. Die Folge waren Angst und Scheu, auch nur irgendwas mit dem Vater zu unternehmen. Solche Episoden kamen öfter vor. Auch ich schottete mich von allen Problemen und eventuellen Schwierigkeiten ab. Ich nahm meiner Frau zu Hause Arbeit ab, so gut es ging, versuchte in der Firma mein Bestes zu geben, merkte aber mit den Jahren, es wurde immer schlechter mit mir. Jeder Handgriff fiel mir schwerer als früher. Ich hatte selbst Häuser gebaut, Räume eingerichtet und ausgestattet, Leute ausgebildet, war mit Werkzeug auf du und du gewesen. Auch in unserem Garten und Haus hatte ich alles selbst gemacht, vom Kanal übers Bad bis zum Dach, es gab keine Arbeit, die mir fremd war. Plötzlich war das alles weg. Eine Holzlatte absägen war eine Mordsarbeit. Luftprobleme, müde und keine Lust zur Arbeit. Jeder Handgriff eine Überwindung. Das war nicht mehr ich. Mein Herz wurde immer schwächer. Natürlich war das kein angenehmer Zustand für die übrige Familie. Ich konnte aber nichts dagegen tun. Im Herbst 2008 ging dann die Tortur im Spital los und dauerte bis September 2012. Ich konnte zwar nichts dafür, dass ich die anderen so schrecklich belastete, suchte aber trotzdem die Schuld bei mir. Nachdem ich wieder auf dem Damm und voll einsatzbereit war, in jeder Hinsicht, dachte ich eben, jetzt können wir wieder von Neuem beginnen, und alles wäre voll Freude und Liebe. Aber es kam leider nicht ganz so.

Aus diesem Gedankenkäfig ließ sich einfach nicht ausbrechen. Mittlerweile war es später Nachmittag geworden, es begann leicht zu regnen; zu guter Letzt weinte auch noch der Himmel. Es war 17 Uhr geworden, und von Weitem sah ich schon die Häuser von **Baamonde.** Außer einigen Bauernhöfen und einzelnen Häusern war nichts[34] Sehenswertes auf der Strecke, außer runden, steinernen Türmen, zwei bis drei Meter im Durchmesser und vielleicht drei bis vier Meter hoch, mit kleinen Schlitzen versehen wie Schießscharten. Vielleicht Wächterhäuser von viel früher. Aber sonst nichts, was erwähnenswert wäre. Kurz danach war ich bei meiner Unterkunft. Nahm meinen Schlüssel in Empfang und stand auch schon unter der Dusche. War das eine Wohltat! Ich wollte gar nicht aufhören. Als ich wieder einigermaßen menschlich aussah, wollte ich anständig essen. Ein Lokal war schnell gefunden, Speisekarte gab es keine, was mir empfohlen wurde, verstand ich nicht, aber am Nachbartisch wurde auch gegessen, und da war etwas dabei, was sehr viel versprechend aussah. Die Bedienung verstand sofort und schwirrte ab. Kurz danach kam schon das Essen. Kichererbsen mit Fleischstückchen und einer Paprikasauce. So was Ähnliches hatte ich schon einmal bekommen, wusste nur nicht mehr wo. Damals in einer kleinen Schüssel als Gratissnack. Es schmeckte recht gut und sättigte. Dazu trank ich Bier. Das glaubt mir niemand, der mich kennt. Es schmeckte mir sogar, und ich bestellte noch eines, zahlte und ging auf mein Zimmer. Sah im Internet nach den Rechten, führte auch Gespräche, die etwas friedlicher waren. Machte meine Notizen und die Buchhaltung, nahm meine Medizin und ließ mich ins Bett fallen. Im Bett studierte ich noch auf der Karte, wie es morgen weitergehen sollte. Ich hatte ja keine Tagesblätter mehr, da ich den Weg geändert hatte. Meine nächste Station war **Friol**.

[34] Bild 41

12 Baamonde – Friol – Palas de Rei

Ganz normal um 5 Uhr aufgestanden, meine Morgenarbeit erledigt, Messwerte okay, gepackt, zum Glück war die Wäsche trocken geworden. Frühstück genossen, und um kurz nach 6 Uhr ging es los. Die Strecke verlief genauso wie vorher. Die Landschaft hügelig, Landwirtschaft, so weit das Auge reicht, Wetter schön, aber bald nicht mehr ganz angenehm, es wurde heiß. Keine Möglichkeiten, im Schatten zu gehen. Nun hatte ich ja wieder mein volles Gepäck. Ich könnte nicht sagen, dass es mir gefehlt hätte. Jetzt in der Frühe ging es ja noch, aber ab Mittag wurde der Rucksack einfach gefühlt immer schwerer. Oder irgendwer schwindelte mir Steine hinein. **Friol** war etwa 20 Kilometer weit. Nun ja. Bis dahin lagen keine Orte auf dem Weg, soweit ich das auf der Karte sehen konnte. Bei dieser aufregenden Landschaft blieb nichts anderes übrig, als den Gedanken freien Lauf zu lassen. Das war wahrscheinlich eine Situation, in die jeder Pilger kommt, der zig Kilometer Stunde um Stunde marschiert. War es das, was man Selbstfindung nannte? Möglich. Auch Musik hören war nur eine Notlösung. Über Gott und die Welt dachte man nach, vollkommen sinnlose Gedanken kamen genauso wie ernste und schwerwiegende Erinnerungen oder auch neue Ideen. Eigentlich war ich ja schon fast tot gewesen. Alle hatten mich schon aufgegeben. Gut, das Schicksal hatte es anders gewollt. Aber wichtig waren auch Eigeninitiative und der Willen zum Leben. Und zwar richtig zu leben, nicht als inaktive Hülle herumzusitzen und auf den Tod zu warten. Der würde schon noch früh genug kommen. Beim Losmarschieren hatte ich keine Ahnung, dass es keine Selbstverständlichkeit sein würde, alles richtig zu machen. Je länger ich ging, desto weniger konnte ich mit der Konstruktion eines »richtigen Lebens« etwas anfangen. Der Bauch, bisher eine eher untergeordnete Rolle spielend, gewann immer mehr an Bedeutung. Das rationale Gehirn zog sich in die Ratlosigkeit zurück und pausierte, was ich ihm auch gönnte. Mein Bauchgefühl zeigte mir, wie ein gutes Pferd, den Weg. Die Genügsamkeit des »kleinen Prinzen« kam mir als Leitmotiv gerade recht. »Man sieht nur mit dem Herzen gut!«

Vielleicht kommt so mancher Pilger auf dem Weg auch darauf, was er bis jetzt nicht gewusst oder nicht beachtet hatte. Findet vielleicht Lösungen, die lange schon vor ihm lagen und nicht gesehen wurden. (Ich zermartere mir den Kopf, wo ich mich liegen gelassen hatte. Also suchte ich mich weiter.)

Einige Stunden hatte ich schon hinter mir, als ich vor mir einen Wohnwagen sah. Ein Herr stand daneben. Panne, dachte ich, oder einer muss mal. Ich hatte einfach kein Glück mit meinen Annahmen. Der Herr verkaufte Getränke! Das hätte ich nicht gedacht. Ein findiger Holländer hatte hier ein Geschäft vermutet und anscheinend auch gefunden. In dem Wohnwagen standen Kisten mit allerlei Getränken. Natürlich schlug ich auch zu und kaufte eine Flasche Mineralwasser. Original verschlossen, also keine Abzocke. Natürlich war der Preis höher als im regulären Handel, aber das war berechtigt. Für mich war das auch ein Signal, Pause machen. (Was ich besser nicht getan hätte.) Ein Stein war mein Sitzplatz. Ich hatte auch noch etwas Proviant dabei. Als Nachtisch Schokolade. Bei Süßem hatte ich so meine Probleme mit dem Neinsagen. Nachdem ich auch noch mein Wasserdepot im Rucksack aufgefüllt hatte, zahlte ich und ging dann meinen Pfad weiter. Vielleicht würde ich ihn auf einer anderen Strecke wieder sehen. Er fuhr immer wieder eine andere Route. Wahrscheinlich wegen der Guardia Civil. Denn seine Geschäftsidee war zwar gut, aber möglicherweise auch illegal. Ich wollte meinen Rucksack aufnehmen und … zum Kuckuck, hatte den jemand angenagelt oder eine Tonne Steine eingefüllt? Ich hätte nicht sitzen sollen. Es war teuflisch schwer, den Sack wieder aufzunehmen und in meinen Gehrhythmus zu kommen. War ich doch bis hierher in einem Takt gegangen, der mir nicht schwer gefallen ist. Jetzt war es vorbei, zumindest die nächsten Kilometer. Ich wackelte wie ein Betrunkener, stieg mir auch einmal selbst auf die

Füße. Ich hatte ehrlich nur Wasser getrunken, meine Güte, wie sollte ich jetzt noch nach Friol kommen. Es dauerte eine Weile, bis ich wieder meinen Schwung gefunden hatte. Einige leer stehende Häuser an der Straße, nicht verfallen, nur verlassen. Großteils leer oder Mist und Holz in den Räumen. Fenster und Türen gab es nicht mehr. Da könnte man zur Not auch übernachten, dachte ich. Verkehr war auch eher spärlich. Leere Häuser gab es immer wieder zu sehen. Wahrscheinlich grassierte auch hier die Landflucht, wie bei uns. Da könnte man sicher billig Grundstücke erwerben. Der Gedanke, alles hinzuschmeißen und Bauer zu werden, war mir im Leben schon oft gekommen. Ich bin schon erdverbunden. So begann ich zu träumen und Luftschlösser zu bauen. Pflügte Felder um, setzte Bäume, schnitt Holz im Wald und schlichtete es hinter dem Haus auf, hatte Kühe, Schweine und Hühner, führte in Gedanken ein richtiges Landleben. Die Sehnsucht nach einem von Mutter Natur gesetzten Regelwerk, nur ihr in der Pflicht, keinem Rechtfertigungsdruck mehr, weshalb man so oder so lebt, ausgesetzt zu sein, wurde wieder einmal übermächtig. Alle Handlungen im Einklang mit sich selbst. Ein Leben ohne Schuld. War das eigentlich zugleich ein unschuldiges Leben? Ich entdeckte eine neue Seite an mir. Tagsüber mit offenen Augen träumen, das war neu. Während meiner Träumerei begann es zu regnen. Auch das noch. Stopp, Rucksack ab, Pelerine suchen, Rucksack auf den Rücken, Pelerine darüber anziehen, weitergehen. Der Anschluss an die Träumerei von vorhin wollte nun nicht mehr gelingen. Dieses Gepladder von oben ertränkte jede Romantik.

Wie aus einer Laune heraus hörte der Regen nach fünf Minuten auf. Ich blickte zum Himmel empor. Hatte ich da jetzt einen grinsenden Petrus zwischen den Wolken gesehen? Wie auch immer, kurz danach war ein Regenbogen zu sehen, als Wiedergutmachung.

Es dauerte nicht mehr lange, und die ersten Häuser waren zu sehen. Eine Ortstafel bestätigte mir: Ich war in Friol. Auf einem Haus eine Tafel »Habitación«, das war meine Chance. Ich bekam auch ein Zimmer, im ersten Stock, ein Privathaus, wahrscheinlich ein Zusatzverdienst – egal, ich hatte eine Unterkunft. Recht nett, nicht unbedingt billig, aber ich konnte hier keine Ansprüche stellen, sonst würde ich bis Palas de Rei marschieren müssen. Denn wie die Karte zeigte, gab es hier nicht viel. Ich wollte auch nur ein Bett für eine Nacht. Ich besorgte mir etwas Essbares und verzog mich auf das Zimmer. Internet gab es. Die Tochter des Hauses verriet mir das WLAN-Passwort, und schon war ich im Netz. Ich beantwortete ein paar Mails, verschickte einige Fotos und ließ das Traummännchen kommen.

»Guten Morgen, es ist 5:30 Uhr«, meldete sich der Wecker. Zu spät, mein Freund, ich war schon auf und schachtelte gerade meine Pulver ein. Anziehen, frisieren, packen, zahlen, verabschieden und auf zum nächsten Lokal, um zu frühstücken. Kaffee und Croissant musste vorerst genügen. Ich wollte rasch weiter. Etwas über 20 Kilometer lagen vor mir nach Palas de Rei. Der einzige Vorteil war, es ging leicht bergab. Außerdem traf man jetzt immer mehr Pilger. Teilweise ganze Gruppen von 10 bis 15 Personen. Das Wetter einigermaßen gut. Bewölkt, dadurch nicht heiß, ein leichter Wind, der auch die Mücken etwas fernhielt. Staunend blieb mir der Mund offen, als ich Behinderte im Rollstuhl sah. Ich glaubte es nicht. Ein Kollege trug das Gepäck, und der Fahrer hatte genug mit den Händen zu tun, um bei leichten Steigungen oder auch in der Ebene voranzukommen. Oder der Sitzende nahm das Gepäck, und der Kollege schob. Die hatten meine volle Hochachtung. Was man mit starkem Willen alles erreichen kann. Nadelwald wechselte mit Buschwald, Felder mit Wiesen. Unzählige alte, aus Naturstein gebaute Häuser, bewohnt und unbewohnt, einsame kleine Bauernhöfe und viele Baustellen. Entweder war der Norden das Stiefkind gewesen und alles wurde in die Urlaubsdestinationen gebuttert, oder die EU-Hilfe hatte jetzt Geld gebracht für den Straßenbau. Wobei manche Straßen miteinander konkurrierten. Eine Dorfstraße neben einer Bundesstraße und daneben die Autobahn. Ob sich da irgendjemand etwas bei gedacht hatte? Oder war es schlicht unkontrollierter, nicht organisierter Straßenbau, gepaart mit Verschwendungssucht?

Einige Pilger sangen auf dem Weg, zweistimmig, laut und falsch. Aber voller Inbrunst und Hingabe. Auch schön. Was zählte, war die Gemeinsamkeit. Ich durchquerte die Provinz oder Gemeinde oder den

Bezirk Vilamourel. Das immer wiederkehrende Landschaftsklischee verlor langsam jeden Reiz. Zumindest für mich. Die Bewölkung nahm zu, wie gehabt. Der Wind frischte auf, wie gehabt, meine Füße schoben die Straße nach hinten, wie gehabt. Es begann zu regnen, wie gehabt. Die Stimmung drehte auf Gewitter. Kannte ich auch schon. Gut wäre jetzt ein Trunk. Den hatte ich schon länger nicht mehr. Nicht weit abseits der Straße lag die Ortschaft **Ramil**. Sofern man hier von Ortschaft reden konnte. Dort steuerte ich hin. Da gab es auch einen Ort namens **Casanova**. Klingt für uns etwas belustigend. Dabei gibt es einen solchen Ort in Österreich auch, da heißt er Neuhaus. Ramil erwies sich jedenfalls als gewaltiger Flop. Steine in Form von alten, teils verfallenen Häusern, Gebüsche, Bäume, Ende der Durchsage. Also retour. Ein Traktor näherte sich, ich winkte, er blieb brav stehen. »Taverna?« Kopfschütteln. »Cuantos Kilometer Palas de Rei?« Er zeigte in eine Richtung, sagte »cinco!« (fünf), dann drehte er sich um und deutete auf den Weg, den ich gekommen war, »siete!« (sieben). Also gab es eine Abkürzung von zwei Kilometern! Das sind 2000 Meter, und in Zentimeter und Millimeter klingt das noch fantastischer. Die zu gehen oder nicht, das machte schon was aus. Ich bedankte mich und marschierte weiter. Ich hatte Durst, nicht einmal einen Bach gab es hier. Die paar Kilometer waren bald bewältigt, und eine reizende Ortschaft begrüßte mich. **Palas de Rei**. Hier war was los! Und das nicht nur, weil ich so lange keine Ortschaft gesehen hatte. Hier war *richtig* was los. Pilger, wohin man auch sah. Rucksäcke, Stöcke, ausgezogene Schuhe, die Gastgärten waren voll. Ein reizendes Stadtwappen in Mosaik[35] gegenüber dem Rathaus, neben dem der Camino verlief. Viele Pilger mit Fahrrad. Die mussten auf der Straße fahren. Der Weg war nicht geeignet. Es war 16 Uhr geworden. Ich setzte mich in einem Garten, der zu einer Herberge gehörte. Peregrino-Menü 6,50 Euro. Und es schmeckte zum ersten Mal richtig gut. Wir würden Ripperln dazu sagen, Spareribs andere. Wobei Letzteres nur auf das Fleisch zutraf, nicht auf die Zubereitung. Wasser gleich eine große Flasche. Statt der

[35] Bild 44

Suppe hatte ich Salat. Abschließend Kaffee, und der Wirt kam auch schon lächelnd mit der Schnapsflasche und schenkte ein Glas voll, das Dreifache der üblichen Menge. Er streichelte kreisförmig seinen Bauch. Also eine medizinische Therapie. Der Schnaps war jedenfalls genauso giftig gelb wie der letzte – und genauso gut. Zimmer bekam ich keines, weil überfüllt. Genau so erging es mir bei den nächsten Herbergen, und hier gab es viele. Langsam bekam ich Sorgen, womöglich auf einer Parkbank übernachten zu müssen. In einer Pension hatte ich Glück. Ein Zimmer mit drei Betten wäre noch frei. Notfalls müsste ich mit zwei anderen das Zimmer teilen. Auch kein Weltuntergang. Natürlich. Ich bezog das Zimmer. Ein Stockbett und ein einzelnes. Das nahm ich mir natürlich. Ich verstaute meine Sachen in einem versperrbaren Kasten, deren es drei gab. Danach zog ich noch etwas durch den Ort, schoss ein paar Fotos, leistete mir ein Eis und unterhielt mich mit ein paar Pilgern. Also, ich war anscheinend im Endspurt, noch zwei, drei Stationen, und Santiago war erreicht. Das war eine gute Nachricht. Ich verschwand dann am Zimmer, nahm Obst und ein Getränk zu mir (und Schokolade). Surfte noch im Internet, sprach mit meiner Frau und erfuhr, mit Sohnemann gebe es Probleme. Unüberhörbar die Sorge meiner Frau. Endlich war ein konstruktives Gespräch möglich. Wenn Kinder bedroht werden, egal wovon, funktioniert der Instinkt besser, denke ich. Wenn es um rasche Hilfestellung geht, waren Mutter und Vater nicht mehr so wählerisch. Nützliches wird verwendet, egal woher es kommt. Ich sprach noch mit anderen Bekannten und Freunden, schrieb noch Mails und Notizen, rechnete meine Spesen ab, nahm meine Pulver und stellte mich unter die Dusche. Erfrischt legte ich mich flach und versuchte ein Computerspiel zu lösen. Mit dem Notebook auf der Brust wachte ich am nächsten Tag auf.

18. Juni 2014. 5 Uhr früh. Alle Morgenerledigungen gemacht, fast alle Messergebnisse bestens, außer Puls, der war wie immer zu schnell. Fast beschwingt ging ich zum Frühstücksraum. Nicht viele Leute hier, entweder schliefen sie noch oder waren schon unterwegs. Eine ältere Asiatin hatte anscheinend Probleme mit der Unterkunft gehabt. Sie stand vor dem Rathaus, suchte verzweifelt in ihren Unterlagen, ging

dann schnurstracks in das Gebäude, um Hilfe zu finden. War aber kurz danach wieder draußen, genauso unschlüssig und hilflos wie vorher. Eine Gruppe junger Franzosen sprach die Frau an, diskutierten mit ihr, studierten gemeinsam ihre Unterlagen, nahmen sie kurz entschlossen in ihre Mitte, und am Gesichtsausdruck merkte man der Frau ihre Erleichterung an. Ich bin der Gruppe immer wieder begegnet. Die Lady aus dem Land der Morgenröte, geschätzte 60 bis 70 Jahre, war in ihrem Element. Anscheinend verstand sie sich mit der Jugend recht gut, es wurde viel gelacht. Wie angenehm, solche Vorkommnisse! Hier war nicht eine Gruppe Jugendlicher, die sich über eine alte Frau lustig machten (wie es manchmal zu beobachten ist, auch bei uns). Im Gegenteil, sie hatten zu einem herzlichen Verhältnis gefunden und lachten miteinander. Ganz toll, solche Aktionen. Warum geht so was immer nur im Kleinen? Ganz einfach, hier spielt auf keiner Seite Machtbedürfnis oder Geldgier eine Rolle. Einfach helfen wollen, und schon entsteht ein freundschaftliches Verhältnis, ungeachtet von Alter, Religion, Hautfarbe oder Ähnlichem

Bis **Melide** waren es 15 Kilometer, lächerlich (?!), und noch einmal so viel bis **Arzúa**. Ich begann zu überlegen: 30 Kilometer, das wären mindestens zehn Stunden. Vieles wollte ich noch erledigen auf dem Weg nach Santiago. Der Abflugtermin war in gedanklicher Reichweite und rückte immer näher. Gut, ich konnte ihn verschieben, aber das wollte ich nicht unbedingt. Ich wusste nicht warum, aber eine Nervosität überkam mich. Das Schicksal schickte mir eine Lösung in Form eines Getränkefahrers. Ein lustiger Bursche, der dauernd lachte und damit auch sein Umfeld ansteckte. Ich kam mit ihm ins Gespräch, und er bot mir an, mich bis zur nächsten Ortschaft mitzunehmen. Das war ein Wort. Im Handumdrehen waren wir dort. Der junge Mann hatte mir gut sieben bis acht Kilometer erspart.

Nun also in Melide.

13 Melide - Arzúa – Burres

Gemütlich stapfte ich die restlichen Kilometer dahin und erreichte problemlos **Melide**[36]. Gut, ganz problemlos wäre gelogen. Meine Beine und vor allem die Fußsohlen waren schwer beleidigt. Am Weg hatte ich schon mehrmals Pausen einlegen müssen. Ich hatte zwar die leichteren Laufschuhe angezogen, aber langsam war es meinen unteren Extremitäten zu viel. Einige hundert Kilometer hatten sie hervorragend funktioniert. Jetzt verlangten sie öfters eine Pause, die ich ihnen auch gönnte, meist verbunden mit einem Getränk. Es waren so viele Möglichkeiten am Weg vorhanden, da musste man doch …!

Jetzt ging man hier nicht mehr allein. Teilweise befand man sich inmitten einer Prozession von 30 und mehr Pilgern. Alle Nationen vertreten. Auch mit Haustieren. Ob das Spanier aus der Gegend waren, die einen Ausflug machten mit Kindern und Hund, weiß ich nicht. Alle hatten Rucksäcke am Rücken. Manche hatten eine Muschel angebunden. Die Jakobsmuschel, die ich in Bilbao nirgends bekommen hatte. Da die Rucksäcke kleineren Formats waren, konnten es auch Bustouristen sein. Denen wird das Gepäck mit dem Bus zur nächsten Station gebracht, und sie haben nur das Nötigste mit.

Hier änderte sich die Landschaft. Hatte ich bis jetzt bei vielen Impressionen den Eindruck, ich wäre bei uns in Österreich, so wurde die Umgebung nun südlicher. Palmen waren zu sehen, die Felder waren eingerahmt mit Steinmauern, Pinien standen zwischendurch, und überhaupt kam mir alles mediterraner vor. Galizien ist wirklich anders in einigen Dingen. Hatte man in Kantabrien und Asturien noch eine gewisse Achtung vor Pilgern, so hatte man in Galizien nur

[36] Bild 46

Achtung vor dem Geld, das die Pilger vor Ort ließen. Die Feuerwehr hieß hier Emergencia und nicht Bomberos. Der Baustil der Häuser war auch anders, und die Preise für Lebensmittel waren etwas höher als bisher. »Galizien ist nicht Spanien«, stand ja nach Ribadeo groß an der Landesgrenze. Es gibt ja auch mehrere Sprachen in Spanien, Spanisch; Katalanisch und Baskisch etwa, die sowohl klanglich wie in der Schrift sich krass voneinander unterscheiden. Wäre interessant zu wissen, wo das Baskische herkommt. Irgendwie fällt mir Südamerika dazu ein.

Immer wieder überholten mich Pilger, die mit strammen Schritten dem Ziel entgegeneilten. Ich hatte es nicht eilig und einige andere Pilger auch nicht. An dieser Strecke waren die Lokale und Herbergen wie aufgefädelt. Die Tische und Sessel draußen waren alle besetzt. Überall müde Weiblein und Männlein, die sich von den Strapazen erholten. Es waren auffallend mehr Frauen unterwegs als Männer. Alle Altersgruppen waren vertreten, überraschend viele Jugendliche. Menschen mit Behinderungen, am Stock gehend, wie schon vorhin.

Melide, eine Kleinstadt mit allem Drum und Dran. Viele Mercados (also kleine Kaufhäuser, Markt oder Greißler). Eine kleine ältere Frau balancierte ihren Einkauf auf dem Kopf[37] er fiel auch dann nicht herunter, als sie ein paar Mal den Kopf drehte; erinnerte mich an Afrika. Dass in Kirchen allgemein gesammelt und gespendet wird, ist ja bekannt. Dem Prinzip der Gebetsmühlen nach, die nicht nur von Hand (mühsam), sondern auch durch den Wind betrieben werden konnten (eine Gebetsselbstbedienungseinrichtung), wurde auch hier das Geschäft rationalisiert. Der vom Spender besonders bevorzugte Heilige wurde, jeweils oberhalb vom jeweiligen Einwurfschlitz, namentlich erfasst. Im Kasten kamen die Münzen dann allen zu Gute.

Ich saß beim Essen in einem Gasthausgarten, als eine Reihe jugendlicher Mädchen eintraf. Eine aufgeweckte Gruppe, in der ein Fräulein anscheinend als Reiseführerin fungierte. Wir Pilger folgen ja der aufgemalten Jakobsmuschel und den gelben Pfeilen. Dieses Mädchen hatte die Jakobsmuschel auf ihrer Hose an exponierter Stelle

[37] Bild 49

aufgemalt, was teils belustigte, teils missbilligende Blicke auf sich zog. Die Jakobsmuschel auf dem Hinterteil, das könnte man auch als Verächtlichmachung auslegen. Bei der besonderen Beziehung, die hier zu diesem Körperteil demonstriert wurde, schien es der Trägerin der weihevollste Platz zu sein. Die Aufforderung »Follow me!« war kaum noch notwendig.

Lange überlegte ich, ob ich noch **Arzúa** in Angriff nehmen sollte. Entschied mich dann doch für den nächsten Tag. Eine Bleibe hatte ich bald gefunden. Recht einfach, aber gemütlich. Ich genoss den Tag in Melide und Umgebung. Besuchte Kirchen und machte einen Schaufensterbummel. Hier gab es viele Chinakaufhäuser, die alles nur Denkbare verkauften. Belustigend fand ich das Geschäft eines Kreditvermittlers. Die Aufschrift auf seinem Geschäft und der äußere Eindruck passten irgendwie nicht zusammen. Nach dem Aussehen seines Geschäftes nach bräuchte er selbst einiges an Kapital. Bei einer Schule waren Graffitis[38] an einer Begrenzungsmauer. Gibt es ja auch bei uns, zum Leidwesen vieler Hausbesitzer und städtischer Einrichtungen. Hier war es anscheinend gewollt. Wahre Meisterwerke von Zeichentrickfiguren waren hier zu sehen. So wurde aus einer grauen gewöhnlichen Betonmauer ein wahres Kunstwerk. Abends zog ich mich auf mein Zimmer zurück, erledigte, was zu erledigen war. Übers Internet sprach ich mit meiner Frau. Es entwickelte sich eine Diskussion in einer etwas freundlicheren Gangart. Ich hatte hart an meiner Panzerung gegenüber dem Thema Beziehungskrise gearbeitet. Die Angst vor Imageverlust ist von bösartigem Tinnitus begleitet, der dich überall hin verfolgt. Nur mit einer Neubewertung der Lage konnte sich etwas zum Besseren verändern. Schließlich schmeißt man 20 Jahre nicht einfach auf den Müll, und Fehler machen wir alle. Wir sind eben gefühlsgesteuert und keine Automaten, die nach Programm arbeiten. Wir werden uns zu Hause aussprechen, und dann sollte wieder alles beim Alten sein.

Tja, dann war es bald vorbei, das Abenteuer, das mir weiß Gott wer

[38] Bild 50

ins Hirn gesetzt hatte. Eine oder zwei Stationen noch, ich war schon sehr neugierig auf Santiago. Hatte mich im Internet einigermaßen schlau gemacht, was es damit so auf sich hat. Mein Pilgerpass war fast voll mit Stempeln. Ich war gespannt, ob ich die Compostela bekommen würde. Wenn nicht, war es auch nicht so schlimm. Darum ging es mir nicht unbedingt. Meine »Aufgabe« hatte ich bald erledigt. So wie sich der Kalender zeigte, kam ich spielend auch noch nach **Cabo de Finisterre**. Mit Musik und freundlichen Gedanken nach Wien schlief ich ein. Morgen dann **Arzúa** absolvieren, ziemlich genau die gleiche Länge wie heute.

Der Morgen verlief wie jeder andere, das würde wohl so bleiben bis zum Ende meiner Tage. Seit meiner Transplantation musste ich Zucker messen. Da ich auch Cortison nahm, war mein Zuckerhaushalt etwas in Unordnung geraten. Okay, hatte man mir vorher gesagt, so etwas könne eintreten. Gut, damit konnte ich leben, etwas vorsichtig sein, was und wann und wie viel man isst. Außerdem wurde dieses Medikament langsam reduziert und würde schließlich einmal ganz abgesetzt. Blutdruck messen war für mich schon lange an der Tagesordnung. Und die täglichen Medikamente waren auch schon selbstverständlich. Da mein Immunsystem damit geschwächt wurde, musste ich auf der Hut sein vor Infektionen. Aber sonst war ich wieder ein vollwertiger Mensch geworden, in jeder Hinsicht. Ich erinnerte mich an ein Telefonat im Spital mit meiner Schwägerin, die eine Frage an mich richtete: Ob ich sie jetzt, da ich ja ein neues Herz hätte, genauso lieb hätte wie vorher. Das berührte mich innerlich schon, ich musste lachen und gab ihr zu bedenken, das Herz sei nur ein Muskel. Gefühle lägen nicht im Herzen. Das Herz reagiere zwar darauf, aber die Gefühle seien im Kopf. Dieser Meinung sind aber viele Leute: Neues Herz gleich neuer Mensch. Alles Unsinn. Eines aber stimmt, sowohl der Patient als auch die engeren Angehörigen machen vor der Operation viel durch. Und auch dass sich hier mit der Zeit einiges ändert, mag schon stimmen, doch daran haben sich alle Beteiligte bald gewöhnt. Nach der OP wird der Patient wieder »normal«, die Angehörigen brauchen schon wesentlich länger zum Umgewöhnen, aus Angst und Vorsicht, teilweise auch aus

Unwissenheit. Damit lässt sich der Befund »Neuer Mensch« erklären. Ich hatte im Rehabilitations-Zentrum einige Patienten bemerkt, die der irrigen Meinung waren, sie dürften jetzt nichts mehr machen. Das neue Herz sei nur zur Noterhaltung des Körpers eingepflanzt worden. Nur nicht viel Bewegung, keinen Stress, nichts mehr arbeiten, das Leben nur mehr aus der Ferne leben. Das ist aber nicht der Sinn und Zweck dieses Eingriffes, diese Einstellung ist auch nicht lebensverlängernd. Bewegung ist Leben. Richtig, jeder sollte die Menge an Bewegung machen, die er kann. Von niemandem werden olympische Leistungen verlangt. Ein bisschen anstrengen aber kann man sich schon. Im Spital hatte ich gelernt: »Peinige deinen Körper, sonst peinigt er dich!« Diese Worte meines damaligen Kardiotechniker Zeno werden mir immer im Ohr bleiben. Wobei hier das richtige Mittelmaß zwischen Belastung und Entspannung gemeint ist, das gelernt werden muss. Die individuelle Leistungskurve sollte sich keiner Norm unterwerfen. Zeno möchte ich hier ein großes DANKE aussprechen.

Es wurde Zeit, mich auf den Weg zu machen. 15 Kilometer sind 15 Kilometer. Meine Beine würden keine Freude haben, aber ein Zurück gab es hier nicht. Hirschtalg war ein altes Wundermittel, das meistens half. Die Magnesiumration hatte ich schon seit Tagen verdoppelt. Früh und abends, weil ich manchmal nachts Wadenkrämpfe bekam, zusätzlich waren einige Dehnungsübungen der Waden nötig. Tja, mit 66 fängt zwar angeblich das Leben an, aber der Körper weiß noch nichts davon.

Nach dem Frühstück ging es ab nach **Arzúa**. Jetzt war ich schon über einen Monat unterwegs. Hätte mir das jemand vor einigen Jahren gesagt, ich hätte demjenigen wohl einen Vogel gezeigt. Als Jugendlicher mit 16 Jahren hatte ich mit einem Freund eine Radtour durch Österreich unternommen. Zwei Wochen lang. Damals dachte ich, ich hätte eine Weltreise gemacht. Als Sportler war ich immer nur Durchschnitt. Drei Jahre sogenanntes Gesundheitsboxen und Tennis, das war's. Im Sommer etwas schwimmen, auch nichts Besonderes. Es fehlte mir wirklich an der Zeit. Wobei, wie sagt man? Keine Zeit, das ist keine Tatsache, sondern eine Entscheidung! Auch das gehört zur allgemeinen

Gerechtigkeit. Wir haben alle etwas gemeinsam, uns stehen täglich 24 Stunden zur Verfügung. Es kommt nur darauf an, was wir daraus machen.

Der Weg schlängelte sich wieder größtenteils neben der Straße dahin, manchmal bewegte sich eine Völkerwanderung darauf. Eine Prozession war unterwegs. Menschen groß, klein, dick, dünn, gesund, behindert, jung, alt, kunterbunt. In sich eingekehrt, sich unterhaltend, lachend, singend – da war was los. Auch Gruppen mit Kinderwagen und Haustieren waren unterwegs. Da fielen mir die Worte vom Prior der Bruderschaft, Dr. Radolf, ein: Etwa 1,5 Millionen Menschen seien jährlich auf den Caminos unterwegs, im Jakobusjahr dreimal so viele. Es gebe auch Herbergen mit bis zu 800 Betten. Das musste man sich auf der Zunge zergehen lassen. Die sanitären Anlagen dort hätte ich gerne gesehen. Demnach war der Jakobsweg auch ein bedeutender wirtschaftlicher Faktor für Spanien. Nicht nur die Badeurlauber, von denen es im Norden des Landes ohnehin nicht sehr viele gab. Der Atlantische Ozean hatte Temperaturen, bei denen nur Hartgesottene ins Wasser gingen. Auf meinem Weg hatte ich nur einen einzigen Mann gesehen, der es gewagt hatte, sich von den Wellen umspülen zu lassen. Keine zehn Minuten zwar, aber immerhin. Immer wieder führte der Weg zurück zur Straße. Alle paar 100 Meter gab es Lokale, Pensionen, Hospedajes, Hotels, was das Herz begehrt. Hier verdurstete oder verhungerte niemand. Am frühen Nachmittag kehrte auch ich in ein Lokal ein. Ein finster blickender Vollbart saß draußen und studierte eine Zeitung. Ich ging ins Lokal, wo eine Señora hinter dem Schanktisch zu tun hatte. »Ellos comen?« fragte ich, in etwa, haben Sie zu essen? Sie nickte und zählte mir eine Reihe von Speisen auf, was sehr hilfreich war, weil ich kein Wort verstand. Wir einigten uns auf etwas Fleisch mit Kartoffeln und Salat. Diese Worte sollte jeder Spanienbesucher kennen, Carne ist Fleisch, Patata Kartoffel, Ensalada erklärt sich von selbst. Während ich mir Wasser einschenkte, kam der finstere Vollbart herein. Sprach zu der Frau, wandte sich zu mir, und plötzlich konnte er lächeln. Ohne zu fragen, setzte er sich zu mir und begann ein Gespräch. Etwas Deutsch, etwas Englisch, viel Spanisch, aber es funktionierte.

Mir fiel auf, ich war der einzige Gast. Gut, die Mittagszeit war vorbei, und wahrscheinlich wollten die meisten Pilger Santiago erreichen. Das Essen war überraschenderweise sehr gut. Zum ersten Mal richtig gut. Das Lob gab ich auch sofort weiter an die Señora. Offensichtlich freute es die beiden wirklich. Wir tratschten noch eine Weile mehr schlecht als recht, dann stand der Vollbart auf, nahm meine Hand und bedeutete mir, mit ihm zu kommen. (Was wollte er von mir?) Er ging in einen Raum hinter der Gaststube und ich vorsichtig hinter ihm. Als leicht verbogener Großstadtmensch ist man eben vom Keim des Misstrauens befallen. An den Wänden Glasvitrinen voll mit Fotoapparaten. Schöne Stücke darunter. Ich fand auch eine meiner Wunschkameras, die »Hasselblad 6x6«. Die wohl beste Kamera der Welt. Ein nie erreichbares Stück für mich, weil immer das nötige Kleingeld gefehlt hatte. Da stand sie. Der Vollbart hatte Tränen in den Augen, weil ich so viel Lob aussprach und mich für so manches Stück interessierte. Er schien endlich jemanden gefunden zu haben, der verständnisvoll genug die Freuden des Besitzerstolzes nachempfinden konnte[39]. Meine Begeisterung war ja auch wahrhaftig und ehrlich.

Ich wäre gerne noch lange bei den beiden geblieben, aber der Weg rief zum Aufbruch. Ein richtig herzliches Verhältnis hatte sich in der relativ kurzen Zeit aufgebaut. Der Vollbart erklärte mir noch, in Arzúa habe er ein weiteres Lokal mit demselben Namen, aber in völlig anderer Ausführung. Ich versprach es zu besuchen und verabschiedete mich, von ihm kam ein »Adios Amigo!«

Während ich den Weg weiterverfolgte, dachte ich zurück. Wie einfach und leicht man liebe Menschen kennen lernen konnte und dass der erste Eindruck nicht immer auf den Charakter schließen ließ. Ich nahm mir vor, sobald ich wieder in Wien war, nach alten Fotoapparaten zu suchen. Ich wusste, in meinem Lager sollten noch welche sein. Die wollte ich ihm schicken als Überraschung mit den Bildern, die ich gemacht hatte. Die Straße machte einige Schleifen, die wir am Camino mit der direkten Strecke durch Wiesen und Felder abkürzten.

[39] Bild 52

Einzig die Mücken waren lästig. Es war Nachmittag, als ich in Arzúa eintraf. Wieder eine nette Kleinstadt mit vielen kleinen Lokalen. Am Hauptplatz ein großer Gastgarten, wo etliche Pilger aßen, die Fahrräder und Rucksäcke daneben abgestellt. Auch ich hatte Hunger und bestellte mir ein Pilgermenü: Faschiertes Fleisch, Bratkartoffeln und eine Sauce ähnlich einem Letscho. Schmeckte vorzüglich und sättigte voll. Hier gab es auch Nachspeisen. Bei einem Kuchen schlug ich zu. Zwei dünne Teigstücke, dazwischen eine Füllung, sah nach Nuss aus. Dazu einen Kaffee. Igitt, nach dem ersten Biss in den »Kuchen« erstarrte ich, die Füllung mit dem erwarteten süßen nussigen Geschmack entpuppte sich als Fisch. Die Enttäuschung war groß, und ich war traurig, weil ich mich so auf eine Nachspeise gefreut hatte. Beleidigt trank ich meinen Kaffee, zahlte und ging. War die Nahrungsaufnahme in der Tretmühle des Alltags nur notwendig gewesen, so bekam sie jetzt, nach den langen Strecken zu Fuß, den Charakter einer Belohnung. Ich hatte etwas Sinnvolles geleistet und durfte mich freuen. Dass ich dieses Ritual von Leistung und Belohnung nie zuvor so intensiv verspürt hatte, machte mich nachdenklich.

Das Lokal Mandala war gleich ein Stück weiter in einer Seitengasse, hatte aber noch geschlossen. Ich begab mich auf Zimmersuche, was sich als sehr schwieriges Unterfangen herausstellte. Alles völlig ausgebucht. Es blieb mir nichts anderes übrig, als weiterzuziehen und unterwegs auf eine Bleibe zu hoffen. Entlang der Strecke klapperte ich alle Übernachtungsbetriebe ab. Ich kam mir vor wie Josef und Maria auf Herbergsuche. Nach einigen Kilometern in **Burres** hatte ich Glück und bekam eine Bleibe für eine Nacht. Wir waren zu zweit in einem Vierbettzimmer. Der Kollege kam aus Holland und war sehr einsilbig. Er telefonierte lange Zeit, da war er recht gesprächig, und schlief kurz danach ein. Ich erledigte meine Arbeiten und spielte noch eine Weile am Notebook, bis auch mich der Schlaf übermannte.

14 Santiago de Compostela

5:30 Uhr. Der Mann aus dem Land der Tulpen sägte sämtliche Wälder Spaniens um. Er wurde auch nicht munter, als ich die morgendlichen medizinischen Arbeiten verrichtete und alle meine Sachen packte. Selbst ein Wolkenbruch konnte ihn nicht stören. Beneidenswert. Beim Frühstück sah ich aus dem Fenster und überlegte schon, wie ich die letzten Kilometer nach Santiago, ohne zu schwimmen, schaffen sollte. Es goss in Strömen, die Straße verwandelte sich im Nu in einen See. Jedes Auto durchpflügte die Wogen wie ein Motorboot, unter diesen Umständen ging ich sicher nicht. Trotz Pelerine und wasserdichten Schuhen – nein, nein und nochmals nein. Warten, bis sich der Himmel beruhigt hatte, wäre eine Möglichkeit, als zweite Option bliebe mir, einige Schritte zu gehen und in dem Wartehäuschen auf den nächsten Bus zu warten. Ich hatte die letzte Station erreicht, vor mir war nur mehr Santiago. Ob ich da jetzt ginge oder führe, war einerlei, und der Gedanke an eine Busfahrt war mir hundertmal sympathischer als noch einmal 30 Kilometer oder mehr zu gehen. Also Pelerine umhängen, Kapuze auf und mit Volldampf die etwa 100 Meter zur Haltestelle laufen. Das musste recht ulkig ausgesehen haben: ein Kapuzenmännchen, das mit einem auf und ab hüpfenden Rucksack über die Wasserlachen sprang wie Rumpelstilzchen. Natürlich gab es auch hier keinen Fahrplan, das war hier so üblich. Man sah ja schließlich sowieso, wann ein Bus kam, und da stand deutlich an der Windschutzscheibe links oder rechts oder oben oder gar nicht, wo er hinfährt. Man konnte ja auch den Fahrer fragen, nicht wahr. Fast eine Stunde wurde meine Geduld auf die Probe gestellt. Ich dachte schon, es gebe hier keinen Bus, und überlegte, per Autostopp mit einem LKW mitzufahren. Geduld war noch nie meine starke Seite gewesen. Wäre ich um einige Jährchen jünger, ich säße bestimmt schon in einem Auto. Aber im fortgeschrittenen Alter überlegte man schon etwas länger. Während ich so meinen Gedanken nachhing und den Regentropfen zusah, wie sie vom Dach der Haltestelle tropften, kam auch schon ein Bus daher. Die Türe öffnete sich. »Santiago?«, fragte ich sicherheitshalber. Der Fahrer nickte: »Sí!« Die Pelerine hatte ich schon abgenommen. Jetzt mit dem Rucksack in den Bus? Da öffnete sich wie von Geisterhand das Kofferfach an der rechten Seite des Wagens. Einige Rucksäcke und Koffer lagen schon drinnen. Als alles verstaut war, stieg ich ein, zahlte lächerliche 1,50 Euro, und der Bus fuhr los. Gleich hinter dem Fahrer war eine Sitzbank frei. Meine Haare waren triefend nass. Vom Nacken rann mir das Wasser über den Rücken. Ein Sauwetter, auf gut Deutsch. (El tiempo de mierda auf gut Spanisch.) Die Scheibenwischer konnten das viele Wasser fast nicht bewältigen. Der Bus blieb noch ein paarmal stehen, um Fahrgäste aus- und einsteigen zu lassen. Gepäck nahm sich jeder selbst. Ob da schon mal was Falsches mitgenommen wurde? Mehr oder weniger irrtümlicherweise. Und wieder konnte es der paranoide Großstädter nicht lassen zu unken. Wir waren bereits in einem Vorort von Santiago. Jetzt waren meine Sinne auf volle Aufmerksamkeit gestellt, damit ich mir markante Punkte merken konnte. Mit dem weiteren Verlauf fand ich mich dann leichter zurecht. Da war ein großes Kaufhaus an der Spitze einer Bergstraße, zum Beispiel, oder das Benediktinerstift neben dem Markt, eine scharfe Rechtskurve neben der Fußgängerzone und einer großen Kirche und weitere solcher prägnanten Punkte. Ich fuhr bis zur Endstation. Die war gleich neben der Feuerwehr. Der Regen wich der Sonne, die sich zaghaft hinter den Wolken hervorwagte. Im Busbahnhof konnte ich einen Plan von Santiago bekommen. Hier auf dem Bahnhof war einiges los. Viele Touristen und Pilger standen bei den Schaltern, saßen auf Bänken und warteten, worauf auch immer, oder betrachteten die Fahrplanaushänge. Von hier konnte man nach allen Richtungen in Spanien fahren oder auch nach Portugal, Frankreich oder Deutschland. Ein richtiger Tummelplatz. Ich musste in die Av. Coruña. Av steht für Avenida, entsprechend englischen oder französischen Avenue, also eine Prachtstraße. Dort war meine Unterkunft. Ich konnte die Karte drehen und wenden, wie ich wollte, die Adresse fand ich nicht. Was blieb mir anderes übrig, als zu fragen. Es war doch immer das Gleiche. Alles Unwissende oder Nichtwollende. Am Busbahnhof hatte ich kein Glück. Am Platz davor waren auch einige Haltestellen für die städtischen Busse und ein Taxistandplatz. Na, da wird doch wohl wer wissen, wo ich hingehöre. Eine Taxlerin war so nett, mir den Weg zu erklären. Sie breitete die Karte auf der Motorhaube aus, und etwa 15 Zentimeter außerhalb der rechten oberen Ecke, etwa neben dem Rückspiegel, dort gehörte ich hin. Luftlinie gar nicht so weit vom Busbahnhof entfernt. Die Karte zeigte nämlich nur das Zentrum mit der nächsten unmittelbaren Umgebung. Gut, also wie kam ich dort hin. Gab's einen Bus von hier? Nein, gab es natürlich nicht, wäre auch zu schön. Entweder mit dem 5-er drei Stationen und dann mit dem 1-er, oder sollte ich ein Taxi nehmen? Die Señora war so nett, sollte sie doch auch ein Geschäft machen. Gesagt, getan, Kofferraum auf, Rucksack hinein, Türe auf, Pilger hinein, und ab die Post. Die Adresse hatte einige Tücken. Nicht nur, dass sie nicht auf den gängigen Karten eingezeichnet war, auch die Av. Coruña war gleich zweimal unterbrochen. Und, wie könnte es anders sein, mein Ziel lag am Anfang des letzen Teils. Der Gipfel der Gemeinheit aber war, die Av. Coruña bestand aus zwei Fahrstreifen, die durch einen Grünstreifen voneinander getrennt waren, und zwar so, dass man über Kilometer hinweg ihn weder überqueren noch umdrehen konnte. Selbst die Señora war etwas verzweifelt. Wir mussten einige Umwege über Nebenstraßen und an einigen Feldern vorbei, um doch auf die richtige Straßenseite vor meine Unterkunft zu kommen. Die Señora entschuldigte sich ein paar Mal, worüber ich nur lachen konnte, ich war ihr ja nicht böse, so was konnte schon mal passieren. Ich zahlte 7,50 Euro, und wir waren beide glücklich.

Die Unterkunft erwies sich als nettes Lokal mit Zimmern im ersten und zweiten Stock. Wirt und Wirtin mit Tochter waren ausgesprochen nett und liebenswürdig. Ein Begrüßungstrunk war obligat. Das Zimmer war klein, aber sauber und nett, mit Bad und WC und Internet. Was wollte ich mehr. Auspacken, duschen, umziehen und auf einen Kaffee ins Lokal, das war mein erstes Programm in Santiago. Beim Kaffee studierte ich die Karte eingehend. Die Tochter des Hauses half mir dabei auf Englisch. So erfuhr ich, dass der Bus 1 etwa 20 Meter neben dem Lokal seine Station in Richtung Stadt hatte. In Richtung aus der Stadt heraus war die Station etwa 70 Meter gegenüber, gleich nach einem großen Kreisverkehr. Na bitte, alles in bester Ordnung.

19. Juni 2014. Ich begann Santiago zu inspizieren. In leichter Kleidung ging ich zur Bushaltestelle. Laut Karte musste ich fünf Stationen fahren, um ins Zentrum zu kommen, das eine einzige Fußgängerzone war. Der Bus kam, ein Euro im Tausch mit einem Fahrschein. Wirklich, nach fünf Stationen war ich bei der scharfen Rechtskurve, die ich mir gemerkt hatte. Ab jetzt ging es zu Fuß weiter, durch enge Gassen mit kleinen Geschäften und Lokalen und vielen Touristen, Pilgern und Einwohnern von Santiago. Genau wusste ich nicht, wohin ich sollte, was aber völlig egal war – bekanntlich führen ja alle Wege nach Rom, warum also nicht auch zur Basilika. So war es denn auch. Viele Stufen führten auf einen riesigen Platz vor der Kirche. Ich war von der Größe des Bauwerkes schwer beeindruckt. Ein Teil eines Turmes war eingerüstet und wurde renoviert, Kathedrale [40]mit Anlage wurde von damals 8200 auf 23.000 Quadratmeter erweitert und beeindruckt Millionen von Pilgern und Touristen seit vielen Jahrhunderten. Auf dem riesigen Platz vor der Kathedrale, Basilika, Kirche (zu meiner Schande weiß ich den Unterschied nicht) tummelten sich Menschenmassen. Anscheinend war die halbe Welt in Santiago. In der Kirche war es nicht viel anders. Die meisten besuchten die Basilika, machten eine Rundgang und waren wieder draußen. Ich musste das Flair dieses Hauses auf mich einwirken lassen. Ich betrat die Kirche und blieb ehrfürchtig stehen. Monumentale Größe und prunkvolle, überwältigende Ausstattung. Das hatte ich in meinem Leben noch nie gesehen. Langsam schritt ich, entlang der Seitenwände, die vielen Nebenaltäre ab. Es müssen mindestens acht gewesen sein, einer schöner als der andere. Auch hinter dem Hauptaltar, der in der Mitte stand, konnte man herumgehen. Seitlich führte eine kleine Stiege unter den Altar, wo sich das Grab des Eremiten Pelayo

[40] Bild 53

befand, der damals, 813, das Grab von Jakobus fand.

Der Legende nach soll der heilige Jakobus, von dem sich ja der Name der Stadt ableitet (Sankt Jakob gleich Santiago) hier gepredigt und missioniert haben. Nachdem er zurück nach Palästina kam, im Jahre 44, wurde er von Herodes gefangen genommen und getötet. Da der König ein Begräbnis verboten hatte, stahlen Schüler von Jakobus den Leichnam und brachten ihn in einem Sarkophag aus Marmor mit einem Boot aufs Meer in Sicherheit. Zufällig (?) trieb die Strömung das Boot nach Galicien, wo man den Apostel in einem Wald bestattete. Dem Eremiten Pelayo fiel Hunderte Jahre später im Wald ein eigentümliches Leuchten auf, dem er nachging und wo er das Grab fand. Aufgrund des Leuchtens wurde der Platz auf Lateinisch »Campus Stellae« genannt, von der spanischen Bevölkerung später umgewandelt in »Compostela«. König Alfons II. ernannte Jakobus sofort zum Schutzpatron seines Gebietes und ließ an der Fundstelle eine Kapelle errichten. Angeblich gab es weitere Erscheinungen, und der Apostel soll dem damaligen König beim Kampf gegen die Mauren geholfen haben. Ein Papst erklärte in einem Dekret Santiago zur heiligen Stadt, genauso wie Rom und Jerusalem. Die armenische Jakobskirche in Jerusalem behauptet ja, der Kopf von Jakobus liege bei ihr. Immer wenn der 25. Juli auf einen Sonntag fällt (Jakobusjahr), werden den Pilgern die Sünden erlassen. (Hm, hätte ich vielleicht noch etwas warten sollen?). Laut unbestätigten Meldungen sollte das auch funktionieren, wenn man die Jakobusstatue angreift. (Da hatte ich ja noch eine Chance!)

Neben dem Abgang gab es auch eine Stiege hinauf. Sehr eng, gerade so zum Durchgehen, Leute mit breiteren Schultern mussten etwas quer gehen. Oben erwartete schon ein Geistlicher die Besucher, gab Anweisungen, nicht zu fotografieren. Dann konnte man der riesigen, sitzenden Jakobusstatue von hinten auf die Schulter greifen, manche küssten sie auch, und die Seele war weiß wie Schnee. Es gab Frauen, die vor Ehrfurcht Weinkrämpfe bekamen. So weit zur Legende. Aber auch in jedem Märchen steckt bekanntlich etwas Wahrheit.

Dann ging es wieder hinunter ins Hauptschiff des Gotteshauses. Nachdem die Bänke einigermaßen leer waren, nahm ich ziemlich vorne Platz. Ich sage es ehrlich, mit dem Beten ist das so eine Sache bei mir. Das erinnert mich so an Muttertag. Die Mütter freuen sich über mühevoll auswendig gelernte Gedichtchen, die von den Vortragenden selbst kaum verstanden werden. Beim Beten ist es nicht viel anders. Die Kirchengeher leiern ihren Text herunter, verlassen die Kirche und meinen, jetzt hätten sie etwas Religiöses geleistet und ihre Pflicht gegenüber der Kirche getan. Dieses, für mich scheinheilige Getue, lehne ich ab. Auch von manchen Geistlichen. Der Prior hatte vielleicht doch recht, als er meinte, ich könne sagen, was ich wolle, Atheist sei ich keiner, sondern ich hätte ein Problem mit der Kirche. Ein eigenartiges Gefühl hatte von mir Besitz ergriffen. Ich kann es nicht genau beschreiben. Eine Mischung aus Traurigkeit, Sehnsucht, Zufriedenheit, Friede und einer Freudenstimmung. Alles zusammengemixt ergab den jetzigen Zustand. Eine unerklärliche Ruhe ergriff Besitz von mir, ich war ja auch vorher nicht nervös oder aufgeregt gewesen. Es lässt sich schwer beschreiben, was sich da in einem abspielt. Es war, als wäre es das Natürlichste der Welt, dass ich jetzt in Spanien, 3000 Kilometer von zu Hause entfernt, in einer Kirche sitze.

Ich hatte auch kein Gefühl eines Erfolgserlebnisses in mir, wie wenn ich früher nach langen Verhandlungen einen Auftrag zu meinen Gunsten abgeschlossen hatte. Es war alles so – still in mir, einfach alles in Ordnung, frei von allen Sorgen und Bedenken. Auch mein Herz spürte diesen Zustand. Irgendwo habe ich einmal gelesen, das Beste für ein Herz sei es, wenn es tanzen kann. Damit waren Gemüts- und Gefühlsschwankungen gemeint. Es sei ungemein wichtig, dass es einmal rascher und aufgeregter, dann wieder ruhiger und besonnener schlägt, mal sportlich gestresst, mal freudig erregt, dass es alle Stadien durchmacht. Immer wieder ist diese Abwechslung notwendig. Eben ein Tanz mit allen Facetten. So die Meinung eines Kardiologen. Jetzt war es die ausgeglichene Ruhe, das Gefühl echter Zufriedenheit. Auch als plötzlich Männer und Frauen eines Sicherheitsdienstes erschienen und sich vor mir am Rande der Altarfläche aufstellten. Innerlich dachte ich mir, jetzt geschieht etwas Besonderes, vielleicht eine Messe. Da erst bemerkte ich, dass die Sitzreihen voll besetzt waren. Ich saß an der

Vorderfront vor dem Altar. Blickte sozusagen Jakobus, den ich vorher auf die Schulter geklopft hatte, in die Augen. Rechts und links in die Seitenschiffe hinein und hinter mir bis zum Haupteingang standen die Sitzreihen. Ein Blick auf die Uhr zeigte mir, es war schon spät geworden. Die Zeit war an mir vorübergegangen, während ich meinen Gedanken nachgehangen war. Da ertönte auch schon ganz laut, die Orgel. Also doch eine Messe? Nur was machte dann der Sicherheitsdienst hier? Da bewegte sich das Wachpersonal und sperrte die Fläche vor dem Altar mit Seilen ab. Einige Besucher begaben sich in Richtung Ausgänge. Da kamen auch schon Priester im Gänsemarsch aus der Sakristei, begleitet von zwei Leuten der Security. Es waren vier Priester und ein Kommodore. Anfangs trat ein Zivilist vor ein Mikrofon und begrüßte in drei Sprachen (darunter auch Deutsch) alle Anwesenden, besonders die Pilger. Er stellte den Kommodore und die Priester vor, die jetzt die Pilgermesse halten würden. Habe ich ein Glück! Die Messe war natürlich auf Spanisch, was aber niemanden besonders störte, da der Ablauf den meisten bekannt war. Als ehemaliger Ministrant kannte ich auch die Liturgie und deren Bedeutung. Zur Kommunion nahmen vier Priester je einen Kelch, darauf gingen zwei in das Mittelschiff, einer ins linke, einer ins rechte Seitenschiff unter die Leute und spendeten die Kommunion. Ganz vorne war die Arbeit des Kommodores. Bevor anschließend der Segen gespendet wurde, stellten sich die Priester an die Seitenwände beim Altar, und der Kommodore setzte sich auf seinen Thron in der Mitte der hinteren Wand. Acht Männer in dunkelroter Uniform kamen nun vor den Altar. Einer holte ein dickes Seil, das an einem Mauerpfeiler befestigt war. Es ging bis zur Decke um ein Rad herum und wieder herunter. In einigen Metern Höhe oberhalb des Altars hing an diesem Seil der Botafumeiro. Ein Weihrauchkessel[41] von beachtlichem Ausmaß. 1.60 Meter hoch und über 100 Kilo schwer. Er wurde nun herabgelassen und mit glühender Kohle und Weihrauch befüllt. Die Orgelmusik schwoll an. Der Kessel wurde nun etwas in die Höhe gezogen, einer der Männer nahm ihn und ging damit rückwärts,

[41] Bild 54

so weit er konnte. Dann ließ er los und begab sich zu den anderen sieben. Das Seil, etwa zehn Zentimeter im Durchmesser, teilte sich am Ende in acht Verzweigungen. Jeder der Männer hatte somit ein Stück Seil in der Hand. Inzwischen baumelte der Weihrauchkessel qualmend langsam hin und her. Als er am tiefsten Punkt angekommen war, zogen die acht Männer wie auf Kommando das Seil fest nach unten, wodurch der Kessel in die Höhe sauste. In der Folge fing der Kessel noch mehr zu schwingen an. Dieses ruckartige Ziehen erfolgte einige Male, bis der Kessel durch die beiden Seitenschiffe raste und bis an die Decke schwang. So füllte sich der Kirchenraum langsam mit Weihrauchduft. Ich stand mit offenem Mund da – die laute Orgelmusik, der fliegende Weihrauchkessel, alle diese Eindrücke und mein Zustand, ich schäme mich nicht zu sagen, das Herz lief mir über und die Tränen über die Wangen, ich konnte einfach nichts dagegen tun. Die Anstrengungen der letzten Tage und Wochen, die Episoden im Spital, die Probleme zu Hause, die Traurigkeit über das Ende der Reise, das alles brach wie eine Sturmflut über mich herein, und ich war diesen Gefühlen schutzlos ausgeliefert. Ich weiß nicht, lieber Leser, ob du das verstehen kannst. Solche Situationen hat man nicht oft im Leben. So als wäre ich nach langer Gefangenschaft heimgekommen. Als hätte alles Schlechte auf der Welt aufgehört zu existieren. Ich kann es einfach nicht anders erklären. Mir wäre es lieb gewesen, hätte dieses Schauspiel noch lange angedauert. Ich mag eigentlich solche Gefühlsduselei nicht, aber hier war ich nicht mehr Herr meiner Gefühle. Das ganze Gewesene der letzten Jahre, die Ängste, Anspannungen, Schmerzen, der Ärger, die Anstrengungen der Reise mit den Härten des Wetters und der Natur, all das war mit einem Mal unwichtig, irgendwo im Hintergrund versteckt. Ähnlich wie für eine Mutter, wenn sie ihr Neugeborenes in den Armen hält, alle Probleme und Schmerzen, die es gab, wie weggeblasen sind. Ich war so ergriffen von dem Schauspiel, und zugleich erfasste mich doch eine Traurigkeit. Der Weg war zu Ende. Alles Erlebte nur mehr Erinnerung. Wenn ich nach Hause komme, werde ich wieder aktiver Teil der Familie sein, mir keine Sorgen machen müssen, in welchem Bett ich schlafen werde (hoffentlich!). Wenn's regnet, werde ich ins Haus gehen, kann jeden Tag duschen, das Essen ist nach meinem Geschmack, also alles herrlich schön. Und doch … eine gewisse Wehmut war da. Mir kam der abgegriffene Spruch »Der Weg ist das Ziel!« in den Sinn. Demzufolge war das Erreichen eines Ziels zwangsläufig das Ende des Weges, der eigentlich das Ziel war. Etwas verwirrend. Doch erklärt es diesen Hauch von Trauer beim Verlassen des Weges, des Lebensweges, da ja das erreichte Ziel nur der Tod sein konnte. Aber dieses verwirrende Problem überlasse ich gern der Philosophie.

Wo Bewegung ist, ist Leben. In Relation zur Erstarrung in den Städten hatte das freie Vagabundenleben schon einen gewaltigen Reiz. Ich genoss die letzten Minuten, bis die Menge die Kirche verließ. Ein Stempel der Kathedrale in meiner Sammlung war natürlich der Höhepunkt meines Pilgerpasses. Es waren nur einige Schritte zur Sakristei; als die Priester bei mir vorbeigingen, folgte ich ihnen. Ein Mann der Security hielt mich von meinem Vorhaben ab. So einfach ließ ich mich aber nicht abwimmeln, ich fand doch einen Weg, mich in die Sakristei zu schwindeln. Ausgerechnet dem Kommodore begegnete ich als Erstem. Ich zeigte ihm den Pilgerpass und das Handzeichen für Stempel. Alles, was er mir sagte, war sehr nett, vermute ich, aber ich habe kein Wort verstanden. Er winkte einen Priester zu sich und sprach mit ihm. Der wandte sich an mich und fragte, ob ich Englisch verstünde, was ich bejahte. Er stellte sich vor, er komme aus Südamerika und sei derzeit im Priesterseminar hier in Santiago. Ich spürte den Blick des Kommodores auf meinem Kreuz vor der Brust. Der Priester erklärte mir weiter, es gebe in der Kathedrale keinen Stempel, dazu müsse ich ins Pilgerquartier, wo man auch die Compostela bekomme. Ich bedankte mich artig für die Auskunft und zog leicht unbefriedigt ab. Auf dem Platz vor der Kirche hielten sich noch immer Menschenmassen auf, einige Straßenmusikanten bearbeiteten ihre Instrumente. Ich verspürte Durst und ging zu einem kleinen Lokal, das ein paar Schritte entfernt war, mit Tischen und Sesseln draußen, nahm Platz und bestellte ein kleines Bier. Langsam begann mir dieses Getränk zu schmecken. Normalerweise mochte ich den Gerstensaft überhaupt nicht, hier in Spanien schon. Ich trank aus, zahlte und stand auf, als ich plötzlich hinter meinem Rücken eine Stimme im Urwiener Dialekt sagen hörte: »Geh, wo geht's n do zur Basilika?« Ich blieb wie angewurzelt stehen. Mit allem hätte ich hier gerechnet, nur nicht mit dem Dialekt. Eine Gänsehaut bildete sich an meinen Armen. Das konnte doch nicht mich betreffen, dachte ich. Vorsichtig drehte ich mich um, die nächste Schrecksekunde: »Den kenn ich.« Dann begann mein Herz zu tanzen vor freudiger Erregung. Vor mir stand der bekannte Herzkappenspezialist schlechthin, Universitätsprofessor Dr. Kocher mit einem Kollegen. Als wären wir beste Freunde, die sich jahrelang nicht gesehen hatten und nun zufällig trafen, fielen wir uns um den Hals. Er hatte im Spital von Santiago Vorträge über neue Herzklappentechniken gehalten und war nun auf dem Weg zu seinem Hotel. Eine Woche, bevor ich nach Spanien geflogen war, hatten wir über seine Bedenken gegenüber dieser Reise diskutiert. Er kannte meinen gesamten Kreuzweg im Krankenhaus. Hätten wir ausgemacht, uns zu treffen, nie und nimmer hätte das geklappt. So spielt das Schicksal mit seinen Karten. Er und sein Kollege mussten ins Hotel, da der Rückflug schon gebucht war und er am nächsten Tag schon wieder im OP stehen würde. Wir verabschiedeten uns mit dem Versprechen, uns bei einer meiner nächsten Kontrolluntersuchungen ausführlich zu unterhalten. Ich möchte fast sagen, beschwingt ging ich davon. Die Wahrscheinlichkeit, nach dieser Reise, nach dem Finale in der Kirche, offen wie nie für das Schöne und Gute in dieser Welt, auf so einen wichtigen Zeugen zu stoßen, war gleich null. Und dennoch standen plötzlich zwei Gesandte welcher Macht auch immer bereit, mich zu beglückwünschen. Das Leben hält schon manchmal tolle Überraschungen bereit. Eine Menschenansammlung vor einem Haus erregte meine Aufmerksamkeit. Ich sah in den Innenhof, der voll mit Menschen war. Erst auf den zweiten Blick verstand ich die Aufschrift, hier war das Pilgerbüro. Ein Security-Mann wollte gerade die Haustüre für den heutigen Tag verschließen, als ich nach kurzem Betteln ausnahmsweise noch hinein durfte. Es war mittlerweile schon 18:30 Uhr geworden. Das also war das Pilgerbüro. Im rückwärtigen Gebäude war eine offene Türe zu sehen, der Eingang zum Büro. Eine Schlange in Viererreihe davor und ich als Letzter. Immer wieder kamen Pilger heraus, die entweder freudige oder ernste, teils sogar böse Gesichter machten. Je nachdem, ob sie das Zertifikat Compostela erhalten hatten oder nicht. Ich rechnete eigentlich nicht damit. Lückenlos war meine Stempelsammlung ja nicht gerade. Während ich als Letzter in der Reihe wartete, kam eine Schwarzafrikanerin schreiend heraus, führte einen Freudentanz auf, schwenkte ihr Zertifikat wie eine Friedensfahne. Sie war so glücklich und ließ alle daran teilhaben. Ich gönnte ihr diese Auszeichnung von Herzen. Diese Freude war ehrlich. Mit ihrer Ausstrahlung steckte sie einige Wartende an, die ihr nette Worte zuriefen und mitlachten. Stunden vergingen, ich dachte schon, heute wird das nichts mehr. Die Dunkelheit war hereingebrochen. Endlich, fast 22 Uhr, stand ich als Letzter an der Türschwelle. Nun konnte ich auch in den Raum sehen. Acht Schalter, hinter denen Frauen und Männer die Papiere prüften und Zertifikate ausstellten. Im Geist suchte ich den Schalter aus, bei dem ich als Nächster drankommen würde. Studierte die Gesichter der Beamten hinter den Schaltern. Freundlich oder unfreundlich? Aber wieder sollte alles anders kommen. Plötzlich trat der Kommodore durch eine Seitentüre ein. Mit strenger Miene blickte er durch den Raum, wahrscheinlich um zu prüfen, wie viele Pilger noch da waren. Sein Blick fiel natürlich auf mich, da ich als Letzter in der Türe stand, und er winkte mich zu sich. »Auch das noch!«, dachte ich mir. Er nahm mir den Pilgerpass ab und kontrollierte die Stempel. Ein Adjutant stand ihm zur Seite, der mir auch die Frage nach dem Warum auf Englisch stellte. Ich erklärte ihm meinen Grund, und in weiser Voraussicht hatte ich diesen Satz auch auf Spanisch gelernt. Damit war der Dolmetscher arbeitslos. Der Kommodore zog etwas erstaunt die Augenbrauen hoch und blickte mich überrascht an, ging zu einem Schreibtisch und schrieb in meinem Pass einige Zeilen hinein. Gab den Pass dem jungen Mann, reichte mir die Hand mit dem Wort »Felicidades«, drehte sich um und ging. Der junge Mann reichte meine Unterlagen an einen frei gewordenen Schalter weiter. Natürlich las der Beamte sofort, was der Kommodore geschrieben hatte, und gab es unverblümt an alle weiter. Genauso wie die Erklärung, warum ich diesen Weg gegangen war. Er sprach zwar Spanisch, aber ich wusste, was er den anderen erzählte.

Alle Augen waren plötzlich auf mich gerichtet. (Kunststück, war ja nur noch ich da.) Zum Glück war es ziemlich dunkel im Raum, sodass man mein Erröten nicht sah. Ich musste meinen Reisepass abgeben, bekam ihn nach einem Eintrag im Computer wieder zurück, zahlte eine Kleinigkeit für eine Papierröhre, die ich kurz darauf erhielt, darin die Compostela, das Zertifikat[42] über die von mir zurückgelegte Strecke, und mein Pilgerpass. Natürlich freute ich mich innerlich wie ein Kind. Der Mann von der Security brachte mich zur Türe, gab mir die Hand, sagte noch »Congratulations« und schloss hinter mir ab. Im ersten Augenblick wusste ich nicht, was ich jetzt tun sollte. Eigentlich wusste ich gar nichts mehr. In den Straßen war noch genug los. 22 Uhr war ja auch noch nicht so spät. Viel war heute geschehen, vieles hatte ich erlebt, und eigentlich wollte ich rasch nach Hause und nachschauen, was der Kommodore geschrieben hatte. Ich war zu faul oder zu müde – wie man will –, um die Straßen bergauf zu gehen und wieder zu der Haltestelle zu gelangen, an der ich ausgestiegen war. So ging ich hinunter, zur Unterseite der Altstadt, dort fuhr der Bus Nr. 1 auch. Die Geschäfte hatten schon geschlossen, nur Lokale waren noch geöffnet und durchwegs gut besucht.

Eine Frage manifestierte sich, war ich jetzt kein Pilger mehr? Die krafteinflößende Spannung dieser Reise, des Weges hatte dem Gefühl der Erleichterung Platz gemacht. Für den Bruchteil eines Augenblicks stellte sich die Frage »Was und wohin« Auf wundersame Weise wich die Beklemmung. Hatte ich unterwegs nicht die Erfahrung gemacht, dass ich alles zu meiner Sicherheit Notwendige in mir trug? Ich musste nicht im übertragenen Sinn »nach Hause« gehen, vielmehr dafür sorgen, dass sich andere bei mir zu Hause fühlten. Meine Frau und unser Sohn . Plötzlich waren sie wieder sehr nahe.

Als ich aus der Altstadt herauskam, fuhr gerade ein 1er-Bus ab. Na klar, wie könnte es auch anders sein. »Nur« 20 Minuten Wartezeit. Na ja, die sogenannte Stoßzeit oder, moderner ausgedrückt, die Rush Hour war vorbei, nun hatten die Busse längere Intervalle. Aber auch diese

[42] Bild 55

Minuten vergingen, der nächste Bus kam und brachte mich zu meiner Unterkunft. Dort war noch Betrieb, Gäste waren im und vor dem Lokal, der Wirt begrüßte mich und wollte wissen, wie es mir ergangen war. Ich zeigte ihm meine Compostela. Lautstark erklärte er den anderen – vermutlich Stammgästen –, was der Kommodore geschrieben hatte. Es war mir eher peinlich, wer weiß, was da alles stand. Das sind jene Augenblicke im Leben, wo ich die Babylonier mit ihrem Turm verfluche. Seit dieser Zeit gibt es ja die unterschiedlichsten Sprachen – vorher gab's angeblich nur eine, laut Bibel zumindest. Aber da kam unerwartete Hilfe in Form eines Gastes, der der deutschen Sprache mächtig war. Er war so nett, mir den Text zu übersetzen. Es waren nette Worte, was sollte es auch anders sein. Die originale Übersetzung lautete, etwas windschief: »Für einen Mann dem das Leben einen harten Schlag gegeben, aber seine innere Stärke hat heute mehr denn je das Leben zurückgenommen!« Beruhigt, zufrieden und grenzenlos glücklich begab ich mich gegen Mitternacht mit einer Flasche Wasser unterm Arm auf mein Zimmer. An dem Abend nahm ich meine Medizin später als sonst, was eigentlich nicht sein sollte. Ich genehmigte mir eine lange Dusche und ging zu Bett. Es hatte zu regnen begonnen. Glück gehabt. An Schlaf war vorerst nicht zu denken. Zu viel spielte sich in meinem Hirn ab. Das alles zu verarbeiten und gänzlich zu verstehen wird sicher noch eine Weile dauern. Im Internet waren schon Suchmeldungen nach mir eingegangen. Alle wollten wissen, wo ich denn sei, ob hoffentlich nicht passiert sei, und Ähnliches. Jetzt war natürlich keiner mehr im Netz. Ich beantwortete nur kurz und bündig: »Melde mich morgen!« Viele Fotos hatte ich gemacht. Einige waren nicht zufriedenstellend und wurden von mir wieder gelöscht. Einen Plan für den morgigen Tag hatte ich noch nicht. Es kommt, wie es kommt. Santiago ist groß. Die Müdigkeit umarmte mich, und ich fiel in einen tiefen Schlaf.

Gut ausgeschlafen begann ich den nächsten Tag. Wäschewaschen war wieder einmal angesagt. Sämtliche Socken, Shirts, Hosen wurden eingeweicht, während ich mich fertig anzog und die übliche Prozedur erledigte. Das Angenehme an der modernen Sportwäsche, sie ließ sich leicht waschen und war in Kürze trocken. Baumwollstoff war weitaus aufwendiger zu waschen und bügeln. Als die Wäschestücke an meinen Wanderstecken am Fenster und den geöffneten Schranktüren hingen, war ich bereit für ein anständiges Frühstück. Das Lokal hatte schon geöffnet, war aber noch leer. »Buenos dias!«, begrüßte ich die Wirtin. Sie antwortete mit dem üblichen »Hola, Como esta?«. »Bueno, gracias« (mein Gott, bin ich gut!). Zum Frühstück bekam ich Eierspeise, Kaffee und ein Mixto (wie gehabt, ein längliches Brot, aufgeschnitten mit Serrano-Schinken). Ein durchaus angenehmer Tagesbeginn.

14 Tage hatte ich noch bis zum geplanten Heimflug. Hört sich vielleicht viel an, aber was ich noch in Planung hatte, war auch genug. Heute jedenfalls stand Santiago[43] auf dem Tagesplan. Mit dem Bus fuhr ich wieder die fünf Stationen bis zur Altstadt, die ich bis mittags komplett durchwanderte. Einige Andenken und Postkarten erstand ich in einem der vielen Souvenirgeschäfte. Viele freundliche Leute, einige Mitbringsel standen auf der Besorgungsliste. Ein Verkäufer war so nett, mir einige Fragen zu Sehenswürdigkeiten zu beantworten. In einem wunderschönen Stadtpark fütterte ich Enten und Schwäne, schrieb einige Postkarten bei einem Eiskaffee und fuhr anschließend mit irgendeinem Bus einige Stationen in eine unbekannte Gegend. Von dort wanderte ich wieder zurück, um mit einem anderen Bus in eine andere Richtung zu fahren. Ich glaube, es gibt keinen christlichen Orden, der nicht in Santiago zumindest ein Haus hat. Die wenigsten der offenkundig sehr vielen kannte ich. Die Bekannteren haben riesige Bauten, meist Klöster und Kirchen. Auffallend die Jesuiten und Benediktiner. Das waren ganze Häuserblöcke. Kirchen gab es jede Menge. Ein Kloster besuchte ich, kam aber nicht weit. Nur in einen schmucklosen Raum, ohne Einrichtung, außer einer verschließbaren Klappe in der Wand, in die man Spenden ablegen konnte. Nonnen bekam man nicht zu Gesicht.

Kaufparks gab es natürlich auch. Überraschend schwach besucht. Der Sparkurs im Land zeigte hier seine Wirkung. Es war in Spanien auch wichtig, immer Kleingeld bei sich zu haben. Wechseln war meistens problematisch. Die Verkäufer und Kellner waren immer

[43] Bild 56

bestrebt, eine Rechnung auszuhändigen. Auch auf dem Markt[44], den ich natürlich besuchen musste. Dieses bunte Bild von allem, was das Land zu bieten hatte, Gewürze, Blumen, Obst, Fleisch, Meerestiere, und das geschäftige laute Treiben gefielen mir immer wieder. Das hatte etwas urtümlich Gemütliches an sich. In Geschäften einkaufen ist eines, ein Markt ist etwas ganz anderes. Märkte gibt es schon seit der Antike und früher. Warum sind heute Flohmärkte so gut besucht? Weniger, weil man billig einkaufen kann, eher wegen der Vielfalt und der Nähe anderer Menschen, der Kommunikation und des Feilschens. Im Geschäft ist es farbloser, unpersönlicher. Manchmal richtig kundenfeindlich. Wie oft ärgert man sich über Verkaufspersonal, dem man von Weitem schon die Unlust ansieht und dem oft auch das Wissen über die Ware fehlt, die verkauft werden soll. Auf dem Markt hingegen wird um jeden Kunden geworben, lautstark und meist auf lustige Art. In einem kleinen Café verbrachte ich den Rest des späten Nachmittags, schrieb einige Mails (Lokale haben fast alle gratis Internet, da haben wir noch großen Aufholbedarf) und noch einige weitere Postkarten, um dann mit der 1er-Bus nach Hause zu fahren.

22. Juni 2014, der dritte Tag in Santiago. Diesmal fuhr ich nur drei Stationen und ging den Rest des Weges zu Fuß. Plötzlich jagten drei Reiter an mir vorbei. Mitten auf der Straße in vollem Galopp in Richtung Altstadt. Jetzt hatte ich noch doch Pferdepilger gesehen (glaube ich zumindest). Nach einer Weile kam ich wieder auf den großen Platz vor der Kathedrale. Er war immer noch beeindruckend, immer noch voller Menschen; immer neue Pilger kamen an. Anscheinend traf sich hier die halbe Welt. In einer kleinen Seitengasse war ein junges Fräulein mit einer Harfe zwischen den Knien, spielte das Ave Maria von Bach/Gounod. Bis zum Schluss lauschte ich ihr und bedankte mich mit einem Obolus. Als ich weitergehen wollte, kam mir die Afrikanerin entgegen, die im Pilgerbüro den Freudentanz aufgeführt hatte. Wir begrüßten uns, plauderten eine Weile und beschlossen etwas Flüssiges zu konsumieren. Im Lokal erfuhr ich, dass sie Lucie hieß und aus Nigeria

[44] Bild 57

stammte, in Holland lebte, schon sieben Jahre verheiratet war und ihr Mann an Leukämie erkrankt war. Das dürfte auch der Grund gewesen sein, warum sie hier war. Mit dem Plaudern kam bei ihr der Hunger. Pulpo wollte sie (Tintenfisch ganz klein geschnitten, mit Paprikasauce und Teigwaren). Ich hatte schon lange nicht mehr so viel und intensiv gelacht wie mit Lucie. Anscheinend war der Tintenfisch nicht so einfach zu kauen. Der arme Ober kam vor allen Leuten zum Handkuss. Überhaupt nicht böse, aber witzig gab sie ihre Beschwerden ab. Der Kellner machte bei dem Spaß mit. So zogen die beiden einander auf, bis das ganze Lokal hellauf lachte. Das war die richtige Therapie für uns alle. Lucies Aussehen erinnerte mich an die alten Westernfilme, wo die schwarzen Mamis immer die gute Perle des Hauses waren. Wir sind heute noch übers Internet in Kontakt. Sie war den letzten Tag hier und würde am nächsten Morgen zeitig nach Holland fliegen. Sie blieb mir noch lange in Gedanken. Später betrat ich ein riesiges Kaufhaus oder besser einen Kaufpark. Ähnlich wie im Norden Wiens hatte hier ein französischer Konzern einen Einkaufstempel errichtet. Auch hier waren relativ wenig Leute. Da der Busbahnhof auf der Strecke lag, holte ich mir dort Informationen, wie man das Umfeld von Santiago bereisen konnte. Wieder zu Hause, brütete ich über Karten und Fahrplänen und über meinem Notebook. Das Internet gab wenig her, die Karten schon eher. Ich plante die Etappen nach Kap Finisterre. Bis zum 28. Juni plante ich die Rückkehr. Ich hatte mir für die letzten Tage etwas Nettes ausgedacht. Aber das würde ich mir bis ganz zum Schluss aufheben.

15 Noia – Muros – Cabo de Finisterre

23. Juni, 6:30 Uhr, vergleichsweise spät, aber noch genug Zeit für die üblichen Erledigungen. Frühstücken konnte ich auch noch in Ruhe. Die Linie 1 begann ihren Dienst erst ab 7:45. (Da lobte ich mir die Verkehrsbetriebe in Wien.) Drei Stationen und einen Fußmarsch zu Busstation. Mein Plan war: Bis Noia mit dem Bus, ab dort zu Fuß. Ich war mit leichtem Gepäck unterwegs, hatte zwar den Rucksack auf, aber der war fast leer, nur das Wichtigste nahm ich mit. Die Etappen, vier an der Zahl, waren jeweils circa 15 bis 20 Kilometer lang. Also alles, was sich an einem Tag ohne Weiteres erledigen lässt. Darüber wird so mancher lächeln, verstehe ich, nur ich war ja nicht auf der Flucht. Ich hatte Entschleunigen gelernt und fühlte mich sehr wohl dabei. Es würde auch nicht so ganz leicht werden, es sah wieder ganz nach einer Berg- und Talwanderung aus. An der Busstation angekommen, musste ich noch 30 Minuten warten. Ticket beim Fahrer. Der Klarheit halber möchte ich nachträglich erwähnen, jeden Tag hatte es Regen gegeben. Oft nur einige Minuten, dann Sonne pur und wieder alle paar Stunden einen Wolkenbruch. Mir wurde erklärt, das sei ganz normal. Ich beobachtete mit Argusaugen, wie der Bus die Stadt verließ. Verwirrend, ich bezweifelte, dass ich jemals zu Fuß aus Santiago herausgefunden hätte, diesem Dickicht aus Kreuzungen, Unterführungen, Brücken; die ständigen Richtungswechsel. Jenseits der Stadtgrenze begann eine gemütliche, kurvenreiche Strecke. Lauter kleine Orte mit schönen, gepflegten Häusern zogen an meinem Fenster vorbei.

Noia war bald erreicht und der Camino recht gut beschriftet. Die erste Station Serra de Outes erreichte ich kurz nach Mittag. Essen und vor allem Trinken war nötig. Ich musste viel trinken, damit meine Nieren Freude haben und der Kreatininwert nicht schlechter wurde. Das werden

Herzpatienten kennen. Es war warm geworden. Die Sonne strahlte, und irgendwie veränderte sich die Landschaft. Zumindest bildete ich mir das ein. Der Weg führte genauso an Feldern, Wiesen, Bergen entlang wie bisher. Aber meinem Eindruck nach hatte die Landschaft nun mehr südländischen Charakter. Vielleicht war es auch nur Einbildung. Apropos Berge: Seit ich in Asturien wanderte, begleiteten mich auf vielen Bergrücken Windräder. Wenn Holland das Land der Windmühlen ist, so war dies das Land der Windräder zur Stromerzeugung. Ganze Wälder gab es davon. Jetzt auch wieder Hunderte an der Küste. Logisch, hier gab es immer Wind. Ein kluges Volk. Sicher wird das Problem der Energiebeschaffung in den Ländern sehr unterschiedlich behandelt. Bei uns ist die Erregung der Bürger mitunter groß. Von Verschandelung der Natur bis zur Störung des Vogelfluges ist die Rede. Wie viel Energie die Kritiker allerdings tatsächlich aus Atomstrom, dem Nebenprodukt eines lautlosen Killers, beziehen, werden sie wohl nie erfahren. Die Misere liegt in der Weigerung, auf Energie zu verzichten, also den Verbrauch gewaltig einzuschränken. Wie sollte das auch funktionieren, wenn niemand auf Bequemlichkeit und Luxus verzichten will. Energie muss herbeigeschafft werden, und in der erneuerbaren Energie liegt die Hoffnung, mittelfristig die giftigen Techniken auslaufen zu lassen.

Ich weiß nicht, wie es in anderen Ländern ist, aber die Aufregung bei uns über die Verschandelung der Natur halte ich jedenfalls für Schwachsinn. Bevor ein Atomkraftwerk entsteht, lieber viele Windräder. Kein Einschnitt in die Ökologie, kein Abfall, lautlos, und vor allem ist die Energiequelle selbst fast kostenlos.

Serra de Outes erwies sich als idyllische Kleinstadt, die mich an manche Urlaubsorte am Meer erinnerte. Ich kehrte in ein Lokal ein und begnügte mich mit einer Salatplatte[45] und Wasser. Zwei Flaschen nahm ich vorsichtshalber noch mit. Das waren immerhin drei Liter, gut einen Liter hatte ich heute schon, na, das war nicht übel. Bei solchem Wetter durfte man das Schwitzen nicht außer Acht lassen. Weiter ging es, wohin war noch nicht sicher. Wahrscheinlich **Siavo**. Knappe sechs Kilometer

[45] Bild 60

sollten es sein. Dort würde es hoffentlich eine Schlafmöglichkeit geben. Nach fast zwei Stunden fand ich auch eine. Eine nette kleine Pension hatte noch freie Zimmer. Es blieb mir noch genug Zeit, am Strand zu flanieren. Die Nähe des Meeres tat meiner Seele gut. Viele Pilger sah man hier nicht. Wenn, dann vorwiegend Jugend. Ein gewisses Urlaubsgefühl stellte sich bei mir ein. Die meisten, die Finisterre sehen wollten, fuhren mit Bus oder waren Fahrradpilger. Die Lokale in Strandnähe und im Hafengebiet waren trotzdem sehr gut besucht. Die Unterkunft war einfach, sauber und angenehm, da das Fenster zum Garten hinausging. Dort war es weitaus ruhiger als vorn auf der Straße. Nach einer erholsamen Nacht nahm ich die nächste Etappe in Angriff. Bis wohin würde ich wohl kommen? Geplant hatte ich **Muros**. Die Strecke müsste bis mittags zu schaffen sein. Gemütlich immer am Meer entlang verlief der Weg fast ausschließlich auf der Straße. Auf der musste man aber nicht gehen, weil der Strand mit der Promenade sich parallel dazu erstreckte. Das war um ein Vielfaches angenehmer, denn der Verkehr war hier, da es nur eine Straße gab, wesentlich stärker. Nicht so wie in Asturien und Kantabrien. Dort gab es ja den reinsten Straßenluxus: Ortsstraße, Landstraße und Autobahn, fast nebeneinander. Einige nette Orte durchquerte ich, die auf der Karte gar nicht eingezeichnet waren. **Esteiro** ließ ich nach einer kurzen Pause hinter mir und steuerte auf den nächsten Punkt zu. Knappe sechs oder sieben Kilometer waren zu bewältigen. In einiger Entfernung zum Meer stieg der Weg öfters an, was mir natürlich Schweißperlen auf die Stirn trieb und mehrere kleine Verschnaufpausen nötig machte. Es war doch nicht so einfach, wie ich angenommen hatte. Mein Körper verlangte seinen Tribut. Verschwitzt und geschafft erreichte ich nachmittags **Abelleira**. Es waren nur mehr sechs Kilometer bis Muros, dem eigentlich geplanten Ziel. Unter normalen Umständen wäre ich sicher noch bis dahin weitergegangen. Doch ich hielt es für besser, hier zu bleiben. Auch einen Bus hätte es gegeben, jedoch wäre es gegen meinen Stolz gewesen, ihn zu nehmen. Hatte ich doch alle Zeit der Welt. Ein Zimmer war bald gefunden, und ein schöner gemütlicher Nachmittag und Abend sagte sich an. Lange duschen, das Internet bearbeiten, mit Wien sprechen, einige

Ansichtskarten schreiben, damit alle zu Hause etwas neidisch würden. Angeblich war es in Wien kalt und nass. Märchenhaft gut geschlafen, nachdem ich einigen spanischen Gelsen den Garaus bereitet hatte. Zeitig am Morgen war ich wieder unterwegs. Auf ein Frühstück musste ich verzichten, da noch alles geschlossen hatte. Das holte ich in Muros, das ich nach 8:00 Uhr erreichte, nach. Vor dem Ort hatte ich die Wahl, entweder quer durchs Gebirge den kürzeren, aber beschwerlicheren Weg zu nehmen oder am Strand entlang den leichteren, aber längeren. Ich entschied mich für Letzteres. Durch **San Francisco**, so heißt ein Ort wirklich, und einige andere kleine Ortschaften, eine schöner als die andere, gelangte ich mittags nach **Lariño**. Obwohl der Weg nicht sehr anspruchsvoll war, taten mir meine Beine und der Rücken schrecklich weh. Außerdem war ich müde. Ich war wohl am Ende meiner Leistungsfähigkeit angelangt. Lange hatte mein Körper mitgemacht und brav durchgehalten, doch allmählich hatte er von meinen Eskapaden genug. Auf einem Plakat war ein großer Wasserfall abgebildet, mit dem nötigen Text dazu. Wahrscheinlich eine Reklame, ihn zu besuchen. Meiner Karte nach war er etwa 20 Kilometer nördlich von mir. Nicht ganz auf meiner Route, aber die Richtung stimmte. Warum also nicht. Kurz entschlossen bestieg ich einen Bus, der mich in etwas mehr als 30 Minuten entlang einer wunderschönen Landschaft, neben dem Meer nach **Ezaro** brachte. Aus der Ferne konnte ich die Hummer oder Langustenfelder im Meer sehen, wo Käfige zum fangen, aufgestellt waren. Das Meer in postkartenblau und weckte das Verlangen darin zu schwimmen. Trügerisch, weil die Wassertemperatur im Atlantik alles andere as angenehm ist. Mittagessen war angesagt. Ich begnügte mich mit Thunfischsalat und genügend Trinkbarem. Ein Kaffee rundete das Essen ab und Kuchen gab es hier auch. Ein gut aussehender Früchtekuchen. Zwei Stücke sahen mich so bittend an, da konnte ich doch nicht so hartherzig sein. Nun wollte ich den Wasserfall sehen, der sollte nicht allzu weit sein. Bis heute unverständlich, wieso ich mich vergangen hatte. Jedenfalls war ich auf eine Bergstraße geraten, deren Steigungen nicht ohne waren. Entweder war das eine Teststrecke für Radfahrer, oder man ist so nett und beschriftet die Steigungen, damit jeder weiß wie steil es hier hinauf geht. Keine Verkehrszeichen, sondern Steinwürfel[46] mit kleinen Schildern, auf denen ein Radfahrer abgebildet ist und die % Angabe. Also 16 % ist schon etwas anstrengend, steigert sich auf 19 %. Die Spitze erreichten einige Abschnitte mit 30 %. Das ist zum gehen fast zu schwer, was braucht da ein Radfahrer? Es hat mich schon etwas gewundert, dass es zu einem Wasserfall hinaufgeht, aber ich habe nicht weiter darüber nachgedacht, weil mich die Steigungen so fasziniert haben. Nach zwei Stunden hatte ich diese Bergtour geschafft. Ein großer Stausee vor mir. Zwei große Rohre führten zum Tal, durch die das Wasser ins Tal schoss. Das überschüssige Wasser, einige Meter daneben als Kaskade zum Tal. Nur, ich stand oben statt unten. Das war vielleicht blöd. Zur Erinnerung machte ich einige Fotos von mir, und dem Stausee. Ein erhebender Ausblick bot sich mir. Kilometerweit sah man ins Tal und auf eine Gebirgskette. Über einen schmalen Steig gelangte ich teils rutschend teils an Sträuchern angeklammert, ins Tal. Da war ein Elektrizitätswerk, und die Turbinen, wurden mit dem Wasser aus den beiden Rohren betrieben. Die richtige Straße, die ich irrtümlich verlassen hatte, führte zu einem großen See. Tief, dunkelblaugrünes Wasser, schneeweiße Gischtkronen. Ein Bild wie aus einem Reiseführer. Wunderschön, schon fast kitschig. Über angelegte Holzstege und betonierte Wege gelangte man an den Fuß des Wasserfalls[47]. Das war ein traumhaftes Bild, das mich für die unnötige Bergtour entschädigte. Malerisch lag der See, eingebettet zwischen Granitbergen. Ein Ort an dem man für immer bleiben möchte. Einige Besucher, die genauso begeistert waren, testeten de Wassertemperatur und fotografierten was das Zeug hielt. Natürlich verewigte auch ich diese Idylle, um mich später daran zu erinnern. Eigentlich wollte ich nach **Cee**, aber es war mir schon zu spät. Der Umweg hatte zu viel Zeit gekostet. Unterkunft war kein Problem. Versorgt mit Obst, Brot, Schinken und Getränken blieb ich am Zimmer, ich musste meine Wäsche waschen und hoffte, dass sie bis in der Früh trocken war, sonst muss ich in der nassen gehen (Igitt!). Nachdem ich so geschwitzt hatte,

[46] Bild 62
[47] Bild 61

war das unumgänglich, bevor mein Umfeld Reißaus nahm vor mir. Es war noch immer taghell, obwohl es schon neun Uhr abends war. Ich sprach mit Wien, erzählte was ich so erlebt hatte. Schwärmte von der schönen Landschaft, dem Wasserfall mit See, (den Umweg verschwieg ich natürlich), um daheim etwas Neid aufkommen zu lassen.

26.06. Es war noch relativ dunkel als ich aufstand. Hier wird es erst gegen acht Uhr so richtig hell. Ich erledigte meine Arbeiten, richtete meine Medikamente her, immer für vier Tage im Voraus. Meine Wäsche war halbwegs trocken geworden. Die restliche Feuchtigkeit wird die Sonne verdampfen. Ein Lokal hatte schon geöffnet und versorgte mich mit einem exzellenten Frühstück. Spiegelei mit Speck, Toast, Tomaten, Gurken, Honig, Butter und Kaffee. Das nenne ich Tagesbeginn. **Cee** war in 3 Stunden erreicht. Hier hatte ich wieder die Wahl, Strand oder Land. Ich entschied mich für Land, weil dieser der wesentlich kürzere direkte Weg war. Außerdem war es noch nicht so heiß.

Über **Corcubion** (im *ersten Augenblick habe ich Coruption gelesen*!) erreichte ich nach weiteren drei Stunden **Sardiñeiro**. Auch ein entzückender Ort mit einem Theatercafé, das sofort auffiel wegen der großen Aufschrift »Teatro Mercedes«. Alt und gemütlich, jede Menge Bilder an der Wand von Theaterszenen und Schauspielern. Niemand dabei, den ich kannte. Aber reizendes Bedienungspersonal, mit dem ich etwas flirtete. Enge Gassen, kleine, schön restaurierte Häuser, sehr gepflegte Gärten, ein richtiger Ort zum Wohlfühlen. Ich beschloss hierzubleiben. Bis zum Ende der Welt waren es noch etwa zehn Kilometer. Die hob ich mir für den nächsten Tag auf. Ein Zimmer fand ich auf Anhieb. Gleich neben dem Theatercafé. Sehr schön, groß, mit gediegenem Bad und WC, nett eingerichtet und mit einem kleinen Balkon. Ein Strandspaziergang war Pflicht. Im Sand fand ich die Schale einer Jakobsmuschel. Die nahm ich mit als Andenken. Der Strand hatte eine beachtliche Breite. Ich überquerte ihn bis zum Wasser, ging sogar etwas hinein und ließ die Schuhe umspülen[48]. Sie bestanden den Test. Nicht ein Tropfen sickerte durch. Schließlich zog ich sie aus, krempelte

[48] Bild 63

die Hosenbeine so hoch wie möglich und stakste in die Fluten. Bis zu den Waden stand ich nun im Atlantik. Hier am Rand war das Wasser nicht so kalt. Das kühle Nass tat meinen Flossen gut, eine ganze Weile blieb ich so stehen, bedauerte es, keine Badehose dabeizuhaben, sonst wäre ich sicher untergetaucht, um ein paar Runden zu schwimmen. Ich liebe das Meer seit meiner Jugend. Es hat so was Mystisches an sich, gleichzeitig aber auch etwas Vertrautes, Freundliches, obwohl es ebenso schnell wütend und gefährlich sein kann. Es beherbergt Urkräfte in sich, denen der Mensch nichts entgegenzusetzen hat. Ich spazierte ein wenig auf und ab. Niemand war im Wasser, bloß am Strand lagen einige Sonnenanbeterinnen. Männer waren keine vertreten. Die mussten wahrscheinlich alle auf der Arbeit schuften. Ich verließ den Strand und ließ meine Füße trocknen, somit war auch der Sand leicht abzuwischen. Ein Stück weiter auf der Promenade war ein kleiner Markt. Nichts Besonderes, einige fahrende Händler hatten dort ihre Stände geöffnet. Vorwiegend Obst und Souvenirs. Ein großes Stück Melone nahm ich mir mit. Das sind die idealen Früchte. Sie haben wenig Kalorien, viel Wasser und Ballaststoffe, sie schmecken und sind herrlich durstlöschend. Meine Notizen machte ich im Café und genoss die untergehende Sonne sowie ein Geplauder mit der Serviererin. Die wirklich hübsch war und immer lächelte. Auch zu den anderen Gästen war sie stets freundlich und bediente schnell. Wieder ging ein Tag zur Neige. Morgen, am 27., würde ich wie geplant in Cabo de Finisterre ankommen. Für diesen Ort gibt es verschiedene Schreibweisen. Doch egal wie man ihn schreibt, die Ableitung bleibt stets die Gleiche, von Finito, also Schluss, Ende. Ich dachte immer, der Ort mit dem Leuchtturm wäre so etwas wie der westlichste Punkt auf dem europäischen Festland, das war aber nicht richtig. Die Römer nannten den ganzen nordwestlichen Teil der Provinz Galicia eben »Finis terrae«! Nach damaligem Wissensstand war hier eben das Ende der bekannten Welt.

Es wurde Zeit das Zimmer aufzusuchen. Nach der üblichen Dusche und der medizinischen Versorgung lag ich im Bett und hörte noch Musik. Die Gespräche mit Wien waren nur von kurzer Dauer. Mit den Gedanken an den nächsten Tag schlief ich ein.

27. Juni, 5 Uhr. Sirenengeheul weckte mich. Was war passiert, ein Unfall, ein Brand oder Fliegerangriff? In der heutigen Zeit war ja alles möglich. Später erfuhr ich, dass ein Schiff Probleme hatte und die Küstenwache ausrücken musste. Zum Frühstück gab es Omelette mit Oliven, Käse, Tomaten und Schinken. Heute keinen Kaffee, sondern Tee. Das dritte Mal, dass ich in Spanien Tee trank. Nachdem ich meine Rechnung bezahlt hatte, begann der letzte Abschnitt meiner Reise. Ich ertappte mich dabei, extrem langsam zu gehen, um das Ende etwas hinauszuzögern. Zehn Kilometer noch bis zum Leuchtturm. Drei bis vier Stunden vielleicht. Während ich so dahinwanderte, fiel mir eine Siedlung auf, in der nur Autos mit deutschem Kennzeichen parkten. Hier hatten sich also Germanen angesiedelt. Konnte ich verstehen. Die Gegend war zum Verlieben. Ein Stück weiter entdeckte ich ein Grundstück, das zum Verkauf ausgeschrieben war. Über 2000 Quadratmeter mit einem Stück Wald und Strand. Ein kleines altes Haus und Mengen an Hortensien in Weiß und Blau. Diese Pflanze war hier anscheinend sehr beliebt. Immer wieder standen Büsche davon in allen Farben wildwachsend auf Wiesen und in Gärten. Der Preis des Grundstücks regte mich zum Nachdenken an. Er war mehr als günstig. Aussteigen und hier genießen. Das Leben war sehr billig, solange man nicht im Lokal essen musste. Das wäre schon zum Aushalten hier.

Was sollte das? Ich hatte ja in Wien ein Häuschen mit Garten. Jede Menge Rosen und eine automatische Beregnungsanlage, ein Frauchen war auch da und ein Sohn! Konservativer ging es ja gar nicht. Freilich, der Ausstieg hier wäre so ganz anders als die Wiener Situation. Eine romantische Vorstellung. Es bereitete mir Vergnügen, nur eine Seite der Münze zu betrachten. Doch hat jede Münze eine Kehrseite. Wenn ich an den Riesenapparat denke, den ich mit meiner Erkrankung in Bewegung gesetzt hatte … Ich verwarf alle Gedanken in diese Richtung und strebte weiter meinem Ziel zu. Es wurde etwas gebirgiger, was natürlich wieder schweißtreibender war und meinen Stundenschnitt durcheinander brachte. Trotz allem war ich um 13:00

im Ort Finisterre[49]. Das Mittagessen sparte ich mir für später auf. Mit vollem Magen ist nicht gut gehen. Zwei Wasserflaschen nahm ich mit. Noch eineinhalb Kilometer, *bergauf.* Hier war man auch nicht mehr allein. Alle, die mit dem Bus gekommen waren, machten den Aufstieg zum Leuchtturm. Nach einiger Zeit kam rechter Hand eine kleine Kapelle, natürlich geschlossen, kurz danach ein Turm: Welche Aufgabe er hatte oder einst gehabt hatte, blieb ein Geheimnis. In einer Linkskurve konnte man schon von Weitem das Museum sehen. Ein steinerner Pilger stand am Straßenrand, mit Stock und Hut, sowie dem bodenlangen Pilgermantel[50]. Dann endlich war das Plateau erreicht. Uff! Eine kleine Verschnaufpause, ein großer Fels war mein Sitzplatz. Zwei Souvenirstände verkauften den üblichen Kitsch. 100 Meter noch bis zum Museum und Leuchtturm. Überall verstreut standen Steinblöcke mit Gedenktafeln oder waren an Felsen montiert. Verschiedene Länder hatten sich dort verewigt. Vor dem Museum stand eine Statue, die einen Pilger darstellen sollte; einige Hinweiszettel waren an ihm angebracht. Im Museum holte ich mir den letzten aller Stempel. Camino 0,0. Hier war also nicht nur das Ende der Welt, sondern auch das offizielle Ende des Jakobswegs. Hier sollte man etwas zurücklassen. Ich nahm einen Zettel und schrieb alles auf, was ich vergessen wollte, was mich bedrückte. Alles Belastende und Aufregende. Alle Namen, die mir in meinem Leben nur Schlechtes beschert hatten. Diesen Zettel zündete ich an, und die Asche gab ich in ein paar Socken, rollte diese zusammen und warf sie in weitem Bogen ins Meer. Vielleicht hatte ich nicht innig genug beim Schreiben gedacht, denn eigentlich sollte ich mich ja leichter fühlen, unbeschwerter, aber ich spürte nicht viel Erleichterung. Offensichtlich war an diesem vom christlichen Glauben durchtränkten Ort keine Wirkung heidnischer oder andere kultischer Gebräuche möglich. Eine wenn auch nur symbolische Hexenverbrennung in einem Socken blieb unwirksam. Vielleicht war auch nur der Socken zu alt. Die gewünschte Erleichterung jedenfalls blieb aus. Lange noch saß ich auf einem Stein und blickte in die Ferne. Ohne bestimmtes Ziel vor Augen.

[49] Bild 64
[50] Bild 65

Einfach ins Nirwana.

Ein ähnlicher Zustand wie in Santiago breitete sich in mir aus. Ich hatte was erreicht, woran vor zwei Jahren die Wenigsten geglaubt hatten. Anfangs hatte ich auch dazu gehört. Aber da war etwas in mir, was mich angetrieben hatte, und zum Glück hatte ich mich antreiben lassen. Liebes unerklärliches Schicksal, oder wie auch immer man dich nennt. Ich bedanke mich nochmals von Herzen, dass ich diese Reise machen konnte und durfte. Schütze bitte die Ärzte, die täglich Leben retten, das Personal, das sich aufopfernd Tag und Nacht um die Patenten kümmert. Gib den zweifelnden Patienten Kraft und Mut so wie mir und die Gewissheit, nach der Operation ist das Leben nicht vorbei. Man muss nur aus seinen Fehlern lernen. Ein Fehler, der naturgemäß auch vor mir nicht Halt gemacht hatte, war das Misstrauen. Einerseits war mir der Begriff Schicksal recht, anderseits misstraute ich ihm, wenn es mir nicht in den Kram passte. Wie wir alle, so bin auch ich ein Mosaik aus Steinchen, deren Farben alle menschlichen Eigenschaften widerspiegelten. Zu einem Bild verklebt, mit dem Kleber Sehnsucht nach immerwährender Sicherheit. Ich ertappte mich dabei, ein Kreuzzeichen zu machen. Ich war als Kind Ministrant gewesen und wusste, vor dem Altar gehört ein Kreuzzeichen eben dazu. Im Tabernakel das Allerheiligste. Da saß ich nun auf einem Stein und bekreuzigte mich vor dem Anblick des Meeres. Erst jetzt wurde mir bewusst, dass ich den Gekreuzigten den langen Weg bis hierher geschleppt hatte, um für einen Moment die Allgegenwart zu spüren. Langsam wurde es dunkel. Über eine Stunde hatte ich hier gesessen und eigentlich an nichts gedacht. Ich glaube aber, diese Stunde hatte meinem Geist und meinem Körper viel gebracht.

Langsam machte ich mich auf den Rückweg in den Ort Finisterre. Hinunter ging es natürlich wesentlich besser als hinauf. In einigen Minuten waren schon die ersten Häuser da, die engen Straßen und Gassen. Auch dies ein schöner Ort, der zum Verweilen einlud. Ich ließ mich einladen, genoss einen Eiskaffee und machte meine Notizen. Von zwei Damen am Nachbartisch, die sich deutsch unterhielten, erfuhr ich, dass ich noch eine Stunde Zeit hätte, bis der Bus kommt. Also ein

Bummel durch den Ort, der ja nicht sehr groß war, aber mit jeder Menge Geschäften. Hier war natürlich schon ein gewisses Aufkommen an Fremdenverkehr. Jeder musste aus dem Bus aussteigen, und spätestens auf dem Rückweg war jeder Besucher ein Kunde. Ich war wirklich traurig über den nun bevorstehenden Abschied und schwor innerlich, wieder einmal hierherzukommen. Unbedingt. Der Bus kam und brachte uns in etwa zwei Stunden nach Santiago. In meiner Unterkunft erzählte ich von Finisterre und zeigte Fotos. Von den Wirtsleuten war noch niemand dort gewesen. Erstaunt und begeistert kommentierten sie die Bilder untereinander. Im Bett lag ich noch lange wach, erzählte auch meiner Frau und Freunden von dem heutigen Tag, der hundertprozentig auch zu den unvergesslichen gehören wird.

16 Santiago – Ribeira – Pontevedra

28. Juni, ein Montag, was würde ich heute anstellen. Ab heute war ich ja Tourist. Die Gegend anschauen. Die Stadt selbst hob ich mir für den vorletzten Tag auf. Ich wollte einiges mitnehmen, und das schon vorher zu besorgen war nicht sinnvoll. Die Buslinie Nr. 1 brachte mich diesmal bis zum Stadtpark. Von dort ging ich in Richtung Bahnhof. Viele interessante Häuser auf dem Weg, auch eine Polizeikaserne. Der Blick des Wachmanns am Schranken schreckte jeden schon von Weitem, der in seine Richtung kam. Wahrscheinlich war er sauer, weil er Dienst hatte. Vor dem Bahnhof fiel mir ein Geschäft auf, in dem man Autos leihen konnte. Das war die Idee. Kurz entschlossen betrat ich den Laden, um zu fragen. Also einen Mercedes oder Porsche könne ich haben, alles andere sei verliehen. Da diese Marken zu den teuersten gehörten, bedankte ich mich und ging wieder. Der Verkäufer meinte, nächste Gasse im Bahnhof gebe es noch eine Firma. Das war echt freundlich von ihm. Ich bedankte mich und ging Richtung Bahnhof. Tatsächlich, eine international ganz bekannte Firma war hier vertreten. Sie hatte auch ein Auto in passender Größe. Damit meine ich nicht die Länge, sondern den täglichen Preis und Verbrauch. Ein ganz eigenes Gefühl, wieder einen fahrbaren Untersatz unter dem Hintern zu haben. Eineinhalb Monate war ich Autoabstinent gewesen. Nun hatte ich was zu tun. Ich kurvte einige Zeit in Santiago herum, um mich an das Fahrzeug zu gewöhnen. Dann nahm ich Kurs auf **Ribeira,** ein Küstenort wie Finisterre. Überraschend schnell war ich aus Santiago raus und fuhr flott auf der Autobahn dahin. Nicht ganz eine Stunde brauchte ich, bis ich in Ribeira war. Ein Bummel durch die Altstadt, ein Kirchenbesuch bei der Heiligen Eugenia, ein kleiner Imbiss auf einem Platz, der

komplett mir roten Klinkerziegeln[51] verlegt war. Sah wirklich toll aus. Ich muss die Spanier loben, sie legen Wert auf das Aussehen ihrer Städte. Durchweg saubere Straßen und Plätze. Viele Mistkübel stehen zur Entsorgung bereit und werden auch benutzt und regelmäßig entleert. Wenn ich mich so erinnere, wie oft ich bei uns an einem überquellenden Mistkübel gestanden bin. Vor den Supermärkten beispielsweise, weil keiner der Angestellten sich für zuständig hält. Da hat dann auch der Zweck des Mistkübels seinen Sinn verloren. So etwas hatte ich hier noch nicht bemerkt. Zurück beim Auto, fuhr ich ein Stück auf einer Art Stadtautobahn, um dann nach Pontevedra abzubiegen. Die Straße war relativ wenig befahren. Einige LKWs waren leicht zu überholen. So war ich in 45 Minuten am Ziel. **Pontevedra** ist eine größere Stadt. Auffallend eine monströse Hängebrücke. Auf unzähligen Stahlseilen beiderseits hing sie über dem Rio Lérez. Genauso auffallend war eine runde Kirche[52] am Praza da Peregrina – dem Platz der Pilgerin – gleich neben dem Konvent des Heiligen Franziskus. Noch eine zweite Brücke fand ich, die ich schon kannte. Ein Zwilling der Fußgängerbrücke in Bilbao war hier etwas kleiner nachgebaut. Eine wirklich interessante und schöne Stadt. Leider zu wenig Zeit, um mehr anzuschauen. Hier bräuchte man mindestens zwei Tage. Die hatte ich aber nicht. Ich tätigte einige Einkäufe, aß eine Kleinigkeit und machte mich auf den Weg zum Auto. Es war beinahe neun Uhr, als ich bei meiner Unterkunft war. (Dass ich mich etwas verfahren hatte, darüber deckte ich das Mäntelchen des Schweigens.) Ein erstaunter Wirt begrüßte mich, ich erzählte vom heutigen Tag, schnappte ein Mixto und eine Flasche Wasser, wie sie bereits automatisch auf meinen Tisch kam, da ich jeden Tag eine mit aufs Zimmer nahm. Was ich morgen unternehmen würde, wollte er wissen. Ich zuckte mit den Schultern, einen festen Plan hatte ich noch nicht. Er meinte, wenn ich schon ein Auto hätte, sollte ich unbedingt La Coruña anschauen. Ja, gut, die Idee gefiel mir, und folgsam, wie ich naturgemäß bin, nahm ich diese Fahrt in meinem Plan auf. 70 bis 80 Kilometer waren keine Hexerei. Noch dazu war meine Unterkunft in

[51] Bild 67
[52] Bild 68

der Avenida Coruña. Im Zimmer packte ich die Einkäufe aus, duschte, erledigte einige Arbeiten, unterhielt mich noch im Internet, hatte ja so viel zu erzählen, bis mir die Augen zufielen.

29. Juni. Der Morgen sah nicht so schön aus. Es hatte in der Nacht gewittert und in Strömen gegossen. Leicht regnete es immer noch. Das Wetter konnte meiner Laune aber nichts anhaben. Nach dem Frühstück wollte ich eigentlich nach Coruña fahren. Aus einem unbewussten Grund wurde nichts daraus. Irgendwie hatte ich nicht aufgepasst, die falsche Abfahrt genommen oder eine übersehen, ich weiß es nicht, jedenfalls war ich in genau die entgegengesetzte Richtung unterwegs. Was an und für sich kein Problem war, man konnte ja bei der nächsten Abfahrt runter und auf der anderen Seite wieder rauf- und zurückfahren. Aber ich sagte mir, was soll's, jetzt bleib ich eben in dieser Richtung. Es war angenehm zu fahren, da ich größtenteils alleine unterwegs war. Richtig gemütlich gondelte ich dahin, gerade die richtige Geschwindigkeit, um nicht krampfhaft auf die Straße zu starren und auch etwas in die Landschaft zu schauen. Als ich Durst bekam, verließ ich die Strada und wollte in einem Dorf etwas zu trinken kaufen. Nun, das erwies sich als nicht so einfach, wie ich mir das vorgestellt hatte. Es gab hier weder ein Geschäft noch ein Lokal. Wo war ich hier gelandet? Immer wieder Wegweiser, nächster Ort ein oder zwei oder einen halben Kilometer. Also dicht beisammen. Aber überall das Gleiche. Nach einer kleinen Odyssee lachte mich ein Schild an, das zu einem Lokal gehörte. Also, normalerweise gehe ich in solche Baracken nicht hinein. Alleine schon die Zufahrt war für den Wagen ein Härtetest. Aber Durst ist schlimmer als Heimweh. Also raus aus dem Auto und mit festem Schritt in das Innere des Gebäudes. Dunkelheit fiel über mich, es dauerte eine Weile, bis ich mich daran gewöhnt hatte. Zwei Männer, die sich umdrehten, als ich hereinkam, und eine Frau hinterm Tresen oder was das Gebilde sein sollte. Auffallend und absolut fremd wirkte die Kaffeemaschine. Eine teure Marke, und dem Aussehen nach war sie sicher ganz neu. Die Frau grüßte freundlich, was schon einmal positiv war. Der neuen Maschine zur Freude bestellte ich mir einen großen Espresso und ein Mineralwasser. Das Wort »Mineral« betonte ich besonders,

denn Brunnenwasser wollte ich nicht. Überraschung Nummer 2: Der Kühlschrank nach amerikanischer Art war voll mit Getränken, so auch mit Mineralwasser. Ich nahm gleich zwei Flaschen zusätzlich mit. Der Kaffee schmeckte gut. Die beiden Herren sahen unentwegt zu mir. (Sicher, weil ich so schön war.) Das Kreuz auf meiner Brust tat seine Wirkung. Prompt kam die Frage, ob ich ein Padre sei. Ich verneinte lächelnd und sagte das Zauberwort »Camino!«. Jetzt kamen alle drei in Fahrt – Fragen über Fragen, die ich alle nicht beantworten konnte. Ich erklärte in meinem »herrlichen« Spanisch, dass der Camino zu Ende sei und ich nur neugierig die Gegend erkunde. Wo ich herkäme und warum ich den Weg gegangen sei. Irgendwann hatte ich alles erzählt, soweit sich mit Händen und einem spanischen Englisch alles erzählen lässt. Zu guter Letzt wollte mich die Wirtin nichts bezahlen lassen. Ich legte aber einen Schein auf den Tisch, bedankte mich ganz herzlich und machte, dass ich zum Auto kam. Ich schaukelte die Zufahrt zurück zur Straße. Wie kam ich jetzt wieder auf die Autobahn? Am besten so, wie ich gekommen war. Super, und wie war ich gekommen? Die Kreuzungen und Straßen sahen alle gleich aus. Die Namen der Dörfer hatte ich mir nicht gemerkt. Auf gut Glück und nach vermeintlich bekannten Punkten suchend schaffte ich es doch. Jetzt war ich wieder zufrieden. Das Lokal fiel mir wieder ein. Bei uns hätte die Señora keine Chance gehabt, ihr Lokal zu eröffnen, so wie es aussah. Keine Gewerbebehörde hätte je die Zustimmung gegeben. Die waren sicher arm und wollten etwas aufbauen. Jeder versucht eben, was er kann, um zu überleben, und bekanntlich muss man ja klein beginnen. Langsam näherte ich mich **Ourense**. Auch eine große Stadt mit viel maurischem Einfluss, was den Baustil betrifft. Auch hier eine futuristisch wirkende Brücke[53], doch sah diese Stadt schon ganz anders aus als die bisherigen. Ein leichter orientalischer Einfluss war zu bemerken. Zum ersten Mal auf meiner Reise sah ich auf einer Speisekarte Lammfleisch. Es schmeckte recht gut. Ein Eis als Abschluss musste sein. Eis ist im Norden von Spanien Mangelware, ausgenommen das aus den üblichen Tiefkühltruhen, die

[53] Bild 69

überall herumstehen. Hier aber gab es welches. In Santiago hatte ich auch Eisstände gesehen. Ein ausgedehnter Rundgang nach dem Essen war Pflicht. Die Kirche zum Heiligen Martin war natürlich geschlossen. Die Kathedrale von Ourense war offen. Ich besuche gerne Kirchen. Es sind meistens Meisterleistungen der Baumeister und Handwerker. Es gab in der Stadt auch uralte riesige Brücken. Ourense war wirklich sehenswert. Irgendeine unbekannte Kraft wollte, dass ich diesen Ort zu sehen bekam und die Begegnung mit dem kleinen Lokal hatte. Jetzt genoss ich den angenehmen Teil meiner Reise. Es gab genug zu sehen, und auch einige Einkäufe standen auf dem Programm. Langsam schlenderte ich wieder zum Wagen zurück und begab mich auf die Heimfahrt nach Santiago. Der Wirt lachte, als ich sagte, wo ich war. »Manana Coruña!« (Morgen nach Coruña.)

17 Santiago – A Coruña – Porto – Wien

Domingo, 29. Juni. Ein schöner Sonntagmorgen. Ausgeschlafen und voller Abenteuerlust begann ich den Tag. Frühstück, Tankstelle, Autobahn. Ich fuhr gemütlich die 75 Kilometer zur Hauptstadt der Provinz, **A Coruña**. Landschaftlich eine schöne Strecke. Viele Autobusse unterwegs. Sonntags machten viele Ausflüge in die Umgebung, bei den Autobuspreisen ein günstiges Vergnügen. Kurz nach 9 Uhr traf ich in A Coruña ein. Wie bei jeder Großstadt (und Coruña verdient zweifellos diese Bezeichnung) begrüßt den Ankommenden ein Industriegebiet. Viele auch bei uns bekannte Firmen waren hier vertreten. Eine sechsspurige Einfahrt führte bis in die Stadt. Auch hier hatten die Meister der Hängebrücken ihre Spuren hinterlassen. Ich fuhr ein Stück in die Stadt hinein und stellte das Auto bei einem markanten Gebäude ab, damit ich später wiederfände. Ein Fußmarsch begann, der den ganzen Tag dauern sollte. Coruña ist eine Stadt, die es sich lohnt anzuschauen. Eine Aura, die sich schwer beschreiben lässt. Vielleicht empfinde ich es nur so, weil ich nicht so viel reise. Coruña ist eine grüne Stadt. Viele Parkanlagen, kleine Terrassen, bestückt mit Blumen und Sträuchern, von wo man einen schönen Überblick über das Stadtgebiet hatte. Hier sind viele moderne Häuser und Gebäude. Altes sieht man weniger. Viele Geschäfte, saubere Gehwege und Straßen. Die Stadt har das Flair der modernen Welt, in der aber auch das Alte und Antike zu Hause ist, wunderbar harmonisch miteinander verwoben. Eines störte das andere nicht, und keines nahm einen Vorzug in Anspruch.

Das Wetter war schön, wenn auch etwas kühler durch den Wind von Meer, Ende Juni war es mittags 19 Grad Celsius. In einem riesigen Kauftempel aß ich eine Kleinigkeit. Da ich kein normales Restaurant gefunden hatte, musste ich mich mit einer Fast-Food-Bude zufrieden geben. Hühnerflügel mit Pommes. Wieso essen die Leute so gerne Pommes? Vielleicht weil man kein Besteck dazu braucht. Ich habe das nicht so gerne. Aber was soll's. Einmal ist keinmal, sagt man. Satt machten nur die Kartoffel, die Hühnerflügel bestanden lediglich aus Haut und Knochen. Das Essen war das Geld nicht wert. Auch hier lockte man die Kunden mit Kunstausstellungen von mehr oder weniger wirklichen Künstlern. Ein Kinderwagen aus Motorradketten gebaut sowie Damenstöckelschuhe aus dem gleichen Material waren meine bevorzugten Objekte. Eine Frauenstatue[54] brachte mich zum Überlegen, wer dem Künstler wohl Modell gesessen war. Einige Kirchen waren ebenfalls auf meiner Besichtigungstour. Interessant die Kirche der Heiligen Regina, versteckt auf einem Hügel die Kapelle der Heiligen Elvina, die moderne Kirche der Heiligen Margarita und weitere. Langsam nahm ich Kurs in Richtung Auto. Der Abschluss meiner Besichtigungstour war die Halbinsel mit dem Herkulesturm. Ein monumentales Bauwerk von den Römern erbaut und heute noch in Betrieb, leuchtet er den Schiffen den Weg. Das muss man sich verinnerlichen und langsam auf der Zunge zergehen lassen. Ein riesiger Turm, ein wenig an den Markusturm in Venedig erinnernd, der seit fast 2000 Jahren seinen Dienst verrichtete. Wie lange halten unsere modernen Gebäude? Unentwegt wird ausgebessert, umgebaut und renoviert, bis sie durch neue ersetzt werden. Auf einem Platz vorher eine große Statue von einem Xosé Cid. Ich glaube, Cid ist eine alte Bezeichnung für Herr, und Xosé, gesprochen chosee, heißt auf Deutsch Josef. Nachdem er einen Schild trägt, dürfte es sich nicht um einen Heiligen, sondern um einen Krieger handeln. Wobei das eine das andere ja nicht ausschließen muss.

Niemand da, um zu fragen. Es gibt nämlich auch eine Kirche San José mit gleichnamigem Platz, und wenn man sich ihr nähert, schaut es aus, als hätte die Kirche einen runden Turm oder Rauchfang mit verkehrtem Trichter darauf. Schuld daran ist ein Fernsehturm im Hintergrund.

[54] Bild 69A

Während meiner Heimfahrt ließ ich die Eindrücke des heutigen Tages gedanklich noch einmal vorüberziehen. A Coruña ist eine sehr große und schöne Stadt. Der Ausflug hatte sich gelohnt. Relativ flott war ich in Santiago zurück. In der Unterkunft bedankte ich mich für diesen Tipp. Meine übliche Wasserflasche begleitete mich auf mein Zimmer. Wien wurde auch informiert und die Kostenabrechnung gemacht. Mein Medizinvorrat war schon sehr geschmolzen und die Etappenpläne verbraucht. Dafür hatten Souvenirs den Platz im Rucksack eingenommen. Für morgen war die Rückgabe des Autos geplant und Sightseeing in Santiago. Noch vier Tage, und dann war meine Reise zu Ende, dachte ich wehmütig. Ich wäre schon noch gerne geblieben. Trotz aller Unannehmlichkeiten und schwierigen Passagen, Anstrengungen und Launen des Wettergottes, ES WAR SCHÖN! Auf meine alten Tage hatte ich Vagabundenluft schnuppern können. Die Urlaube in meinem Leben konnte ich an drei Händen abzählen. Heute ärgere ich mich darüber, dass ich nur an die Arbeit gedacht und so vieles versäumt habe. Nur das half ja jetzt nichts. Vagabundieren, so wie ich es fast 50 Tage gemacht habe, war im Grunde genommen gar nicht so teuer. Es ist überraschend, mit wie wenig der Mensch eigentlich auskommt. Ich hatte ja noch ein paar Tage, aber im Überschlag hatte ich bis jetzt etwas über 3000 Euro ausgegeben. Inklusive Ausrüstung, Flug, Leihauto und Souvenirs. Sicher könnte es auch noch billiger gehen, aber ein wenig Luxus darf sein.

Den 30. und 31. Juni verbrachte ich, nachdem ich das Auto zurückgebracht hatte, in Santiago und Umgebung. Mit Bussen nahm ich auch das Umland in Augenschein. Liebe kleine Ortschaften, mit teils sehr alten Kirchen (San Paio, San Vicente zum Beispiel) und einigen Klöstern. Viele Peregrinos sah ich schwitzend Richtung Santiago marschieren und musste innerlich grinsen: War noch nicht so lang her, und ich gehörte auch dazu.

1. Juli 2014. Für den heutigen Tag hatte ich mir etwas Besonderes vorgenommen. Wieder drei Stationen mit der Nr. 1, dann zu Fuß bis zum Autobusbahnhof und ein Ticket nach **Port**o gekauft. Hin und zurück 45 Euro, für 240 Kilometer eine Strecke grenzüberschreitend nach

Portugal. Dieser Gedanke war mir schon das letzte Mal am Busbahnhof gekommen, als ich die Aushänge der Fahrpläne studierte.

Die Busse nach Portugal sahen aus wie aus einem Science-Fiction-Film. Überdimensionierte Frontscheiben, knallgelb, weit ausladende riesige Außenspiegel und schwarz verspiegelte Fenster. Toll. Flüsterleise schwebten wir über die Autobahn; obwohl das Internet funktionierte, betrachtete ich lieber die Gegend. Der Bus blieb nur viermal stehen, und in etwa drei Stunden waren wir in Porto. Schon der Busbahnhof war eine Sehenswürdigkeit. Wie ein großes Zelt aus Stein. Unzählige Haltestellen darin. Casa de Musica hieß die Station, da in unmittelbarer Nähe das Haus der Musik war. Ähnlich unserer Stadthalle, vielleicht etwas größer und außerirdisch modern. Das Erste, was mir auffiel, war ein großer Kreisverkehr, den ich vorerst einmal komplett umrundete. Tabernáculo Batista, eine hübsche kleine Kirche, fiel mir auf – auch sie war geschlossen. Alte, schön restaurierte kleine Häuser wechselten sich mit hypermodernen Monsterbauten, Kaufhaustempeln und einer Vielzahl an Geschäften ab. Frauen könnten hier Tage verbringen, ohne dass ihnen langweilig würde. Gezählte elf Prachtstraßen zweigen von diesem Kreisverkehr ab. In so einer großen Stadt, wo soll man beginnen mit der Besichtigung? Was ist interessant, wie schaffte ich alle die Sehenswürdigkeiten in der Zeit, die ich hatte? Abends 18.00 war Rückfahrt. Ich glaube, ich hatte das einzig Richtige getan. Es fuhren Aussichtsbusse mit offenem Oberdeck in verschiedenen Farben durch die Stadt. Drei Stunden eine Tour. Wo man eingestiegen war, stieg man nach Abschluss der Tour normalerweise auch wieder aus. Man konnte auch früher oder später aussteigen oder die Tour ein zweites Mal machen. Jedenfalls nahm ich auf dem Oberdeck so eines Busses Platz und ließ mir durch Kopfhörer alles Wissenswertes über Porto erklären. Kaum waren wir aus dem Zentrum heraus, hatte ich Probleme, weil ich nicht wusste, sollte ich die rechte oder die linke Seite zuerst fotografieren. In der Avenida de Boavista[55] lauter alte Bauten, die noch an die Zeiten erinnern, als Portugal dank seiner Kolonien ein reiches Land war. Also

[55] Bild 71

alles Gesehene wiederzugeben und im Detail zu erzählen ist mir beim besten Willen nicht möglich. Diese Fahrt war so beeindruckend, echt schön und sehr bereichernd. Man muss sie einfach erlebt haben. Auch Fotos werden dem Zauber nicht gerecht. Uferpromenaden mit kleinen Lokalen, natürlich alle mit Tischen und Sesseln draußen, ganz nach alter Fischerdorfidylle[56], durch Straßen, in denen der Busfahrer ein wahrer Künstler sein musste, um die Kurven mit dem riesigen Fahrzeug zu schaffen. Einmal musste er reversieren, weil natürlich auch hier Falschparker einem das Leben schwer machten. Eine Stahlbrücke über den Douro, die Ponte Dom Luís I, war beängstigend schmal, schon beim Betrachten bekam man Herzklopfen und darüber, sozusagen im ersten Stock, wird sie von Fußgängern und Eisenbahnen überquert. Alte Türme auf Bergrücken, Denkmäler, das riesige Pilarkloster am Berg, immer wieder Panoramen. Der Douro trennt die Stadt in zwei Teile. Eine Flussfahrt müsste auch reizvoll sein. Ich komme sicher wieder hierher, und ich kann jedem, dem es möglich ist, empfehlen, dies auch zu tun. Der Tag war so schnell vergangen, ich hatte gar kein Verlangen, Essen zu gehen, so gebannt war ich von dieser Stadt. Es blieben mir noch lächerliche 40 Minuten bis zur Abfahrt. Die nützte ich, um Essbares zu mir zu nehmen. Pünktlich startete der Bus, und in Gedanken an das Gesehene schaukelten wir zurück nach **Santiago**. Da gab es natürlich einige Fragen, sowohl vom Wirt als auch vom Internet. Einige Fotos sendete ich über das Netz nach Hause. Ein schöner und unvergesslicher Tag.

Der 2. Juli war dann noch einmal Einkaufstag. Einen speziellen Käse gab es hier (meine Frau isst gern Käse, im Gegensatz zu mir!), einen eigenen Mandelkuchen, eine extrem herbe Schokolade mit wesentlich mehr Kakaoanteil als üblich und Serrano-Schinken natürlich. Als ich gegen Abend wieder auf dem Platz vor der Kathedrale war, ging ich nochmals hinein, um mich zu verabschieden. Es war gerade Messe, und diesmal stand ich in einem Seitenschiff. Das Haus war übervoll mit Menschen. Ich erlebte den schwingenden Weihrauchkessel noch

[56] Bild 72

einmal. Diesmal sah ich, wie weit er wirklich hinaufschwang. Da war nicht mehr viel Platz bis zur Deckenkonstruktion. Die Security war auch diesmal im Einsatz und passte auf, dass die Leute dem Kessel nicht zu nahe kamen. Angeblich war schon ein Unglück geschehen. Ein Herr habe unbedingt den Kessel ganz nah sehen wollen und sei von ihm am Kopf getroffen worden. Mehr brauche ich da wohl nicht zu sagen. Masse mal Geschwindigkeit, und das am Kopf. Gute Nacht. Seither ist vermehrt der Sicherheitsdienst im Einsatz. Jemand klopfte mir auf die Schulter. Als ich mich umdrehte, stand der Sicherheitsmann vom Pilgerbüro vor mir, der mich abends hinausgelassen hatte. In einem kurzen Gespräch teilte ich ihm mit, dass ich noch einmal dieses Schauspiel sehen wollte, bevor ich morgen die Heimreise antrat. Wir verabschiedeten uns herzlich, und ich machte mich zum letzten Mal auf den Heimweg. In der Unterkunft angekommen, ging ich auf mein Zimmer und packte meine Einkäufe ein. Meine Abendprozedur erledigte ich auch gleich. Ich wollte noch meine übliche Flasche Wasser holen, da warteten schon die Wirtsleute mit einem Glas Rotwein auf mich. Ich wurde zum Abendessen eingeladen, bei dem es auch einiges zu erzählen gab. Ein herrlicher Braten mit Beilagen, es mundete vorzüglich. Ich bedankte mich und lobte die Küche. Wirklich nette Menschen und ein reiner Familienbetrieb. Von den Wirtsleuten je eine Schwester halfen im Betrieb mit. Etwa 20 Zimmer hatte diese Hospedaje. Trotz unterschiedlicher Sprachen unterhielten wir uns recht gut, die Tochter übersetzte vom Englischen ins Spanische. Bald war es fast Mitternacht. Du meine Güte. Ich beglich gleich meine Rechnung. Packen wollte ich morgen. Hatte ja den ganzen Vormittag Zeit. Mein Flieger ging erst nachmittags. Der Rotwein zeigte Wirkung, und ich legte mich zur Ruh.

3. Juli 2014. Ein letztes Mal noch hier aufstehen und frühstücken. Ich glaube, mein Rucksack war bis zum letzten Millimeter voll. Da ging nichts mehr hinein. Ich musste die schweren Schuhe anziehen, weil die Laufschuhe weniger Platz benötigten. Als ich fertig war, konnte ich das Ding kaum heben. Ich war das schwere Gepäck nicht mehr gewohnt. Gegen Mittag kam die große Verabschiedung. Ich musste versprechen,

mich, sollte ich noch einmal nach Santiago kommen, unbedingt zu melden, dann begab ich mich zur Busstation. Ich überlegte schon, klammheimlich ein Taxi zunehmen, ließ es aber dann doch sein. Etwas Anstrengung konnte nicht schaden. Wie gewohnt drei Stationen mit der Nr. 1 und dann zu Fuß zum Busbahnhof. Dort fuhr alle 30 Minuten ein Bus zum Flughafen. Der Bus stand schon da, es saßen auch schon Leute drinnen, es waren aber noch zehn Minuten Zeit. Ich bezahlte beim Fahrer und nahm auch Platz. Mein Rucksack und mein Handgepäck (ich musste mir noch eine Tragetasche kaufen, aus Platzmangel) hatte ich im Gepäckfach verstaut. Pünktlich fuhr der Bus ab. Mit wehmütigem Blick und feuchten Augen verabschiedete ich mich von Santiago. Die Geschehnisse fielen mir wieder alle ein. 15 Minuten, dann waren wir am Flughafen, dort herrschte selbstverständlich Hochbetrieb. Die Gepäckaufgabe ging überraschenderweise problemlos über die Bühne. Insgeheim fürchtete ich, dass der Rucksack zu schwer sein könnte. Mit dem Einchecken dauerte es noch, was mir Gelegenheit gab, das Flughafengebäude näher zu inspizieren. Skulpturen und Statuen waren ausgestellt von Künstlern, die ich nicht kannte. Bei einem Blick aus dem Fenster konnte ich beobachten, wie eine Maschine aus dem Hangar gezogen wurde. Eine andere Maschine landete gerade, als unser Flug aufgerufen wurde. Über den halben Flugplatz mussten wir gehen, um zu unserer Maschine zu gelangen, die mit laufenden Triebwerken wartete. Bein hinaufsteigen der Gangway ließen die Beine schön grüßen. Wie ein Greis erklomm ich die steile Treppe. Nach einer freundlichen Begrüßung der Flugbegleiterin setzte ich mich auf meinem Platz und schnallte mich an[57]. Der Flug verlief ruhig, der Kapitän musste eine Runde drehen und zeigte uns noch einmal, wie zum Abschied, Santiago von oben. In fast einer Stunde war Landung auf **Mallorca**. Eine Stunde Wartezeit bis zum Anschlussflug nach **Wien**. Hier war natürlich wesentlich mehr los als in Santiago. Unmengen an Urlaubern, die kamen oder gingen. Ein Gewirr von Körpern in den buntesten Gewändern. Ich aß eine Kleinigkeit und wartete. Hier konnte ich vom

[57] Bild 73

ersten Stock aus unserer Maschine schon sehen. Es dauerte doch länger als geplant, Abflug verspätet um 30 Minuten. Dann noch einmal zehn Minuten, diesmal nur auf der Anzeigetafel sichtbar. Endlich erfolgte der Aufruf. Die Maschine voll bis auf den letzten Platz. Vorwiegend Urlauber. Leider war es schon finster, als wir das Mittelmeer überflogen. Von den Städten sah man nur die Lichter. Mit Rückenwind kamen wir etwas rascher in Wien an. Ein Schwager sollte mich abholen, war aber noch nicht da. Er hatte mich angerufen, auf der Flughafenautobahn war ein Stau wegen eines Unfalls. Na gut, ich bestellte mir ein Paar Würstel. Schon lange nicht mehr so etwas gegessen. Nach einer längeren Weile traf mein Chauffeur ein. Natürlich ging die Fragerei los. Alles wollte er gleich wissen. Recht spät kamen wir bei uns zu Hause an, wo meine Frau schon wartete. Wir saßen zu dritt noch bis nach Mitternacht im Zimmer, und ich musste Fotos und Filme zeigen und erzählen.

Nachwort

Warum dieses Buch geschrieben wurde? Weil es noch nicht genug Bücher über den Jakobsweg gibt?

Nein!

Weil ich der Ansicht bin, etwas Besonderes gemacht zu haben?

Nein, auch falsch … oder vielleicht doch nicht ganz.

Es gibt eine liebe Ärztin, die sich wirklich intensiv mit den Patienten beschäftigt und mithilft, damit diese mit ihrer doch stark angeschlagenen Psyche fertig werden. Was oft gar nicht einfach ist. Angehörige wissen auch manches Mal nicht, wie helfe ich richtig, oder sind der irrigen Meinung, mit dem, was und wie sie es tun, genau das Richtige zu machen. Da ist es beruhigend, jemand Kompetenten in der Nähe zu haben. Die Chirurgen haben gerade die zwei Minuten während einer Visite Zeit. Da liegt man nun, dem Tode entronnen, immer noch angeschlagen, unsicher, doch hoffend und fragt sich, wie es nun weitergehen wird, was darf ich, was nicht, worauf muss ich aufpassen, bin ich wieder ganz da, oder doch invalid? Fragen über Fragen. Natürlich wird erklärt, gezeigt, gemahnt, es werden Verhaltensmaßregeln gegeben, Broschüren ausgehändigt und vieles mehr. Dann kommen all jene Leute, die von der Sache gehört oder gelesen haben, von der Nachbarin, einem Geschäftskollegen, dessen Vater, Freund … oder man hat beim Friseur darüber gesprochen, im Café war es Thema am Nebentisch – kurz, alle glauben, etwas zu wissen und es gut zu meinen mit dem Patienten, wenn sie ihm Ratschläge geben. In der Folge weiß er gar nichts mehr und ist komplett verunsichert. Alle Freunde und Freundinnen, die bei Dr. Google promoviert haben, sind mit ihrer Weisheit eher kontraproduktiv, obwohl sie natürlich auch nur unser Bestes wollen. Wegen jeder

Kleinigkeit den Arzt konsultieren, dafür schämt man sich vielleicht (was ganz falsch ist), ergo verhält man sich ruhig; nur nicht anstrengen, so wenig wie möglich machen.

Mit der Zeit ist es ja viel angenehmer, sich bedienen zu lassen. Die Angehörigen tun das gerne, weil sie ja auch bei der Rehabilitation mithelfen wollen, und sind bemüht, dem »Kranken« alles Gute angedeihen zu lassen. Da wird oft die falsche Ansicht vertreten, man dürfe nur nichts tun, was den Kranken vielleicht anstrengt oder belastet. Im engsten Sinn sind wir Transplantierten jedoch nicht krank. Wir haben ein neues Herz, das sozusagen eingefahren werden muss. Im weitesten Sinn vergleiche ich unseren Zustand mit dem eines alten Autos, das einen Motorschaden hatte und jetzt einen neuen Motor bekommen hat. Darf ich mit diesem Fahrzeug nur noch im ersten und zweiten Gang fahren? Der Motor soll wieder vorsichtig eingefahren werden, aber dann …! Natürlich gibt es einige Regeln zu beachten. Es muss uns klar sein, dass die Körperpolizei nicht so im Einsatz ist wie bei Nicht-Transplantierten. Darum ist es auch wichtig, regelmäßig die Medikamente zu nehmen, und nicht leichtsinnig eine Verkühlung zu riskieren. Auch die Hygiene sollte man ernst nehmen. So viele Krankheitserreger haben es auf uns abgesehen.

Händewaschen so oft wie möglich. Viel Bewegung im Freien. Nur ja nicht abschalten und meinen, nichts tun ist besser. Wenn wir nichts tun, den Körper nicht anstrengen, geht's uns scheinbar gut, also lassen wir es dabei. Langsam geht dieses Verhalten in den Alltag über und wird zur bleibenden Gewohnheit. Und das ist NICHT GUT.

Jedenfalls hat diese oben erwähnte Frau Doktor nach meiner Reise den Anstoß zu diesem Buch gegeben. Sie meinte, nach allem, was ich durchgemacht hatte, und nachdem ich zwei Jahre nach der Transplantation diese Anstrengung auf mich nahm, sollte ich anderen Patienten Mut machen und die Gewissheit geben, es geht weiter, das Leben ist nicht vorbei oder auf Sparflamme gesetzt.

Jetzt, vier Jahre nach meiner Spitalsodyssee samt Transplantation und zwei Jahre nach meinem Jakobsweg habe ich genau in diesem Sinn dieses Buch geschrieben. Ich hatte mir auf meiner Reise täglich Notizen gemacht und fast 1500 Fotos geschossen. Trotz der Anstrengungen und Aufregungen, trotz der sich immer wieder aufdrängenden Entscheidung zwischen Aufgeben und Weitermachen, der Bewältigung verschiedener Notlagen, bei denen man auf sich allein gestellt war – trotz alledem hat es gut getan, das Schöne ebenso wie das weniger Schöne. Es war interessant nicht nur des Landes wegen, auch über mich selbst habe ich einiges erfahren. Vielleicht ist diese Erfahrung das, was man mit »sich selbst finden« meint. Mich hat diese Wendung immer eher belustigt, aber es ist schon etwas dran. Man ist eine lange Zeit allein, vorwiegend auf sich selbst fokussiert, überdenkt alles und betrachtet Situationen, die gewesen, neu. Man könnte auch sagen, man wechselt kurz die Seiten, damit man eine andere Sichtweise bekommt. So wird manches klarer und bekommt eine ganz andere Farbtönung. Da wird dann eben Blau zu Himmelblau oder Mitternachtsblau, Grün zu Oliv-, Smaragdgrün oder Türkis. Es verschiebt sich einiges im Gedankengut. Da weiß man dann schon, an welchen Fehlern es lag, warum man überhaupt in manch eine Situation gekommen ist. Sicher gab es genug Hinweisende oder Mahnende, aber haben wir sie wirklich ernst genommen? Oder mit flüchtigen Ausreden abgetan, wie etwa mit der schon im Buch erwähnten Phrase: »Ich habe keine Zeit!« (Ist keine Tatsache, sondern unsere Entscheidung.) Dieser Satz wird viel zu oft gesagt. Natürlich haben wir Zeit. 24 Stunden jeden Tag. Es kommt ja nur auf deren Einteilung an. In unserer schrecklichen Gier nach allem, Geld, Macht, Besitz, Anerkennung usw., bleibt uns keine Zeit zum Leben. Zum wirklichen bewussten Leben. Indem wir alles erreichen wollen, alles erleben wollen, stehen wir uns selbst im Weg und übersehen das Wesentliche. Wenn wir das nicht erkennen, wird sich an der jetzigen allgemeinen Situation nichts ändern. Wie viel von dem soeben Aufgezählten benötigen wir wirklich? Darum werden die Ressourcen unseres Planeten unnötig ausgebeutet und verbraucht, um dann als Müllberge in den Himmel zu wachsen.

Unser Körper hat die wunderbare Eigenschaft, sich selbst heilen und regenerieren zu können. Er benötigt dafür nur Zeit und Ruhe, eine Ernährung, die notwendig ist, um als Kraftstoff den Motor laufen zu lassen. In der Mechanikersprache heißt es bei einem Zuviel an Nahrung, der Motor sei abgesoffen. Zu viel Sprit bedeutet automatisch zu wenig Luft. Damit sind wir genau bei den Ursachen angelangt, die uns in die »Werkstatt« brachten. Dem können wir Abhilfe schaffen, etwa mit Bewegung im Freien.

Liebe Leser, ob Leidensgenossen oder solche, die auf den Weg dorthin sind: Die Welt ist viel zu schön, um sie vorzeitig zu verlassen. Für die Erkenntnis ist keine Weltreise nötig, auch kein Lottogewinn. Macht eure Augen auf, schaut in die Natur, das lohnt für den Park oder Garten genauso wie für eine Insel in der Südsee! Dort fahren die meisten auch nur hin, um dort gewesen zu sein, damit sie zu Hause angeben können, und womöglich müssen sie nachher monatelang einen Kredit abstottern. Nur gesehen, im eigentlichen Sinn, haben sie nichts. Auch ich bin jahrelang wie ein Blinder durch die Welt gelaufen. Vor lauter Terminen, Besprechungen, Arbeiten nahm ich mir keine Zeit, die Augen zu öffnen, oder war zu bequem (zu faul) dazu. Wer es einmal versucht hat, eine Blume so anzusehen, dass er sie nach Tagen noch richtig nachzeichnen könnte, wird bemerken, wie blind er bisher war. Wer einmal einen Baum innig umarmt hat, weiß, was Kraft und Stärke ist und wie viel Elastizität gleichzeitig möglich ist. Wer nachts intensiv den Himmel an einem wirklich stockdunklen Ort einige Zeit beobachtet hat, wird das Gefühl der Weite und Unendlichkeit spüren und wie unbedeutend und nebensächlich wir eigentlich sind, obwohl wir uns so ungemein wichtig nehmen und uns als Krone der Schöpfung sehen. Wer einmal die Möglichkeit hatte, das Meer zu beobachten, wird spüren, wie klein und schwach wir eigentlich sind. Auch das Meer mit den unzähligen Mengen an Wasser besteht bloß aus einzelnen Wassertropfen, die nur durch die Gemeinschaft so stark sind. Wenn alle an einem Strang ziehen, gelingt eben Unvorstellbares. In der Bibel steht doch »… er schuf den Menschen nach seinesgleichen!« Mir scheint das eine arge Beleidigung für ein möglicherweise vorhandenes Wesen, welchen Namen man ihm auch immer geben will. Wenn wir seinesgleichen sein sollen, dann wäre dieses Wesen auch so unvollständig und dumm wie wir. Was ich mir anhand des Universums, mit allen seinen unumstößlichen Gesetzen und unermesslichen Möglichkeiten, einfach nicht vorstellen kann. Es gibt kein Tier, das seine Umwelt mutwillig zerstört, nur aus Gier, oder einen Artgenossen aus purer Lust tötet. Wir haben ja, als Krone der Schöpfung, die Logik zum Geschenk erhalten, warum nützen wir sie nicht? Weil uns viele falsche Wertbegriffe im Weg stehen. Die Natur erzeugt im Überfluss. Wohin man schaut, und nur ein Bruchteil davon wird gebraucht. Der Mensch erzeugt auch im Überfluss, auch hier wird nur ein Teil gebraucht. Der gewaltige Unterschied besteht darin, der Abfall der Natur wird zu 100 Prozent wieder dem Kreislauf zugeführt. Der des Menschen erzeugt giftige Berge und Seen und neue Plastikinseln im Ozean.

Man muss nicht 1000 Kilometer gehen, um zu diesen Einsichten zu kommen. Die haben wir alle schon längst in uns, das Schicksal und die Medien sagen es uns immer wieder, wir wischen sie leider nur zu gerne beiseite.

Mit einer buddhistischen Weisheit möchte ich mein Buch beenden:

Höre nie auf anzufangen – fange nie an aufzuhören!

In diesem Sinne wünsche ich allen Lesern Zeit und Ruhe, um etwas über die Worte nachzudenken, sowie von Herzen alles Gute, damit das Leben für jeden sinnvoll und lebenswert wird oder bleibt.

Kurt Koppensteiner

Nachwort

2012 lag ich mit Kurt Koppensteiner im Grünen Bettenturm im AKH (Allgemeines Krankenhaus) Wien im Zimmer. Die Atmosphäre in Situationen, wie teilweise im Buch beschrieben, war eine völlig eigene. Das mühsam erarbeitete Selbstverständnis und die Identität der Person, wurde durch die Erfahrung notwendiger Intimität erschüttert. Dies, wenn beispielsweise die „schwesterliche Hand" sich anschickte das Gesäß zu waschen. Eine lehrreiche Erfahrung.

Wir Zimmergenossen versuchten durch allerlei Klamauk die bleierne Last der Ungewissheit und die Angst vor dem Kommenden zu überspielen; milde gelobt und toleriert vom verständnisvollen Personal…

Die Idee „Camino", hier wohl als Symbol des eigenen Lebensweges zu verstehen, wurde für Kurt sozusagen als zweite verbesserte Auflage „zum Gelübde", zum Seil mit dem er sich aus dem Treibsand, der ihn zu verschlingen drohte, ziehen wollte. Gelungen ist dies vor allem auch dem Einsatz der Ärzte, die auf gut wienerisch, das „Schmalz" hatten (und haben) sich tagtäglich gegen Krankheit und Tod zu stemmen, um die, bei der Geburt versprochene Lebenszeit, zu erhalten.

In diesem Sinne war auch die Idee das Buch zu schreiben, zu verstehen. Ein Dank an den menschlichen Geist, dem es gelingt gegen die „gnadenlose" Materie Widerstand zu leisten. Das, wenn möglich mit der besten Eigenschaft, die das Leben bietet, mit dem Humor, der übrigens nicht „rezeptpflichtig" ist.

Mag. Johannes Silveri

A

Bild 3

Bild 4

OMBEROS
112
BOMBEROS
BUL-2

LAREDO

EEV
L
L
Profi Line

GOBIERNO DE CANTABRIA
Consejería de Cultura y Deporte
ETAPA

Bild 7

CABANA DEL
ABUELO PEUTO

Bild 8

14° Außentemperatur

Bild 12

Bild 13

Bild 14

15

8

Bild 19

Bild 20

21

23_1

Bild 23_2

Bild 23_3

4

5

Bild 26

Bild 27

8

9

Bild 31

Bild 32

3

De 9 a 13 h.
De 16 a 19 h.
EXCEPTO
CARGA
DESCARGA

4

renfe
renfe

7

PENSIÓN
CON
ENCANTO
PENSION
A CASA DO PEREGRINO
PR
XEAGRINO
sabores artesáns

Bild 39

Bild 41

4

6

Bild 49

Bild 50

2

3

Bild 54

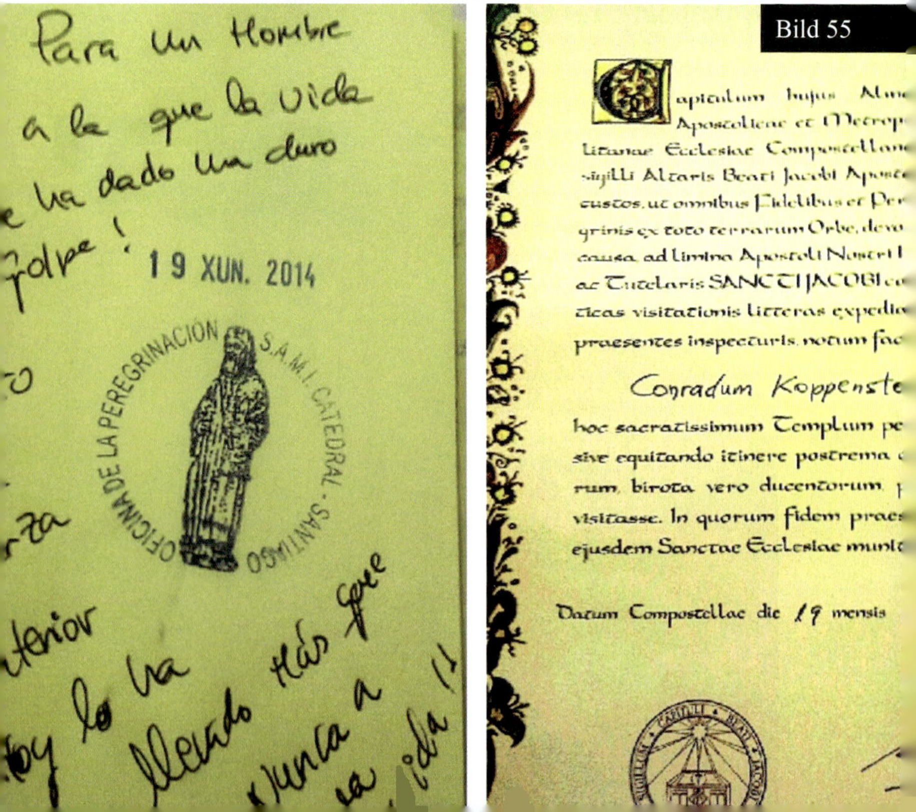

Bild 55

56

57

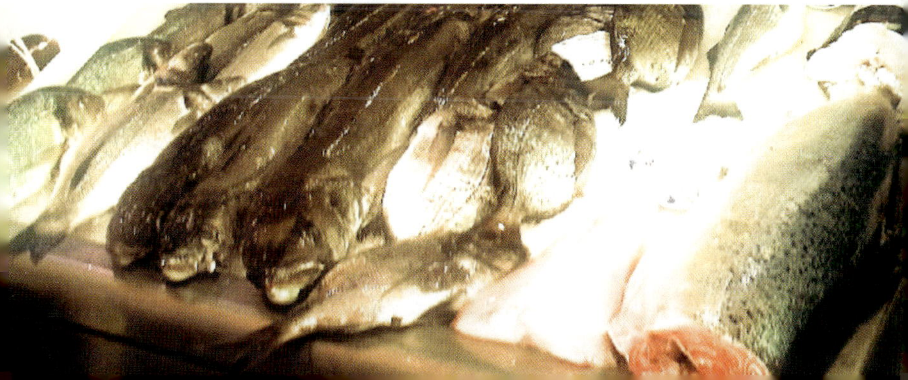

Bild 60

Bild 61

62

63

Bild 64

Bild 65

67

68

Bild 69

Bild 69A

Bild 71

72

73